中國法治的想像

# 中國法治的想像

王書成

CityU 香港城市大學出版社
City University of Hong Kong Press

©2021 香港城市大學

本書版權受香港及國際知識版權法例保護。除獲香港城市大學書面允許
外,不得在任何地區,以任何方式,任何媒介或網絡,任何文字翻印、仿
製、數碼化或轉載、播送本書文字或圖表。

國際統一書號:978-962-937-579-9

出版

香港城市大學出版社
香港九龍達之路
香港城市大學
網址:www.cityu.edu.hk/upress
電郵:upress@cityu.edu.hk

©2021 City University of Hong Kong

**China's Imaginary Rule of Law**
(in traditional Chinese characters)

ISBN: 978-962-937-579-9

Published by
City University of Hong Kong Press
Tat Chee Avenue
Kowloon, Hong Kong
Website: www.cityu.edu.hk/upress
E-mail: upress@cityu.edu.hk

Printed in Hong Kong

# 目錄

# 序言：在中國想像法治

　　曾幾何時，「法治」一詞足以讓莘莘法學學子心潮澎湃。記得1999 年還在中國內地求學的時候，當時「法治」被正式寫進了憲法，這似乎就讓自己大學時代的法學課堂充滿了對法治的想像。法學專業與財經類專業在當時幾乎成為了年青學子首先考慮的「香餑餑」。這似乎也反映了人們對鄧小平的「改革開放」在諸多不確定中充滿了希望乃至信心。在這樣的背景下，可想而知，法學教育可以說迎來前所未有的春天。當然，頗有意思的是，當時的法學教育在一定程度上其實是非常自由開放的，雖然其中也摻和了「中國元素」。記得在當時的憲法課上，老師講解的諸多內容都是以參照和比較分析自由民主國家的憲法學知識為新潮，而對於中國黨國體制方面的內容，也可以很自由地進行反思乃至批判性的討論（critical thinking）。對很多人來說，「中國」的前景應該是向着自由民主的方向，而非前蘇聯或其他威權或獨裁模式。記得這種「自由化」到了一定的程度，甚至可能出現，如果一個學者——不管基於何種原因——站出來為黨國體制辯護，甚至可能被一些學者所鄙夷。至今都還記得有一次閒聊，一位老師無意中說起，有學生曾經很認真地問他：「中國有政治學嗎？」雖然他的回答一語中的，但這看似簡單的一個問題倒是讓人思緒良多。

　　可想而知，在這樣的情境下，對於法學院的學生來說，求知若渴的反倒是傳統發達的自由民主國家的法學理論和知識。在法學教育領域，改革開放後法學教育的一個重要任務就是編撰有體系的教科書。由於此時人們對中國圖景的展望已經不再以蘇聯為模本，那麼在整體上，法學教材的內容主要以法治國家為藍本。在這樣的背景下，法學翻譯在法學教學和科研當中扮演了極為重要的角色。很多在內地頗為知名的法學家都有過翻譯的經歷。而翻譯的著作一般

也會成為學生心目中的「經典著作」。如果誇張一點，有時候，一本譯著甚至可以讓一位「非著名」的外國學者變成人們想像中的「世界頂級」學者。

在改革開放的旋律下，教育部門越來越重視與國外大學的合作和交流，並為莘莘學子創造了諸多出國留學深造的機會。2008 年，自己也有幸經中國人民大學選拔並推薦至國家教育部進行全國範圍內的再一次遴選，並順利通過美國駐華大使館相關機構的面試，而最終獲得了去美國進一步學習深造的難得機會。每每想到此，都特別感恩自己的美方指導老師邁克爾·佩里（Michael J. Perry）教授當初不棄，從亞特蘭大給我寄來邀請信，從而使我獲得了申請該留學項目的資格。當然，自己也有幸成為他的第一個中國學生，在其指導和關愛下進一步探尋學術的真諦。可以說，這次留學機會讓自己的求學經歷又翻開了新的一頁。至今都還記得第一次踏上異國國土時那種讓人無法形容的心情。初到美國，由於中美兩國在文化、制度等各方面的巨大差異，連上洗手間都給自己帶來了些許思維上的衝擊。國外的求學經歷，也使得自己後來在胡錦光老師的引薦下，有機會申請及來到香港繼續從事學術研究，並較快地適應了香港較為「西化」的大學環境。

回望過去，雖然自己在求學的路上總有點「不務正業」，但滿懷感恩！在那讓人留戀的青春歲月，雖然一切都還懵懵懂懂，最後以個人書法展結束自己的本科學習，但回過頭來看，慶幸自己有機會入讀「五院四系」，從武漢到北京。後來，自己又跳出了法學院，混跡到了北大政治學系，也許這在一定程度上已為自己目前對法律、政治、社會、宗教等交叉領域的學術興趣埋下了種子。同時，也特別感恩自己擁有到美國和英國求學的機會，由於得到美國富布賴特（Fulbright）和牛津大學克拉倫登（Clarendon）全額獎學金的資助而不用擔憂財務問題，可以全身心的學習和研究。在香港，又可以在香港城市大學法律學院遇到那麼多傑出的同事，並得到他們熱心的鼓勵和幫助，讓自己可以在學術道路上繼續前行。

不過，就自己的學術思考而言，很有意思的是，自己是在走出國門之後，才開始認真好奇並努力地發現並理解「中國」，並試圖整全自己過去對「中國」的片斷而零碎的認知。當然，過去很多思考在一定程度上其實是關於中國的「想像」，好像也沒啥特別理由或者必要去思考乃至反思「中國」。也許這就是，「不識盧山真面目，只緣身在此山中。」

不過，對於學者而言，也許「思考」並將自己的所思所想呈現於公眾，並引發人們進行更深入的討論乃至反思，這本身就是職責之所在。誠然，思考和教育目的是密不可分的。記得著名的理查·萊文（Richard Levin）曾反思道，「如果一個學生從名校畢業時，居然擁有了某種很專業的知識和技能，其實正是最大的失敗。真正的教育，是自由的精神、公民的責任、遠大的志向，是批判性的獨立思考、時時刻刻的自我覺知、終身學習的基礎、獲得幸福的能力。」

此書是自己過去圍繞與「中國法治」相關的話題進行的一些思考，其中大部分內容（含合作）曾發表於中國內地的相關中文書刊及雜誌，既有篇幅較長的學術專論，也有各類直抒胸臆的短文、雜論和隨想。在內容上，既有對中國法治實踐的困境所進行的反思，也有對相關法學理論在中國語境下的學理探討；既有對制度現狀的法治「診斷」，也有由此而生的對策性思考及各類「立法建議」；既有專門聚焦於中國法問題的論述，也有相關外國法或比較法方面的討論。當然，很多不乏自己在懵懂的學生時代寫成的稚嫩文字。其中也有一些近來關於「一國兩制」、「粵港澳大灣區」等熱門話題的思考。如今重新撿起這些文字，感慨萬千！不過也發現，自己當時所表達的想法、觀點乃至「吶喊」，多少都流露了一名法律學人對民主法治的無限憧憬和追求，在很多方面也許並沒有完全脫離當下的旋律。當然，為了保持自己原初的想法，除了少許文辭上的修改或增刪，在整體上仍保持了文稿的原貌和原先的行文特點，由此也可以真實地反映自己在不同時期的「胡思亂想」。無疑，書中的諸多想法尚不成熟，唯願可以讓大家進一步反思中國法治的進程，則足矣！

最後，本書得以出版，要特別感謝香港城市大學出版社及諸位編輯的鼎力支持，以及陳明輝和王瑤琳幫忙校對了本書初稿，並以此激勵自己在今後的學術道路上創作更多至少讓自己滿意的學術作品！

此刻，倒想起《聖經》裏的一句經文：「原來我們不是顧念所見的，乃是顧念所不見的；因為所見的是暫時的，所不見的是永遠的。」（哥林多後書 4:18）唯願我們的想像，可以化為動力，並為中國法治的未來搖旗吶喊！

王書成

2021 年 6 月 28 日於香港九龍

第一部分

# 憲政試驗

# 第一章

# 中國憲制變遷
## 從刑法熱到民法熱，再到行政法熱、憲法熱

　　自建國伊始，到改革開放，再到如今的全面深化改革，出現過許多熱門項目。例如經濟方面的公司熱、房地產熱，法律方面的刑法熱、民（商）法熱，等等。當代中國的法治進程則呈現出從刑法熱轉向民法熱，從民法熱轉向行政法熱的趨勢。刑法熱解決的是秩序問題，民法熱解決的經濟發展問題，行政法熱應對的是權力的限制及法治政府建設方面的問題。在一個經濟水平越來越高、依法治國水準也日益提升的當代中國，憲法也應該熱起來，積極回應社會現實和部門法發展的需要，中國法治才能更上一層樓。所謂「憲法不熱，法治難行。」[1]

## 一、從刑法熱到民法熱再到行政法熱

### 1. 刑法熱的持續

　　在長達幾千年的中國文化傳統中，刑法文化一直佔據着中國法制文化的主導地位。這是因為法律屬文化的範疇，與經濟、社會的發展變遷密不可分。在古代，由於人口稀少、文明程度較低等原因，古代社會的經濟發展處於近乎遲鈍的狀態。人們取得物質生活的資源，除了依靠打獵和採集之外，還依賴部落之間的征戰來獲取戰利品。以刑為中心的古代中國法的形成便源於部族之間的征戰。對此，法史學界已有描述：「在中國古代文獻中，法律一般稱之為

---

1. 蔡定劍：〈讓憲法熱起來〉，《法制日報》2002 年 12 月 10 日。

刑，戰爭（征戰）則通稱兵……所謂刑始於兵，也即以刑法為中心的法律是在征戰與戰爭相關的環境中形成的。」[2]

受地緣結構的影響，中華文明作為內陸文明，始終以自給自足的自然經濟為主，而不像西方海洋文明一樣早早發展出商品經濟。因而，「在中國，雖然擁有從古代就相當發達的文明的漫長歷史，卻始終沒有從自己的傳統中生長出私法的體系來，中國所謂的法，一方面就是刑法，另一方面則是官僚統治機構的組織法，由行政的執行規則以及針對違反規則行為的罰則所構成。」[3]因此，從對中國古代法的形成與傳統法律文化的屬性的考察中，不難發現中國古代法律的刑事法特徵。《爾雅·釋詁》：「刑，法也」，「律，法也。」《說文》：「法，刑也。」《唐律疏議·名例》：「法，亦律也。」[4]也說明了此點。

1949 年後，雖在大陸實現了統一，但社會治安仍然處於混亂狀態。一方面，受中國傳統法律文化的影響，另一方面由中國當時社會治安秩序的混亂狀態所決定，整個法律體系仍然以刑事法律為中心。在法學理論研究中，受蘇聯法學的影響，「中國法學研究越來越以法的階級性為主線，以強調法的階級鬥爭職能為依歸。」[5]在國家運作和治理過程中，法律被視作為穩定社會秩序的工具，法律工具主義盛極一時。[6]當時，工具主義一來可以鞏固新生政權，二來可以穩定社會秩序。1951 年《中華人民共和國懲治反革命條例》，1952年《中華人民共和國反貪污條例》，以及禁毒禁煙、戰犯與罪犯改造等重要單行刑事法規的頒行，使得政權得以有效鞏固、社會得以

2. 張中秋：《中西法律文化比較研究》（南京：南京大學出版社，1999），第 3–4 頁。關於中國古代刑法及刑罰制度的論述，可參見蔡樞橫：《中國刑法史》（南寧：廣西人民出版社，1983）。第 116–174 頁。

3. 〔日〕茲賀秀三：〈中國法文化的考察〉，《比較法研究》，1998 年第 3 期。

4. 轉引自梁治平：〈「法」辨〉，《中國社會科學》1986 年第 4 期，第 74 頁。

5. 陳景良主編：《當代中國法律思想史》（開封：河南大學出版社，1999），第 12 頁。

6. 法律工具主義的存在與當時的社會現實分不開，而這一價值取向必然會突出刑事法律的地位，而淡化以經濟關係為核心的民商法。反過來，從我們首先搞刑法、刑事訴訟法便可以看出工具主義的影子。參見范忠信：〈法律工具主義批判〉，《法制日報》2003 年 4 月 10 日。

快速穩定，奠定基本的社會主義法治秩序。[7]文革之後，新中國的法治事業重新開始，仍舊是從刑法體系的建構和刑事法律的實施開始的。1978 年 12 月召開的十一屆三中全會確立了強化社會主義法制的戰略決策。僅僅半年後，全國人大就出台了新中國第一部刑法典。在此之後，又頒佈了大量的單行刑事法律。如 1981 年通過的《中華人民共和國懲治軍人違反職責罪暫行條例》和《關於處理逃跑或者重新犯罪的勞改犯和勞教人員的決定》；1982 年通過的《關於嚴懲嚴重破壞經濟的罪犯的決定》；1983 年通過的《關於嚴懲嚴重危害社會治安的犯罪分子的決定》；1988 年通過的《關於懲治走私罪的補充規定》、《關於懲治貪污罪賄賂罪的補充規定》以及《關於懲治泄露國家秘密犯罪的補充規定》。[8]

概括而言，刑法的任務就是保護國家和人民的利益，保護社會主義社會建設事業的順利進行。建國之後，刑法的興盛對於保衛國家安全、保衛社會主義制度、維護公共秩序，以及保護公民的生命財產安全等均意義重大。[9]在建國初期，刑法熱的興起源於中國社會的特定現實需要，為建立穩定的社會主義政治制度，推動社會主義經濟、社會的發展提供了有力保障。

## 2. 民法熱的升溫

事物總是會變化的。事物之間的矛盾也總是處於不斷運動之中。法與社會之間的聯繫也是如此。隨着政局的穩定，經濟的發展，商品交換和貿易的發達，必然需要重新調整各個法律部門之間的輕重關係。如列寧所說，「必須把人的全部實踐——作為真理的標準，也作為事物同人所需要它的那一點的聯繫的實際確定者——包括到事物的完整的『定義』中去。」[10]如果不以客觀的事實作為事物發

---

7. 參見曾憲義：〈新中國法治 50 年論略〉，《中國人民大學學報》1999 年第 6 期。
8. 參見高銘暄、趙秉志、王勇：〈中國刑事立法十年的回顧與展望〉，《中國法學》1989 年第 2 期。
9. 參見高銘暄、馬克昌：《刑法學》（北京：北京大學出版社，2000），第 16–17 頁。
10. 《列寧選集》第四卷（北京：人民出版社，1995），第 419 頁。

展的標準，則將違背自然規律，阻礙社會的前行。法律體系中各法律部門之間輕重關係的變化同樣要符合社會現實的客觀變化。[11]

從中國歷史發展的狀況來看，1950 年黨和國家便開始將恢復和發展國民經濟提到了重要位置。隨着政權的穩固、治安的改善和經濟的發展，法治的重心也必須從以穩定治安秩序為中心的刑法轉為以經濟關係為核心的民法上來。據學者統計，「到 1952 年，國民經濟得到了根本的好轉，基本上解決了 6 億人口的吃飯問題，在生產發展的形勢下，刑事案件從 1950 年的 51 萬件下降到 1952 年的 24 萬件，發案率也由萬分之 9.25 下降到萬分之 4.81；隨着社會主義改造的成功和經濟的進一步發展，到 1956 年，全國居民平均消費指數比 1952 年提高了百分之 12.3，刑事案件的數量也下降到 18 萬件，發案率進一步下降為百分之 3.4。」[12] 這裏說明，第一，建國初期中國社會治安狀況好轉，政權漸漸鞏固，經濟得到了發展，這也表明該時期的刑法熱與社會現實的發展是相協調的；第二，隨着經濟發展逐漸成為社會發展的主題，法治結構也應將重心調整到以經濟關係為中心的民法等法律上去。

當然，強調以經濟關係為中心的民法，並不是要完全忽視刑法作用和功能的繼續發揮。無論何時，社會的發展都會出現新的「規範實效」和「控制真空」等社會反常狀態，這同樣要求刑法能及時補充調整，保障經濟秩序的穩定發展。然而，從刑法熱轉向民法熱並不為當時絕大部分人所認同。到 1980 年代中期，當老一輩法學家徐盼秋說「不應該把法制只是當刀把子」時，仍舊有人指責說這是否定法律的專政作用，是所謂「資產階級自由化」的表現。[13] 這顯然是當時思想僵化、刑法熱走向極端的表現。自 1957 年開始，由於黨內左傾錯誤和個人崇拜等不良因素的影響，民法被打入「冷宮」，

---

11. 對此，可借鑒童之偉教授關於法本質的論述，即法的本質不是絕對的，而應「從實際出發」、「實事求是」，強調「法的階級本質」等固定本質觀都是片面的。法律熱的變化同樣如此，應根據社會現實的變化而變化。參見童之偉：《法權與憲政》（濟南：山東人民出版社，2001），第 7–17 頁。

12. 李田夫等：《犯罪統計學》（北京：群眾出版社，1988），第 82 頁。

13. 參見張傳楨、李然：〈刀把子風波記〉，《法學》1997 年第 6 期。

而刑法由於熱的過度，蛻變為權力專制的工具，失去了法律的基本精神，以至於整個國家最終走上了「反右擴大化」和「文化大革命」的錯誤道路。雖然當時「憲法規定公民的人身自由不受侵犯，非經人民法院決定或人民檢察院批准，不受逮捕，而實際上，在大規模群眾運動中，有的公社、工廠（場）隨便捕人，有的單位還自己搞拘留、勞教。同時公安部提出了《關於十項治安措施的報告》，公民的很多權利成為空文。」[14] 1966 年，「文化大革命」爆發，刑法專制同樣是社會的主要形式。1967 年，國務院發佈的《公安六條》等，具有濃厚的刑事色彩。刑法在此時期已「熱」得過度，失去了刑法應有的價值和精神，而過度的社會控制，成為一種內部革命或運動的工具。[15] 1973 年，毛澤東寫了他生前最後一首詠史詩《七律‧讀〈封建論〉呈郭老》：「勸君少罵秦始皇，焚坑事業要商量。祖龍魂死業猶在，孔學名高實秕糠。百代都行秦政法，十批不是好文章。熟讀唐人封建論，莫從子厚返文王。」在此濃烈的刑治氛圍中，批判儒家仁政，強調暴力鎮壓的必要性與合理性，使得刑治思想瀰漫於整個社會，從而壓制了作為經濟發展所必需的民法的發展。在政權穩固之後，本應以經濟發展為中心，以民法為法制發展的重點，但由於錯誤的思想、刑法熱的極端延續等因素，而沒有得到相應的實施。

從以上分析可見，隨着社會的變遷，民法在當時需要熱起來，這樣才能適應經濟發展的現實需要。此時的刑法也需要根據社會現實的變化作出相應的調整，這樣各個法律部門之間的輕重關係才能與社會的現實需求相吻合。正如美國法哲學家博登海默（Bodenheimer）所說的，法律會出現過於保守和過度控制社會等弊端。當時在法律虛無主義等錯誤思想的指導下，刑法熱因過度、極端而變成了權力專制的工具。

---

14. 曾憲義：〈新中國法治 50 年論略〉，《中國人民大學學報》1999 年第 6 期。
15. 其實，當時國內革命或運動只有採用刑法極端的方式。刑法由其本身的性質所決定，具有懲罰性強的特點，不似民法那種溫柔的方式。懲罰性強一方面在正確利用時，可以有效地穩定社會，鞏固政權；但另一方面當受到錯誤思想指導時，可變成國內革命或運動最有效的手段和工具。

民法之所以未能熱起來，除了受中國傳統刑治文化和當時政治運動的影響外，[16] 當然也受到了經濟觀念、思想文化等方面的影響。在中國古代，「重農抑商」的經濟觀念根深蒂固，統治者往往實行「以農治國」的基本國策，致使商品交換極為簡單和貧乏，這嚴重抑制了以調整商品經濟關係為對象的民法的發展。再加上，中國古代社會的儒家思想倡導重義輕利，嚴重限制了人們在物質方面的正當要求。人們的權利觀念極為淡薄，對作為權利之法的民法自然表現出冷漠的態度。這些都在一定程度上構成了對民法發展的限制，以致在建國後很長一段時間裏，民法一直處於遇冷狀態。

　　整體來看，改革開放前 30 年裏，民法發展舉步維艱。一方面是因為這 30 年裏國家治理的觀念和方式仍舊是以政治運動為主，未能充分認識到法制建設的重大意義。另一方面，也因為建立在公有制基礎上的社會主義計劃經濟體制，從根本上否定和排斥商品經濟，使得民法缺乏賴以生存的經濟基礎。[17] 直至 1978 年實行改革開放之後，經濟建設成為國家重心，隨着商品經濟的發展和市場經濟的逐步建立，民法終於迎來了蓬勃發展的春天。1979 年全國人大常委會法制委員會成立了民法起草小組，隨後，全國人大及其常委會先後頒佈了《婚姻法》、《經濟合同法》、《涉外經濟合同法》、《繼承法》、《礦產資源法》等數十部民事法律，國務院及其部委也頒佈了大量民事法規和條例。尤其是 1986 年《中華人民共和國民法通則》的頒佈，是中國民法發展史上的里程碑，把「民法熱」推向了更高層面，為進一步深入進行經濟體制改革提供了法律依據。從 1999 年的《合同法》到 2007 年的《物權法》，再到 2020 年的《民法典》，民法在中國得到了蓬勃發展。

---

16. 在此並非否認中國古代無民事法，而是傳統中國沒有嚴格意義上的民法（典），因為所有民事法律均被刑事化。參見張中秋：《中西法律文化比較研究》（南京：南京大學出版社，1999），第 78–92 頁。

17. 參見柳經緯：〈我國民事立法的回顧與展望〉，《廈門大學法律評論》第 5 輯，第 8 頁。

## 3. 行政法熱的興起

雖然民法的發展使得平等主體之間的諸多權利得到了保障，但在中國這樣一個受封建官本位文化影響深遠的國家，當公民的權利與國家權力發生衝突時，一般是公民權利無條件服從。同時，隨着市場經濟的蓬勃發展，權力腐敗現象日益嚴重。因此，當刑法穩定社會秩序、民法保障經濟繁榮之後，如何規制行政權力成為法治進程中的重要問題。只有有效地規範和控制行政權力，才能促進公平的市場競爭，才能使公民的合法權益得到有效救濟。

中國的行政法研究萌芽於 1950 年代，但當時主要是以介紹蘇聯行政法為主。且由於政治運動加劇，法律虛無主義盛行，行政法一直處於停滯狀態。1982 年憲法的頒佈及國務院組織法和地方組織法的制定，方才為行政法的發展打下基礎。在此時期，也制定了一批關於行政管理方面的法律，但「這一階段，我國的行政立法主要是關於行政組織和行政管理方面的法律，側重於行政機關的重建和對行政權的確認與維護。」「這一階段，行政法學界幾乎比較一致地認為行政法是『管理法』。」[18] 以「管理論」為基礎的行政法思想雖與當今 21 世紀的行政法理念相偏離，但在當時，被砸爛的各級國家政權組織和被破壞的社會秩序急需恢復，因而「管理論」的思想一定程度上吻合了當時社會現實的需求，為此後的行政法發展奠定了基礎。

真正的行政法熱應該説是自 1989 年《行政訴訟法》的頒行開啟的。1989 年《行政訴訟法》使得行政法不僅僅是以往所説的「確權法」，更是一部「限權法」。它保障公民權利，控制政府權力，是具有民主價值的法律，將行政法的發展引向更深的層次。隨後，《行政覆議法》、《行政處罰法》、《國家賠償法》、《行政許可法》、《行政強制法》等枝幹性的行政法律一一推出，行政法制發展迅猛。隨着行政法制的發展，行政法的理論研究也日益深入，行政法學著作如雨後春筍，相繼問世。行政法也成為社會的熱門話題，上到中央機

---

18. 陳斯喜、劉南平：〈中國現代行政法的發展對憲法的影響〉，《行政法學研究》1998 年第 1 期。

關，下至基層政府，整個社會都充滿了行政法的氣息。目前，建成法治政府成為中國法治建設的重要目標之一，行政程序法的制定也成為學界關注的熱點。

## 二、法治時代的憲法熱

### 1. 憲法熱的前提

中國的法治進程在一定程度上已經歷了刑法熱、民法熱和行政法熱，這些部門法的蓬勃發展為憲法熱的興起奠定了基礎。首先，刑法鞏固了國家政權，穩定了社會秩序，為其他事物的發展創造了必不可少的社會環境，有助於民法、行政法、憲法等法律部門的形成與發展。其次，憲法熱的興起需要民法熱為其提供經濟基礎。對此，法律文化研究者指出，「商品經濟是法治的物質基礎，商品經濟形態所需要並決定的法律規則，無論在量的方面還是在質的方面都不同於自然經濟和產品經濟形態各自所需要和決定的法律規則。量的差別反映出社會生活規則化、法律化的程度，質的規定性的不同使法治與專制涇渭分明。商品經濟孕育的社會契約觀念、政治市場觀念、思想市場觀念、主體意識、權利意識、平等和自由觀念等，是法治的社會文化基礎。以商品經濟關係為內容的民法是法治的法律基礎。民法中的人權、所有權和平等權是近現代公民權利的原型，民法充分體現了法治的價值，民法傳統中的權利神聖和契約自由精神，是憲政和法治的文化源泉。」[19] 因此，民法的興起與發展為憲法的發展提供了基礎性的權利思想、自由觀念等條件。憲法熱的發展離不開民法熱的成熟。再次，行政法熱也為憲法熱的興起創造了基礎性條件。從理論上說，「憲法是行政法的基礎，而行政法是憲法的實施。行政法是憲法的一部分，並且是憲法的動態部分。沒有行政法，憲法每每都是一些空洞、僵死的綱領和一般原則，而至少

---

19. 張中秋：《中西法律文化比較研究》（南京：南京大學出版社，1999），第314頁。

不能全部地見諸實踐。反之，沒有憲法作為基礎，則行政法無從產生，或至多不過是一大推零亂的細則，而缺乏指導思想。」[20] 行政法的發展使得抽象的憲法文本變成了具體的現實憲法，為憲法熱的興起創造了條件。例如，《憲法》第 41 條規定：「由於國家機關和國家工作人員侵犯公民權利而受到損失的人，有依照法律規定取得賠償的權利。」在《國家賠償法》頒行之前，該憲法權利僅是紙面上的權利，唯有在《國家賠償法》頒佈之後才獲得現實意義。

　　一方面，憲法熱的興起需要以刑法熱、民法熱和行政法熱為前提；另一方面，刑法熱、民法熱和行政法熱也內在地要求憲法熱的興起。這是因為，首先，由民法的基本性質所決定，「民法調整商品經濟關係，必然以確認和保護民事主體的合法權利為基本任務，這就要求民法以民事權利為其中心內容。」[21] 因此，民法熱將逐步完善公民權利的法律保障。也正因為權利的發展，使得人權成為 21 世紀社會發展的主題之一。2004 年中國憲法修正案將「國家尊重和保障人權」寫入憲法，也在規範層面順應了人權保障的需求。人權是指人作為人應該享有的權力，是一個人在社會中應享有的政治、經濟和文化等各項自由平等權利的總稱，既包括超憲法、超國家的非實定法的權利和自由，也包括實定法上的權利和自由，是一種全方位視角下的權利。因此，隨着權利的發展，權利保障也必然要上升到憲法的層面，這樣才符合人權與法治發展的規律。目前，中國憲法所規定的基本權利均是通過民法、刑法等普通法細化的途徑予以保障的。「確認和保障公民的基本權利是憲法的基本精神之一，憲法所確認的公民基本權利，需要通過普通法律加以具化，並且通過普通法律的實施得以實現。然而，普通法律並不能完全替代憲法本身對權利的保障作用。」[22] 普通法律對公民權利的細化確實能使憲法規定

---

20. 龔祥瑞：《比較憲法與行政法》（北京：法律出版社，2003），第 5 頁。

21. 余能斌、馬俊駒：《現代民法學》（武昌：武漢大學出版社，1995），第 8 頁。

22. 費善誠：〈我國公民基本權利的憲法訴訟制度探析〉，《浙江大學學報》（人文社科版）2001 年第 4 期。

的許多基本權利得到保障，但「基本權利的法律化有一個過程，未能法律化的那部分，如何落實？『法律化』的過程是否符合憲法缺乏司法判斷。只要承認立法有失誤，那麼受立法機關失誤侵犯的基本權利將無法落實。」[23] 之前發生的諸多案例，如無因被收容的孫志剛案、乙肝歧視案，均表現出社會對權利保障在憲法層面的強烈呼求。因此，民法熱的升溫，使得權利得到了很好的救濟和保障，順應了特定時期權利發展的要求。但隨着權利的進一步發展，民主化程度的日益提升，必然導致權利保障在憲法層面的要求。

其次，行政法熱的興起也要求憲法熱的出現。「行政法雖然具有對憲法的發展功能，但它畢竟是從屬憲法，受制於憲法，只能在憲法允許的空間內發展。超出這個空間就會因得不到憲法所能給予的最大限度的支持而失去合法性。」[24] 在行政法發展的初期階段，行政法律、法規還相對欠缺，但隨着行政法熱的興起，行政法制得到了長足發展。從表面上看，中國行政法制似乎已經相對完備，但行政法治與行政法律、法規和規範性文件數量並無必然聯繫。相反，在行政法律、法規和行政規範性文件快速增加的情況下，它們的內容很多時候容易脫離憲法的視野和框架，與憲法的精神、原則和規範相衝突。一旦行政法的發展脫了憲法的框架，便可能出現行政權的膨脹、異化、濫用，導致行政權脫離法治的軌道。所以說，行政法發展到一定階段，必須要求憲法有與之相適應的牽引和銜接。正如有學者所言，「行政法在發展過程中所遇到的與憲法的適應問題，並不是都可以依靠自身得到解決的，在許多情況下，必須通過憲法的自身發展和完善才能解決。」[25] 因此，行政法的發展，推進了法治的進程，但發展到一定程度，則內在地要求憲法熱的興起。

---

23. 周永坤：〈論憲法基本權利的直接效力〉，《中國法學》1997 年第 1 期。
24. 陳斯喜、劉南平：〈中國現代行政法的發展對憲法的影響〉，《行政法學研究》1998 年第 1 期。
25. 陳斯喜、劉南平：〈中國現代行政法的發展對憲法的影響〉，《行政法學研究》1998 年第 1 期。

## 2. 憲法熱的意義

法治建設的最終目標在於法治國家的建成。中國自 1999 年以憲法修正案的形式將「中華人民共和國實行依法治國，建設社會主義法治國家。」寫入憲法，由此奠定了中國的法治進程的終點在於實現法治。而要實現法治，則應該讓憲法熱起來，實現憲治。

首先，憲法是國家的根本大法，具有最高的法律效力，一切法律、法規都不得與憲法相抵觸。這是因為在規範層面，憲法來源於最廣泛的人民意志，依照最為嚴格的制定和修改程序，規定了最為根本的價值和原則，具有最高的法律效力。各法律部門的發展與繁榮，不可避免地會在一些方面產生衝突，從而導致整個法律體系內部的分歧乃至混亂。此時，必須依靠憲法調整法律體系的內部衝突，對其進行合憲性控制，將法律體系維持在統一、有序的狀態。

其次，憲法與其他法律相比，憲法在法律體系中表現的是人民的整體意志和利益，而其他法律只是在某一方面反映了人民的意志和利益，因而在法治建設進程中，憲法具有更為突出的地位。如民法是調整特定社會內一定範圍內的財產關係和人身關係的規範總和，它僅是在平等主體之間反映了人民的意志和利益。又如刑法是關於犯罪和刑罰的法律規範的總和，它只是在懲治犯罪活動方面反映了人民的意志和利益。而憲法是關於國家根本制度和根本任務的規範，涉及國家各個方面的根本問題，且憲法對國家根本問題只作了原則性規定，這些原則性規定是普通法律的立法依據。因此，當法治發展到一定程度，必然要求憲法在精神層面和規範層面的昇華，指導各法律部門向正確的方向發展。否則，必將阻礙各法律部門的發展，甚至出現法律體系的內部衝突等問題。

最後，「憲法最能體現法治的精神。」[26] 憲法的核心範疇是權利和權力，其根本任務是有效的控制權力和保障權利。一般而言，公權力相對於個人而言處於更為優越的地位。社會發展到現代，對個

---

26. 朱福惠：《憲法至上——法治之本》（北京：法律出版社，2000），第 33 頁。

人權利的最大威脅已不是來自其他個體，而往往來自於公權力的濫用。限權的法治精神轉化為現實的法律制度時，主要是以憲法為載體，法治也是憲法中最為核心的原則之一。

此外，憲法的邏輯起點和核心是人民主權，這與法治所追求的民主精神是相吻合的。因此，要想實現真正的法治，必須要實現完全的憲治。而憲治必定離不開對憲法的重視和運用。

## 3.　憲法熱的途徑

從中國近代史上第一次憲政運動戊戌變法開始，中國社會的發展與憲法緊密相連。然而，為何憲法一直未能在中國的土壤上健康成長，一個主要的原因就是近現代的憲政運動都是在法律工具主義的觀念下進行的。清末立憲之前，慈禧太后召見大臣時說：「立憲一事，可使我滿洲朝基永久確固，而在外革命黨亦可因此之民滅，候調查結果後，若果無妨礙，則必決意實行。」[27] 不僅清末立憲如此，民國的《臨時憲法》、《中華人民約法》、《中華民國憲法》等均是在此種憲法工具主義觀念下的產物。即便到了當代，從新中國憲法的發展來看，依然沒有完全擺脫憲法工具主義的窠臼。[28] 因此，雖然近現代中國的每一步一直存在憲法的印記，但憲法卻從未真正在中國熱起來。

自 1999 年依法治國原則寫入憲法之後，憲法在法治建設進程中發揮越來越大的作用。加上「齊玉苓案」、「孫志剛案」、「乙肝歧視案」等熱點憲法事件的爆發，憲法大有越來越熱之勢。然而，這些事件更暴露出中國憲法本身存在的問題，而不是憲法有效滿足社會需要的結果。從中國憲法的實際運作看，憲法實施、違憲審查、憲法意識培育等許多方面尚存在缺陷，離真正的憲治還有一定距離。因此，憲法必須熱起來，滲透於人民的生活之中。結合中國的憲政現狀，筆者認為應着重以下兩個方面來升溫憲法，推進憲治進程。

---

27.　張彤、王忍之：《辛亥革命前十年間時論選集》第二卷（北京：生活・讀書・新知・三聯書店，1978），第 70 頁。

28.　參見殷嘯虎：〈中國百年憲政發展的反思〉，《唯實》2004 年第 2 期。

一是推進憲法教育，增強憲法意識。「憲法意識是社會意識的一種具體表現形式，是公民關於憲法的知識、觀點、心理和思想的總和。它包括人們對於憲法知識和基本原理的掌握程度，對憲法功能的認識，對憲法實施的評價，對於基本權利保護和行使狀況的感受等。」[29] 可以看出，憲法意識的核心內容就是對憲法知識的掌握，而對於知識的掌握，最重要的途徑之一便是教育。目前中國有關憲法意識的培養僅限於大眾化地宣傳，這種短暫片面的宣傳方式收效甚微。針對這種情形，筆者認為，如要有效提高憲法意識，可以將憲法教育納入九年義務教育當中。首先，目前的九年義務教育普及度高，以此作為憲法教育的平台，將憲法教育納入九年義務教育中，可以全面、整體地提高社會的憲法意識水平。其次，將憲法教育納入九年義務教育中在操作上具有可行性。憲法與民法、刑法等的不同之處是憲法知識相對原則化，很多內容只需要具備基礎的文化知識即可理解，並不似刑法、民法那樣需要更為複雜精細的專業知識。在憲政發達的美國，如理查德‧凱（Richard S. Kay）所言，「我們人民，通過將一些特定外在的文字寫進憲法而確立的原則是人民都能夠理解和溝通的。人民不會建立他們不能夠理解和溝通的憲法原則。如果人民認為已經確立的原則是他們不能理解和溝通的，那麼『我們美國人民……制定並確立美利堅合眾國憲法』的意義將蕩然無存。」[30] 除了在普及九年義務教育中納入憲法教育之外，在法學專業教學領域同樣應進一步加強憲法教育的地位。雖然目前憲法學是法學專業的必修課，但由於憲法學與其他應用法學的聯繫甚少，憲法教學往往成為宣稱性教學，這導致培育出來的法律人缺乏憲法的思維與邏輯。對此，應該適當借鑒美國的判例教學法，拉近憲法與社會現實的距離，培養學生的憲法觀念和憲法思維。目前，中國雖無憲法判例，但卻有許多的與憲法相關的熱點事例，憲法學的教學中應適當引入，增強憲法教學的效果，引導學生從憲法學的視角分析問題。當然，教育本身並不是教育的目的，而是要通過教育讓

---

29. 韓大元、王德志：〈中國公民憲法意識調查報告〉，《政法論壇》2002 年第 6 期。

30. Richard S. Kay, "Adherence to the Original Intentions in Constitutional Adjudication: Three Objections and Responses", *Northwestern U. L. Rev.* 82 (1988):226, 234.

公民可以通過憲法（尤其憲法上的權利）在社會上能有所行動，由此可以增強公民的憲法素質。

二是全面實施憲法，漸進憲法至上。中國的憲法要熱起來，就必須先活起來。宣傳教育固然重要，但憲法的實施更為根本。但中國的「憲法還不具備可訴性，從而使憲法的最高法律效力大打折扣」，「沒有憲法適用，憲法的規範性便無從談起，甚至憲法的存在價值也有必要從法律的範疇劃入道德的領域。」[31] 目前，憲法的司法適用主要有兩條路徑，一為「普通法律式適用」，一為「違憲審查式適用」。由於中國憲法的抽象性、原則性和綱領性，「普通法律式適用」容易產生巨大的自由裁量空間，出現以法院的司法功能取代立法機關的立法功能的現象。同時，普通司法程序中適用憲法也極容易導致憲法的降格，不利於樹立憲法至上的地位。因而，「違憲審查式適用」為更多的國家所接受。中國的憲法監督制度即屬後者，但是中國的違憲審查制度較為特殊的地方在於，作為有權進行違憲審查的全國人大及其常委會是國家最高權力機關，並不是專門的違憲審查機關。全國人大常委會雖為常設機關，但會期極短，每兩個月才舉行一次，其職權又極為廣泛，擔負着國家立法重責，以致全國人大常委會的憲法監督權在實踐中很難得到運用。因此，要想憲法活起來、熱起來，必須完善憲法監督制度，推動憲法實施。

## 三、中國法治進程之展望

當市場經濟發展到一定程度，行政權力干預經濟行為的空間和利潤也會越來越大，這個時候如何規範政府權力必然成為法治發展乃至國家發展的大問題。加上，在過去的計劃經濟體制下，政府統制所有的經濟活動，這種計劃經濟殘留的觀念和制度慣性，導致政府濫用權力，危及市場經濟的發展。正如行政法學者所說：「對於作為我們改革目標的市場經濟來說，幾乎可以這樣說，沒有對政府

---

31. 周葉中、劉鴻章：〈加強憲法監督，建設法治國家〉，《武漢大學學報》（哲學社會科學版）1999 年第 6 期。

權力的限制，市場經濟是不可想像的。因為市場經濟的前提是劃定市場和政府的邊界，政府不越界。沒有對政府與市場邊界的劃分，沒有對權力的限制而政府經常越過邊界，這種市場經濟就是一種被扭曲了的經濟，不可能正常發展。傳統體制所以存在問題，恐怕在於政府管了許多本來不該管的事情，過多地參與和干預了私人產品的生產和交換。」[32] 民法熱的升溫，市場經濟的發展，必然要求能夠處理政府權力與公民權力之間關係的行政法的發展，唯有控制好行政權力才能讓社會主義市場經濟更加成熟。當刑法熱、民法熱、行政法熱相繼興起，使得法治觀念進一步傳播，民主思想和人權理念也得到了更多人的認同與渴望。這時候，作為人權保障書、民主制度化和法治精神最高體現的憲法應該順應法治發展的需要，及時出場成為中國法治的拱頂石。「齊玉苓案」、「孫志剛案」、「乙肝歧視案」、「平等權案」[33] 等憲法案事例，是社會向憲法提出的現實渴望。2002 年胡錦濤在紀念現行憲法實施 20 周年大會上發表重要講話，就落實憲法和改進憲法實施提出了一系列觀點。之後的各大新聞如《法制日報》、《南方周末》等多次就憲法的實施和發展進行宣傳、分析和探討。面對如此趨勢，如若能夠深化憲法研究，推進憲法改革，促進憲法實施，憲法應可成為 21 世紀中國法治進程中的重點和熱點。

從刑法熱到民法熱再到行政法熱，再到應該到來的憲法熱，此即構成了中國法治進程的一個掠影，代表了中國法治發展的大體方向。當然我們在借鑒外國的法治經驗時，不能簡單的等同或模仿照抄。在西方的法治進程中，私法是其法律的傳統。在古羅馬時期，私法就已經相當發達，而在中國的法律文化中卻充滿了刑法文化。中西法律文化傳統的差異決定了西方的法治模式不可能完全適應中國的本土狀況。因此，我們的法治進程必須要立足於本土資源，適

---

32. 張樹義：《變革與重構——改革背景下的中國行政法理念》（北京：中國政法大學出版社，2002），第 14 頁。

33. 2001 年 1 月 7 日，四川大學法學院 1998 級學生蔣韜一紙訴狀將中國人民銀行成都分行告上了法庭，理由是該行招聘限制身高，違反了憲法中「中華人民共和國公民在法律面前一律平等」的規定，侵犯了其擔任國家機關公職的報名資格。

當借鑒對中國法治有利的因素。這恰如蘇力所言,「正是由於一個社會中的現代法的形成及其運作需要大量的,近乎無限的知識,包括具體的、地方性的知識,因此,如果試圖以別人或少數人的有限理性來規劃構造這樣一個法治體系,可以說是完全不可能的。」[34] 中國的法治進程必須重視本土資源的利用和對傳統法律的繼承和發展。其次,中國法治進程中的刑法熱、民法熱、行政法熱和憲法熱的階段都是相對的,且它們的興起與發展是一種互動、協調的過程。以行政法熱為例,行政法熱的興起並不是要等到民法熱完全成熟之後才開始,憲法熱的興起並不是等到行政法熱完全成熟之後才啟動。行政法熱興起之後,其發展的每一個階段都需要相應完善的民法與之相協調,同樣也需要憲法相應的發展與協調。因此,刑法熱、民法熱、行政法熱和憲法熱的興起與發展是相互交錯、相互支撐的。再者,法律熱要與特定的社會現實相適應。只有立足於特定的社會現實之中,法律熱才能體現出其時代價值。也只有在特定的社會環境之下,才會出現對某個法律部門的急切渴求,引發民法熱、行政法熱等現象的出現。

由於各國在文化傳統、社會現實等諸多方面的差異性,各國的法治進程必然呈現出不同的面貌。因此,對於中國的法治進程不必囿於一種固定不變的模式,法律發展的輕重緩急應立足於社會的本土狀況。任何全盤西化的做法往往行不通。西方傳統的私法文化、法律的宗教特質、社會的開放性等決定了西方特殊的法治進程。中國法律傳統的公法文化(更確切地說是「刑法文化」)、法律的倫理性與社會的封閉性等也決定了中國當走向具有民族特色的法治進程。從刑法熱到民法熱,再到行政法熱和憲法熱,這從一個側面反映了中國自身法治進程的特點。然而,時下的任務就是讓憲法熱起來,憲法不熱,法治難行。

---

34. 蘇力:《法治及其本土資源》(北京:中國政法大學出版社,1996),第 19 頁。

此外，值得一提的是，隨着中國成為世界第二大經濟體，在國際秩序中扮演越來越重要的角色，國際法雖然區別於傳統的國內法，但無疑逐漸成為中國發展中的重要熱門議題。[35]

---

35. 隨着國際法的重要性越來越明顯，中國語境下的國際法和國際關係成為重要的討論議題，相關討論可參見《中國法律評論》2021 年第 3 期組織的專題「中國語境下的國際法與國際關係跨學科研究」，參加討論的學者有王江雨、陳一峰、賴華夏、何志鵬及蔡從燕。

# 第二章

# 經濟體制轉型與中國憲制改革 *

　　從 1949 年建國到 1956 年中國三大改造的完成，新中國實現了從新民主主義向社會主義的轉變。同時，這也意味着中國正式確立了以高度集中為特徵的計劃經濟體制。直至改革開放之前，被人們稱之為傳統計劃經濟的經濟體制在中國一直枝繁葉茂。隨着改革的不斷深入，中國的經濟體制逐漸由計劃經濟向市場經濟轉型。經濟體制本質上是經濟關係的反映，但其對上層建築的影響不可忽視。隨着經濟的發展，憲政的理念和憲政制度已成為時代的需求。

## 一、經濟體制轉型：從計劃經濟走向市場經濟

　　建國初期，出於迅速恢復國民經濟、建立獨立的工業體系、實現對生產資料私有制的社會主義改造等諸多需要，新中國在借鑒蘇聯模式的基礎上確立了計劃經濟體制。計劃經濟作為經濟體制中的一個獨特類型，是通過高度集權的指令來發展經濟。計劃經濟體制下十分有限的商品經濟和市場活動都是在國家的指令性計劃的安排和制約下進行的。

　　計劃經濟的實踐特性主要表現在：第一，商品的價格是由國家物價部門決定的，排除了市場供求機制和競爭機制的調節作用，而且從根本上否定了競爭的存在；第二，企業的一切經營活動都由國家計劃來完成，企業沒有獨立的生產經營自主權，其生產和經營與市場的需求相脫節；第三，居民的消費行為也被嚴格納入政府的規

---

＊　本章內容以〈論經濟體制轉型對中國憲政的影響〉為題，載於《鄭州大學學報》（社會科學版）2007 年第 6 期（與胡錦光合作）。

制之中，居民的消費結構與消費規模不是由市場而是由所謂計劃來調節。[1]

計劃經濟體制下的經濟任務是由中央集權的指令來完成的。雖然傳統計劃體制下存在着商品經濟，但它並不是完全意義上的商品經濟。雖然存在着市場，但它並不能起資源配置的作用。市場依附於計劃，並不具有獨特性、自主性。當然，「新中國在 50 年代之所以選擇了計劃經濟體制，主要是由當時特定的社會歷史條件決定的。社會主義要搞計劃經濟的傳統觀念是其意識形態因素，通過加快工業化實現現代化是其制度和發展的目標因素，國際經濟環境的空間限制是發展戰略選擇的制約因素。在這樣的條件下，以重工業優先發展為中心，搞計劃經濟是當時唯一正確的選擇，不存在可以替代的其他道路。」[2] 之後的計劃經濟實踐證明這種計劃經濟體制有嚴重的內在缺陷，不具有長期性，因為它未能根據社會發展的現實需求及時轉型而導致經濟發展嚴重滯後。

首先，從第一個五年計劃（1953–1957）被認為是最理想的計劃來看，由於帶有很大的主觀成分，計劃實行強調個人意志而忽視市場的存在，導致工農業發展速度過快，基建規模安排過大等，在執行了兩年半後不得不在 1955 年 7 月進行修改與補充。第二個五年計劃（1958–1962）出現了三年大躍進，國民經濟嚴重失調，而最終被迫進行五年經濟調整（1961–1965）。第三個五年計劃（1966–1970）中，幾千億資金投入到大山溝，1970 年又出現了冒進。第四個五年計劃（1971–1975）也是主觀意志的產物。例如，計劃鋼產量 3,500–4,000 萬噸的唯一依據是 1957 年毛主席在莫斯科講過的 15 年鋼產量要達到這個數字。最後的結果是諸多計劃未能完成。第五個五年計劃（1976–1980）又使國民經濟出現嚴重的比例失調。[3] 可見，計劃經

1. 張翼翔：〈傳統計劃經濟體制中市場與政府的功能〉，《中國人民大學學報》1998 年第 4 期。

2. 陳甬軍：〈中國為什麼在 50 年代選擇了計劃經濟體制〉，《廈門大學學報》2001 年第 2 期。

3. 董志凱：〈中國計劃經濟時期計劃管理的若干問題〉，《當代中國史研究》2003 年第 5 期。

濟的實踐證明計劃經濟不利於中國經濟的長期發展。在經歷了挫敗之後，經濟轉型成了中國經濟發展的主旋律。

上個世紀 70 年代末，隨着國家重心從階級鬥爭轉向經濟發展，中國開始了經濟體制的改革。1978 年的十一屆三中全會後，採取了兩大措施補救人民公社制度的弊端：一是實行家庭聯產承包制，使其得到了普遍發展；二是提高農副產品的收購價格，使農業獲得迅速發展，初步解決了溫飽問題。1984 年十二屆三中全會後，市場化改革的重點則轉移至城市，對計劃經濟體制下的集權體制進行改革，主要對象是國有企業，逐步推進政企分開。1992 年 10 月，黨的十四大正式確立了社會主義市場經濟理論。黨的十五大則明確提出了「公有制為主體，多種所有制經濟共同發展是我國社會主義初級階段的一項基本經濟制度。」

市場化改革使得國家不再對市場進行行政性的指令，對企業不再承擔無限責任；企業也不再完全依附於國家。中央與地方政府的關係不再是絕對的命令與服從，而是轉變為在國家政權範圍內地方政府有獨立的財政收支權限。在市場經濟體制下，一方面企業不再依靠上級主管部門，不再依照上級的指令辦事，不再不關注自身的經濟效益，而是轉變成獨立的市場主體，自主經營、自負盈虧，努力適應市場，參與市場競爭。另一方面，政府原本直接指揮着微觀經濟活動，對企業各種經濟活動進行審批和下達指令的角色也發生了根本性的轉變。市場經濟模式下，政府職能發生了轉變，政府不再干預企業的生產經營活動，實行政企分開。政府扮演經濟調節、市場監管、社會管理和公共服務的角色，努力為市場主體創造良好的發展環境。

對於經濟體制的轉型，憲法規範通過修正案的形式對此作出了明確規定。1988 年憲法修正案第一條增加規定：「國家允許私營經濟在法律規定的範圍內存在和發展。私營經濟是社會主義公有制經濟的補充。國家保護私營經濟的合法的權利和利益，對私營經濟實行引導、監督和管理。」這充分體現了經濟體制如何由高度集權而忽視市場的計劃經濟過渡到尊重權利且挖掘市場的市場經濟。1993 年

憲法修正案第七條明確增加規定「國家實行社會主義市場經濟」、「國家加強經濟立法，完善宏觀調控。」1999 年憲法修正案又在序言中明確增加了發展社會主義市場經濟的內容，這更明確了市場經濟體制將是中國經濟發展的長期目標。社會主義市場經濟取代計劃經濟得到了國家根本大法的確認。

## 二、經濟體制轉型與憲政理念的更新

從計劃經濟體制轉向市場經濟體制，雖然表象上是經濟關係的變化，但許多憲法理念也隨着經濟體制的轉型而慢慢產生和發展。不同的經濟體制需要不同的觀念和制度作支撐，計劃經濟時代的觀念和制度隨着市場經濟發展的不斷深入，顯得越來越不合時宜，從計劃經濟體制向市場經濟體制過渡過程之特性便可窺見憲法理念更新的內容。

首先，市場經濟體制下奉行人權至上、以人為本的憲政理念。在傳統計劃經濟體制下，憲法理念並非以人權為中心，而是以國家權力為本位的，社會和個人很大程度上依附於國家權力。計劃經濟體制下的憲法通過規範對國家權力進行確認來為國家權力服務，通過強化國家權力來推進社會的發展與進步。一切社會目的的實現都是圍繞國家權力而展開。因此，計劃經濟體制下，公民權利與國家權力的關係是公民權利依附於國家權力，國家權力支配着公民權利。由於以國家權力為本位，因此，在資源配置的過程中，國家權力壟斷了社會資源。國家權力的運行也奉行國家利益和公共利益至上，強調個人利益要服從公共利益、國家利益。在計劃經濟體制下，私有制失去了存在的基礎，公民私有財產權的保障未能得到足夠的重視。同時權利觀念也十分淡薄，如 1975 年《憲法》將義務置於權利之前的憲法結構便充分反映了計劃經濟體制下權利觀念的淡薄。憲法的法律性弱化而政治性強化，使憲法的存在與國家權力的需求相一致。

經濟體制的轉型則使憲法理念發生了變化。在向市場經濟體制轉型的過程中，計劃經濟體制下所形成的傳統憲法理念逐漸消逝，

取而代之的是以市場經濟為基礎的現代憲法理念。計劃經濟思維的一個最大特點就是無視市場的存在，無視消費者的需求。在計劃經濟體制下，制度安排是以權力為中心。一切聽從權力的指揮。即使存在市場，也是依附於權力而存在的，不具有獨立的自由空間。計劃經濟體制下的國家權力不僅調整宏觀經濟領域，還調整微經濟觀領域。因此，社會生活中處處瀰漫着權力的印記。

市場經濟體制下現代憲法理念之根本點在於尊重人性、以人為本、人權至上。市場經濟體制不再以國家權力為中心，而是充分發揮市場這隻看不見的手的作用，重視消費者的需求。市場經濟體制下，私有制等經濟組織形式有了充分的發展空間，私有財產權也逐漸得到憲法的保護。2004 年憲法修正案對私有財產權的保護作了更加明確的規定：「公民的合法的私有財產不受侵犯」、「國家為了公共利益的需要，可以依照法律規定對公民的私有財產實行徵收或者徵用並給予補償。」這使公民的私有財產權的憲法保護有了明確的規範依據。同時由於權利觀念的增強，公民的義務不再約束權利行使，僅限於防止權利的濫用。憲法不再依附於政治，而逐漸去政治化，從而轉變為是保護公民憲法權利的最高法。在國家利益、公共利益與個人利益的關係上，國家利益、公共利益的保護最終是為了實現個人利益。

其次，市場經濟體制下遵從國家與社會相互分離、權力有限的憲政理念。計劃經濟體制下，在國家權力支配下建構起來的國家與社會的關係是一元化的，即國家對社會進行絕對的壟斷，這與以國家權力為本位的傳統憲法理念相一致。由於國家權力佔着壟斷地位，這導致了計劃經濟體制下的社會缺乏獨立性、市場缺乏自主性。計劃經濟體制下的經濟關係是以國家壟斷權力為中心而產生、發展並運行。國家與社會奉行以國家權力為中心的一元觀，從而使私人的領域空間無限萎縮。計劃經濟體制下，個人的生、老、病、死都由國家來包辦，個人失去了存在的自主空間。在國家與社會一元化背景下，國家權力缺乏有效的制約。由於國家壟斷了社會，故而權力制約也就喪失了外部制約的社會基礎。在國家權力內部，計劃經濟體制由於實行命令與服從的權力支配型的經濟模式，所以國

家權力內部同樣存在着集權，也難以依靠國家權力的內部制約機制來約束國家權力。最終導致了雖然憲法規定了國家權力的界限，但是現實中由於國家權力的集權在根本上難以達到制約權力的效果，從而使得「有憲法而無憲政」成為計劃經濟體制下不可避免的事實。

市場經濟體制則是以國家與社會的二元觀為背景的。市場經濟體制擯棄了計劃經濟體制下國家權力包攬所有社會領域的局面——既調整宏觀經濟領域，也干預微觀經濟領域。市場經濟體制下，尊重個人，尊重社會自身的自主性，開拓政治國家與市民社會相互分離的二元局面。國家權力不再涵蓋市民社會的所有領域，其對市民社會僅僅具有引導的作用。國家權力在市民社會領域的活動也受到規則的嚴格限制。1993 年的憲法修正案把計劃經濟條款修改為市場經濟條款，並規定：「國家加強經濟立法，完善宏觀調控，依法禁止任何組織或者個人擾亂社會經濟秩序。」用市場機制取代計劃指令，把政府的經濟權力限於宏觀調控領域是經濟體制向市場經濟體制轉型的標誌。

由於經濟體制轉型，傳統憲法理念中的權力至上觀念也演變為市場經濟體制下的權力有限的憲政理念，這也是與市場經濟體制下國家與社會的二元分立相一致。傳統計劃經濟體制下，政府強大的行政權力雖然在憲法上有範圍的界定，但是政府權力更多地是外溢於範圍之外。這種外溢特點表現為：（1）行政權的泛化，即政府行政干預涉及社會生活的廣泛領域；（2）權力過分集中，即權力高度掌握在少數人手中，且缺乏制約；（3）政治體制不是在法律範圍內組織社會生活，而主要是執行強制性命令和指示。這些特點使政府的權力總是超出合理的界區。而且，「權大於法」、「言出法隨」的固有觀念使人們不得不接受這種外溢權力，並視之為「合法」，儘管人們內心深處並非總是如此。[4] 對此，有學者深刻指出：「既然經濟權力高度集中，與其相適應的政治權力也必然高度集中。由於現代生產相互關聯程度較高，使得這種集中程度有時超出了封建社會。在封

---

4. 參見高明華：〈計劃經濟制度下的政府：權力超越權利〉，《經濟評論》2000 年第 5 期。

建社會農民可以自由流動，而在我們這裏，農民出村還需要黨支部書記批准；在封建社會的某些朝代，大臣有時還可以駁回皇帝的意見，在傳統體制下，誰敢駁回『最高指示』？信奉群眾創造歷史的共產黨人卻由英雄來決定乾坤。『一句頂一萬句』，用一顆腦袋代替了十億顆腦袋」。[5] 正是由於權力的過分集中，導致束縛了市場的發展，阻礙了經濟的前行。毛澤東在《論十大關係》中就已對「權力過分集中」提出過尖銳的批判。而在市場經濟體制下，奉行的則是權力有限的憲政理念。國家權力就不再具有計劃經濟體制下的至上地位，而是具有嚴格的界限。這與政治國家與市民社會分離的邏輯是相一致的。如托克維爾曾深刻地指出，一個獨立於國家的多元的、自我管理的公民社會，是民主社會必不可少的條件，它可以對權力構成一種「社會的制衡」。[6]

再者，市場經濟體制下實行民主化、科學化的憲政理念。計劃經濟體制下，由於權力至上，固守權大於法的理念，使得對所有經濟活動與行為都選擇經濟活動外部的政府來進行集中決策，並通過行政手段來強制實施決策。企業作為經濟實體，沒有絲毫自主權，只能被動地執行權力的指令、命令，使其不能夠根據效率原則自主地進行資源的優化配置。對於經濟實體自身掌握的信息也都排除於政府權力決策的範圍之外。這種非現場決策體制帶來的弊端，極大地削弱了企業等經濟實體發展的積極性。

計劃經濟體制下決策過程的非民主性、非科學性主要表現在：一是決策信息不對稱。政府的諸多決策命令依賴的不是市場內部的真實信息，而是依靠自身的行政手段進行自上而下的信息匯總後所獲得的信息。在諸多行政等級的信息傳遞過程中，信息的失真在所難免，這導致決策的非民主化，從而最終作出了偏離實際經濟活動的決策。二是決策遲緩。由於政府部門掌握着決策的權力，故以登記森嚴的行政層次制度來進行決策，層層上報，使得每一項決策都

---

5. 楊繼繩：〈從計劃經濟到市場經濟〉，《經濟社會體制比較》1993 年第 4 期。

6. 參見李龍主編：《市場經濟與社會主義憲政建設》（武漢：武漢大學出版社，1997），第 159 頁。

必須在政府的辦公桌上「排隊」等待。行政登記鏈條越長，則決策期限就越長。三是政府對自己的決策並不需要承擔法律責任。在計劃經濟體制下，決策主體與執行主體是相互分離的。決策主體可以依據權力進行隨意決策而無須承擔法律責任，這勢必會助長盲目決策、互相推諉等不負責任的行為。

因此，計劃經濟體制下的決策過程是一種非民主化、非科學化的決策過程。而向市場經濟體制轉型的過程中，決策過程則逐漸走向民主化與科學化。首先，市場經濟體制充分尊重每個經濟實體，從而認真對待每個經濟實體內部的真實信息，而不依靠行政強權、自上而下地獲取信息。這有利於保證決策信息的真實性和科學性。同時，市場經濟體制下排斥行政權力的壟斷指令，強調以市場為中心的經濟實體自我的民主決策，因而具有內部的民主性，擺脫了計劃經濟體制下決策過程的強權性。市場主體的自我決策可以充分調動其發展的積極性。同樣，對於決策後果的承擔，由於是市場主體自主進行民主決策，因此市場須對自己決策的後果承擔相應責任，這樣可以避免計劃經濟體制下行政強權決策逃脫責任的情形。

由於市場經濟體制下，市場主體，個人等均可以自主決策，這必定為民主的實現奠定了基礎。因為民主的實現是建立在利益主體可以自主表達利益、可自主決策的基礎上的。對於每個利益主體的利益表達都予以充分尊重是實現民主的必要條件。因此，市場經濟決策的科學化、民主化對民主這一憲政理念的強化產生了根本性的影響。在計劃經濟條件下，由於市場主體沒有獨立性、自主性，不能充分表達自己的意志，不能自主進行決策，從而不具備民主理念的制度基礎。

最後，市場經濟體制下實行法治治理的憲政理念。在計劃經濟體制下，由於社會依附於權力，法律規範雖然可以規定國家權力的範圍，但是在實際運作中，國家仍然可以隨意地超越權力的界限來進行強制性的指令。因此，計劃經濟體制下的法律等規則很大程度上也依附於國家權力。在這樣的背景下，一切社會活動不是以規則為標尺，而是以國家權力為準則。法律僅僅是權利的點綴，權力可

以超越法律規則。在這樣的背景下，人們遇到社會問題往往習慣於找「市長」等政府領導而不是去尋求法律的救濟。而市場經濟體制是一種尊重規則、遵守規則的制度。由於國家權力與公民權利具有嚴格的界限，國家權力不能逾越公民權利，否則將要承擔責任。充分尊重個體的市場經濟機制的發展逐步促進了人文理念的進步，使得人的價值和尊嚴得到了普遍的承認。政府不能再以統治者的身份來對健全的市場制度指手劃腳，政府必須在法律規定的權限範圍內為市場機制的有效運作提供各種便利。這樣，國家權力也必須尊重法律規則，在法律的權限範圍內運作。市場中的平等主體之間的相互交往也以法律規則為準則來進行。這樣便逐漸形成了尊重規則的法治理念，從而擺脫了計劃經濟體制下以個人權威、國家權力為本位的人治理念。市場經濟活動是以規則為核心的。國家嚴格立法、執法，企業和個人重法、守法，公民的法律意識也得以增強。人們習慣通過法律來解決社會中所發生的糾紛。法院、律師、公證等成為經濟生活中不可缺少的組成部分。某種程度上，可以說市場經濟就是法治經濟。

　　總之，計劃經濟體制下由於實行的是國家權力至上的治理模式，所有社會關係均圍繞國家權力而展開，實行的是一種自上而下的模式。而市場經濟體制下實行的是尊重個人自由選擇的治理模式。市場經濟條件下，社會關係圍繞人而展開，實行的是一種自下而上的模式。從計劃經濟體制向市場經濟體制的轉型過程，必定使得憲政理念也發生相應的變化。計劃經濟體制下的傳統憲法理念具有強調國家權力而未重視公民權利、國家權力主導社會的運行、國家利益本位而忽視社會發展的自主空間，以及決策過程具有行政化等特性。而市場經濟思維下，憲政理念則以人權至上為原則，以人為中心，一切圍繞人來展開，尊重人性，充分發揮個人的積極性、主動性。市場經濟體制下，國家不再是唯一的目標。市場經濟體制下的現代憲法理念具有強調充分保護公民權利、決策過程民主化、實行國家與社會二元分立的觀念，以及通過法治來治理社會等特性。

## 三、經濟體制轉型與憲政制度建設

當經濟體制由計劃經濟體制向市場經濟體制轉型，隨着憲政理念的變化，則憲政體制也要相應變化以符合市場經濟發展的客觀要求。根據上文分析的市場經濟體制的特點，憲政制度的構建應該着力於以下幾點：

首先，市場經濟體制轉型應進一步完善人民代表大會制度。在計劃經濟體制下，權力過度集中，權力體系主要圍繞行政權來展開。在行政權支配社會生活所有領域的背景下，其他國家機構都在一定程度上依附於行政機關。雖然中國在計劃經濟體制時期存在着人民代表大會制度，但是此時期的人民代表大會制度並沒有發揮人民代表大會制度應該發揮的制度功能。人大代表在計劃經濟體制下形同虛設，並不能代表人民來保護人民的利益，因為一切利益都圍繞國家權力而展開。而市場經濟體制的轉型則需要構建符合市場經濟權力機構的人民代表大會制度。市場經濟體制中應確立人民代表大會應有的地位並賦予其實際的職權，強化人民代表大會的權威，約束行政機關的權力，保證司法機關完整獨立地行使司法權。同時應當加強人民代表大會的自身建設，使其擔當應有的責任。在人民代表大會制度下合理地劃分各個國家機關的權力限度，使政治國家領域的國家權力與市民社會的公民權利之間保持合理的張力。只有完善人民代表大會制度，才能消除計劃經濟時代行政權至上的局面，從而合理劃分國家權力的界限，保證國家與社會的二元分立，保證民主表達途徑的暢通，促進市場經濟的進一步發展。

其次，市場經濟體制須實行依法執政。計劃經濟體制下，對於政黨與其他國家機構的關係混沌、模糊。市場經濟體制的邏輯是尊重每一個市場個體。如果黨政關係不清、執政黨的地位和作用未能納入法治化的軌道，則同樣會侵入市民社會而打破市場秩序的平衡。市場經濟體制下，市場經濟主體日趨多元化，政府與市場、政府與社會的關係日趨複雜。黨不可能了解作為市場主體所需的所有

市場信息，在這種情況下，黨直接干預經濟活動，將使市場經濟主體的經濟活動受到影響。某種程度上，依法執政也是與市場經濟體制的內在邏輯相一致的。因此，市場經濟體制下，必須解決黨政關係的法律調整問題。正如有論者所言，「從法理上而言，黨不是一級國家機關，不能行使任何國家權力；但黨既是執政黨又是領導黨，所以問題的關鍵在於：要把黨權、黨政的關係釐清。」[7] 依法執政是要堅持依法治國的基本方略，使黨嚴格地在憲法和法律的範圍內活動，保證黨的各項工作都依法進行。黨對國家政權機關的領導要符合法律規定的程序，把黨的領導、人民當家作主和依法治國有機統一起來，不斷推進國家政治、經濟、文化、社會生活的法制化、規範化，使這種制度和法律不因領導人的改變而改變，不因領導人的看法和注意力的改變而改變。

再者，市場經濟體制轉型應建立完備的權利保障體制。在計劃經濟體制下，權利服從與權力無法在制度上得到保障。在社會管理權與國家財產所有權不分的情況下，行政權力控制着財產權利；同時，計劃分配制度也使個人所享有的財產權依附於國家權力。此時，權力關係代替了權利關係。但在市場經濟體制中，財產關係、契約關係等均受到法律的嚴格保護。公民的權利也需在法律規範上得以確認。然而，目前的法律規範體系對於部分權利仍然沒有在規範上予以明確，如市場經濟體制必須包含的遷徙自由權等。因此，要建立完備的權利保障體制，首先必須在規範層面對公民的權利進行充分的確認。在法律規範確認公民權利的前提下，當公民的權利受到侵犯時，對其權利進行充分的保障是市場個體進行自主性行為的法律保障。因此，建立完備的權利救濟體制是市場經濟體制的內在要求。從中國目前的權利救濟體制來看，法律權利一般可以通過民事訴訟、刑事訴訟、行政訴訟等普通訴訟形式來進行救濟，但是對憲法救濟則尚沒有確立完備的救濟體制，這導致公民在通過普通法律無法救濟自己受到侵犯的權利時，無法訴求於憲法救濟來保障自己的權利。因此，筆者認為，在時機成熟時應建立完備的憲法救

---

7. 郭道暉：〈權威、權力還是權利〉，《法學研究》1994 年第 1 期。

濟體制來對公民的權利進行最根本的保障，這樣才符合市場經濟體制下權利至上、以人為本的憲政理念。

最後，市場經濟體制需要構建服務型政府。計劃經濟體制是一種以政府計劃行政管理為中心的經濟運行模式和資源配置形態。政府的職能主要表現為權力極大化的計劃管理，這種計劃管理是行政指令，而不是方向指導、前景預測或工作參考。計劃經濟條件下的政府近乎於萬能的政府，這樣的經濟管理，是一種單一計劃性的、全能型的、直接的行政管理或管制，這勢必會限制地方、企業單位和勞動者的積極性和創造性而形成低效能。而隨着向市場經濟體制的轉型，建設服務型政府是市場經濟發展的必然要求。在政治國家與公民社會分離的二元結構下，公權力的目標應該是服務社會，為整個社會謀福利。當然現代市場型政府，也不局限於服務，它也需要採取必要的管理手段，但是管理手段選擇的出發點仍是服務社會。服務型政府的邏輯與市場經濟的邏輯是相一致的。市場經濟體制下，市場、企業、個人的自主性獲得充分的尊重，而服務型政府對於市場、企業、個人能夠有效解決的則不予干涉，對於其不能在內部系統有效解決的則須積極地提供服務。服務型政府一方面可以充分發揮市場主體的積極性、幫助市場主體完成經濟任務；另一方面也可大大減輕計劃經濟體制模式下的政府負擔，精簡而高效。服務型政府的服務對象面向社會各個領域。服務型政府以市場作為基礎性的資源配置方式，充分發揮市場機制的調節與配置作用，根據國家的法律法規，更多地運用經濟槓桿和法律手段，並通過市場和社會中介組織進行管理和服務，其強調經濟管理的間接性和宏觀、綜合性，更富有規則性、連續性和穩定性，因而區別於計劃經濟體制下的全能型政府。

# 第三章

# 「彭水詩案」與言論自由的行使<sup>*</sup>

迫使一個人意見不能發表就是對整個人類的掠奪。因為，假如那
意見是對的，就失去了一個以錯誤換真理的機會；假如那意見是
錯的，也失去了從真理與錯誤的衝突中產生出來的、對於真理更
加清楚的認識和更加生動的印象。

——密爾

## 一、引言：「彭水詩案」引發的思考

2006 年 8 月 15 日，重慶市彭水縣的秦中飛用手機編發了一則有
關彭水現狀的打油詩，題為《沁園春·彭水》。內容如下：

> 馬兒跑遠，偉哥滋陰，華仔膿胞。看今日彭水，滿眼瘴氣，官民
> 衝突，不可開交。城建打人，公安辱屍，竟向百姓放空炮。更哪
> 堪，痛移民難移，徒增苦惱。官場月黑風高，抓人權財權有絕
> 招。嘆白雲中學，空中樓閣，生源痛失，老師外跑。虎口賓館，
> 竟落虎口，留得沙沱彩虹橋。俱往矣，當痛定思痛，不要騷搞。<sup>1</sup>

---

* 本章主要內容曾以〈「秦中飛案」與言論自由之界限〉為題，刊載於《山東社會科
  學》2007 年第 8 期。

1. 據彭水當地的知情人介紹，這首按照「沁園春」詞牌填寫的詞中，「馬兒」指的是
   原縣委書記馬平，現在已經被逮捕；「偉哥」指的是縣委副書記兼縣長周偉，「華
   仔」指的是現任縣委書記藍慶華。「官民衝突」指的是「當地城建打人事件」，
   當地的城管在執法過程中打傷了宏江超市十字街頭賣饅頭的婦女周某。「公安辱
   屍」指的是彭水下轄的保家派出所阻撓管區內家屬安葬被淹死的孩子，反指使人
   將屍體扔到垃圾堆的事情。詞中提到的虎口賓館（兩江賓館）、白雲中學、沙沱
   彩虹橋（烏江三橋）均為當地人所共知而多年未完工的工程項目。「騷搞」為當
   地語，是指瞎搞。

秦中飛將此首詞以短信和 QQ 方式轉發了其他朋友。半個月後，警察向其詢問短信為誰所發，秦中飛承認後，警察搜查了其辦公室的書籍、電腦等，並沒收了秦的手機及 QQ 號，隨後又將他帶到公安局國安大隊。第二天晚上，秦中飛被彭水縣公安局以涉嫌「誹謗罪」予以刑事拘留，並於於 9 月 11 日對其正式下發逮捕令。期間，公安機關還傳訊了接收短信的十多個人，以及這些短信的二次甚至三次傳播和接收者。但凡是收到和轉發過《沁園春·彭水》這一短信的人均被叫到縣公安局接受調查。

根據秦中飛本人的敘述，《沁園春·彭水》是他翻閱到一則《虞美人》，該首詩詞反映了彭水現狀，其內容為：「彭水腐敗何時了，往事知多少，白雲中學流產了，彭西公路愈修愈糟糕，學生走光老師跑……一江烏水向下流。」秦中飛覺得《虞美人》不是很押韻，便將該首「打油詩」改成了《沁園春·彭水》。對於《沁園春·彭水》，秦並不知其暗指對象，也不知自己究竟誹謗了誰。而公安機關則相信，這首詞隱喻了彭水縣委縣政府三個領導——前任彭水縣委書記馬某（因涉嫌職務犯罪等被檢察機關逮捕），時任縣長周某，縣委書記藍某。檢察院已經認定秦中飛誹謗了現任縣委書記和縣長。檢方的起訴意見書稱，秦中飛捏造了一首引起群眾公憤的詞，利用 QQ 和短信方式發送，嚴重危害該縣社會秩序和破壞了藍某、周某的名譽，觸犯刑法第 246 條的規定，涉嫌誹謗罪。9 月 30 日，公安局預審科的人及國安大隊謝隊長再一次對秦中飛進行審問，源於警察在秦中飛 QQ 聊天記錄裏發現了一些有關國家領導人的圖片。警察又到教委人事科辦公室查封了秦的電腦，並搬到了公安局，並由公安局國保大隊立案併查，起因於公安部門認為秦中飛破壞了黨和國家領導人形象，甚至牽涉到非法組織。

9 月 19 日，秦中飛的高中同學將該案案情傳播到網絡，經過網絡傳播和媒體報道之後，全國引發了激烈討論。9 月 27 日，重慶市政法委領導對彭水縣公安局作出批示，要求教育為主，妥善處理，迅速放人。9 月 29 日，彭水縣即以「犯罪情節輕微，採取取保候審不致發生社會危險」為由，對秦中飛取保候審。10 月 23 日，重慶市公安局組成調查組進駐彭水，對此案進行審查。10 月 24 日，市公安

局認定此案為錯案，責成縣公安局立即撤銷。當日，縣公安局撤銷了案件。隨後，縣檢察院給予秦中飛 2125.70 元國家賠償。[2]

秦中飛案雖然得以結束，但秦中飛僅因編發短信而招致其在身體及精神上受到的傷害，給我們帶來了深層的法律思索。從刑法學的角度可知，所謂誹謗罪，指「故意捏造並散佈虛構的事實，足以貶損他人人格，破壞他人名譽，情節嚴重的行為。」而本案中秦中飛主觀上並非故意，且在客觀方面也沒有針對他人人格、故意捏造並散佈虛構的事實，其只是對現實問題進行了文學化的闡釋，因此並不符合誹謗罪的構成要件。同時根據刑法可知，誹謗罪屬「告訴的才處理」的自訴案件，即法定的告訴人只有直接向人民法院報告舉證並要求對侵害行為人追究刑事責任，法院才能受理。自訴案件中自訴人負有證明責任；自訴人向人民法院提出控訴時，必須提供證據；被告人不負證明責任。因此，本案負有證明秦中飛的行為構成「誹謗罪」的是縣委書記藍某與縣長周某。但在該案中，具體操作案件的均是當地公安機關、檢察機關！因此，毫無疑問，本案當事人秦中飛的行為並不構成刑法上的誹謗罪。[3]

雖然在刑法層面否定了誹謗罪，但憲法層面的議題並沒有結束。中國憲法 35 條規定「中華人民共和國公民有言論、出版、集會、結社、遊行、示威的自由。」本案中，手機短信是否屬言論自由的表現形式及言論自由保護的界限何在等，仍須在憲法的視域中予以釐清。目前，「世界上許多國家都將言論自由作為公民一項基本權利載入憲法，有 124 個國家在憲法中規定了發表意見自由，佔總數的 87.3%；另有 18 個國家的憲法沒有規定發表意見的自由，佔總數的 12.7%」[4] 即使沒有規定言論自由權的國家，言論自由也通過其他

---

2. 參見〈「彭水詩案」：中央曾下文告誡「以此為戒」〉，南都網：http://paper.oeeee.com/nis/201306/19/67657.html（2017 年 10 月 10 瀏覽）。

3. 誹謗罪也有一個特別條款，即「嚴重危害社會秩序和國家利益的除外」，比如因誹謗引起被害人死亡的，引起當地群眾公憤，影響國際關係等，如果受害人不告訴或不能告訴，人民檢察院可提起公訴。而秦中飛的一首打油詩並無達到嚴重危害社會秩序和國家利益的程度。

4. ［荷］亨利・范・馬爾賽文、格爾・范・德・唐，陳雲生譯：《成文憲法的比較研究》（北京：華夏出版社，1987），第 149 頁。

基本權利的途徑來予以保護。言論自由在現代已成為憲法普遍確認的基本權利之一。只有在理論上理順憲法上言論自由的脈絡，才能在實踐中有效解決秦中飛案中的核心命題，否則仍然會由於言論自由理論的混亂而出現「李中飛」、「王中飛」等言論自由受到侵犯而無法獲得保護的情形。

## 二、言論自由的表現形式

　　言論自由在現代已成為憲法普遍確認的基本權利之一。各國憲法之所以都將言論自由作為憲法權利予以明確保障，在於言論自由的價值不可磨滅。對於言論自由的價值功能，有學者將其概括為九項，分別是：健全人性功能、探索真理功能、弘揚民主功能、疏導社會功能、昌盛文化功能、捍衛自由功能、和平親善功能、娛樂大眾功能與潤滑經濟功能。[5] 也有學者將其概括為：知識碰撞與獲得真理、健全民主與民主監督、健全人性與自我實現，以及推動經濟與繁榮文化。[6] 美國聯邦最高法院大法官 Louis D. Brandeis（1856–1941）在其 1927 年 *Whitney v. California* 案 [7] 的協同意見書中，對言論自由的價值進行了闡釋。其認為：

> 對自由（freedom）最大的危害就是人民的消極冷漠。他們認為參與公眾討論是人民之一項政治義務，這也是美國政府運作的一項基本原則。雖然他們承認任何人進行自由言論的制度存在一些風險，但是建國者們卻強調，社會秩序的維護不能僅依靠人們對於刑罰的恐懼。對人們自由思想、未來的希望及想像力的恐嚇是危險的；因為恐懼會導致自我思想的壓抑；長期之壓抑將導致怨憤；而怨憤將威脅政府的安定。要想獲得長治久安，就必須給予人們有機會自由地討論表達內心裏的委屈以及如何加以救濟的途徑。[8]

---

5. 甄樹青：《論表達自由》（北京：社會科學文獻出版社，2000），第 109–139 頁。
6. 王鋒：《表達自由及其界限》（北京：社會科學文獻出版社，2006），第 66–80 頁。
7. 274 U.S. 357 (1927).
8. 274 U.S. 357 (1927).

不管學説的差異何在，不容忽視的是，言論自由的價值功能是無法替代的。現代社會必須在憲法層面保障公民的言論自由權。具體在本案中，秦中飛的言論自由權同樣必須在憲法層面予以保障。對於本案中的手機短信屬言論自由的範疇看似沒有爭議，但沒有爭議並不代表言論自由的界定邏輯就是嚴密而清晰的。任何基本權利的保護都需要成熟的理論作為支撐。言論自由的表現形式同樣需要在理論上釐清脈絡。

　　目前對言論的具體表現形態尚存在不同的理解。有學者認為「言論自由的最顯著特徵是它的口語性。它專指人們採用口頭語言的形式或説話的手段的自由。」[9] 由此可看出，此種見解認為言論僅指純粹的口頭言論。此外，還有對言論表現形態的廣義理解，認為「言論自由還應包括借助於繪畫、攝影、音樂、錄音、演劇等方式或收音機、電視機、電腦等手段所實現的形形色色的表達行為的自由。」[10]

　　對於將言論形態限於口頭言説的狹義理解，往往無法實現言論自由的憲法價值。對於通過行為或其他方式來表達內心想法的情形，如將言論的形式僅限於口頭言説則將使言論自由的價值大打折扣。美國著名的「焚燒國旗案」是通過焚燒國旗這一行為來象徵性地表達意見和思想。這種行為在美國也被視為言論的表現形式之一，並被稱為「象徵性言論」。德國《基本法》第 5 條也將口頭以外的書面和圖畫自由表達納入言論自由的範疇。從國外的實踐來看，言論並不局限於口頭言説或書面等形式，言論也包括象徵性言論和行為等表現形態。從言論自由的權利屬性可知，憲法對於言論自由權的保護並非要保護口頭言説或書面文字等形式，而是要保護這些形式背後的思想自由。正如美國尼默教授指出：「是表達思想和感情的自由而不是語言表達方式，構成了第一修正案的核心。霍姆斯的『意見的自由交換』不能狹隘到僅僅交換言辭。是表達出來的思想而不僅僅是一種特殊的表達方式必須受到保護，如果第一修正案的價

---

　　9. 參見甄樹青：《論表達自由》（北京：社會科學文獻出版社，2000），第 41 頁。
　10. 林來梵：《從憲法規範到規範憲法——規範憲法學的一種前言》(北京：法律出版社，2001)，第 139 頁。

值要得到實現的話。」[11] 因此，以純粹的形式來界定言論自由，將在很大程度上扼殺對自由的追求。因此，筆者認為，言論自由的表現形式不應局限於口頭言論等純粹言論，也包括通過行為等來表達思想，交換意見的形式。從美國的經驗來看，在「言論—行為」二分法的邏輯基礎上，憲法所保護的言論主要包括以下幾種形式：

(1) 純粹性言論（pure speech）。此種屬言論自由的傳統表現形式，即通過語言來表達思想、交流意見。純粹性言論是思想表達的最主要形式，當然屬於言論自由的保護範圍。語言不局限於口頭言說，也包括書面、印刷等形式。從各國經驗來看，對於純粹性言論的保護程度甚高，大多情況下採絕對保護模式。如果對純粹語言進行束縛，將在一定程度上限制人的思想自由。

(2) 象徵性表達（symbolic expression or symbolic speech）。這種方式不是通過純粹言論（言語、書面、印刷等）的方式來表達思想、交流意見，而是通過一定的象徵性行為來表達。美國大法官傑克遜在「西弗吉尼亞州教育委員會訴巴內特」案中代表最高法院陳述意見時說：「象徵是一種樸素但很有效的交流思想的方式。使用徽章或旗幟來表示某種制度、思想、體制或人格，是心智與心智之間（交流）的捷徑。」[12] 在象徵性表達這種方式中，言論某種程度上是通過具有象徵性的行為來表達思想和交流意見的。在象徵性表達方式中，行為的目的具有單一性，即為了表達行為者的思想或交流意見，行為者意圖通過象徵性行為（如焚燒國旗等）來表達意見、進行「言論」。

11. Melville B. Nimmer, "The Meaning of Symbolic Speech under the First Amendment," *The Constitution and the Flag*, vol. 2, ed. Michael Kent Curtis (New York & Condon: Garland Publishing, Inc, 1993), p. 84. 轉引自邵志擇：〈表達自由：言論與行為的兩分法——從國旗案看美國最高法院的幾個原則〉，《美國研究》2002 年第 1 期。
12. 邵志擇：〈表達自由：言論與行為的兩分法——從國旗案看美國最高法院的幾個原則〉，《美國研究》2002 年第 1 期。

(3) 行為中附加言論的混合形態。在此種表達方式中，言論附加於行為之中，但是行為也具有自身的目的，並不僅限於表達思想。此種混合形態也被稱作言論附加（speech-plus）。所謂言論附加是指行為除了行為自身之外，也存在明確的意思表達。如在馬路上長跑這個行為本身只是一個鍛煉身體的普通行為，無其他思想表達之意，但如果裸露身體在馬路上長跑除基於享受陽光等健康目的外，則可能是基於反抗政府的某一政策等而表達了行為者的思想意識，此時則屬通過言論附加這種行為方式來表達思想、交流意見的情形，其與純粹言論一樣屬憲法上言論自由的保護範疇。

以上對言論表現形態的歸類是分析憲法上言論自由保護的理論奠基。雖然在美國這樣言論自由保護理論相對謹慎嚴密的國家，對於言論與行為的劃分也存在一定的爭論，但是表達形式的多樣不能削弱言論自由權的核心價值，即不論何種形式均須對思想表達及意見交流等自由在憲法上予以充分保護。即使是非純粹言論，行為中如果存在思想表達的言論旨趣，則同樣應該在憲法上言論自由的範疇下予以保護，而不論其所外化的形式如何多樣。秦中飛通過文字編輯短信來表達其所想，他手機短信所反映的文字內容在形式上屬純粹性言論，無疑屬言論自由的保護範疇。

## 三、言論自由的邊界

雖然基本權利是人與生俱來享有的權利，但是「並不意味着人權是沒有限制的。人權是對個人而保障的，也可稱之為個人權，但因為個人不可能無視與社會的關係而生存，所以，人權尤其在與他人的人權關係上受到制約，也是當然的。」[13] 言論自由作為公民重要的基本權利也存在一定的界限。由於憲法在法規範體系中居於最高位且言論自由權屬於憲法規定的基本權利，因此對於言論自由界限的分析，首先必須釐清憲法上言論自由與部門法上言論自由的各自

---

13. ［日］蘆部信喜，林來梵等譯：《憲法》（北京：北京大學出版社，2006），第 95 頁。

範疇，否則將無法釐清憲法上言論自由權的界限，而導致憲法與部門法在調整關係上的衝突。

雖然憲法對言論自由權進行了規範，但是由於憲法規範的抽象性、政治性等特點，其價值需要通過部門法規範來實現。憲法上言論自由價值的實現也需要通過刑法等部門法來完成。各國刑法對言論自由的保護均進行了相應的規範。中國刑法對此也進行了較為完整的規定。「對於公民言論自由相對於國家政治利益的限制，刑法分則在第一章危害國家安全罪、第七章危害國防利益罪、第九章瀆職罪、第十章軍人違反職責罪中分別規定了煽動分裂國家罪、煽動顛覆國家政權罪、煽動軍人逃離部隊罪、故意、過失泄露國家秘密罪、故意、過失泄露軍事秘密罪等罪名；對於言論自由相對於社會公共秩序的限制，刑法分則在第六章妨害社會管理秩序罪中，規定了煽動暴力抗拒法律實施罪、偽證罪、傳授犯罪方法罪等罪名，此外，2001 年通過的刑法修正案（三）還增加了編造、故意傳播虛假恐怖信息罪；而對於言論自由相對於其他公民權利的限制刑法分則在第四章侵犯公民人身權利、民主權利罪中規定了侮辱罪、誹謗罪、誣告陷害罪、煽動民族仇恨、民族歧視罪等罪名」[14]

從刑法的規定可以看出，刑法對言論自由的界限已經在部門法層面進行了具體的規範。基於法規範體系的統一性、完整性、有序性，對於刑法調整範圍內的言論自由由刑法來進行調整，而不直接涉及憲法問題[15]。對刑法調整範圍內的言論自由情形的排除是分析憲法上言論自由界限的邏輯前提，否則將混亂憲法與部門法的位階關係而無法在法規範體系中釐清言論自由的界限。從以上對誹謗罪的分析可知，秦中飛的言論並不符合誹謗罪的構成要件，因此不屬刑法的調整範疇。同時，對於其他部門法的相關規範也應該釐清其中對言論自由的調整因素，如通過行使言論自由而侵犯他人隱私

---

14. 高銘暄、張杰：〈憲法權利的刑法保護——以言論自由為例的解讀〉，《湘潭大學學報》（哲學社會科學版）2006 年第 6 期。

15. 關於憲法問題與法律問題的區分，可參見胡錦光：〈論公民啟動違憲審查程序的原則〉，《法商研究》2003 年第 5 期。

權的，將可能構成民事侵權行為，虛假、誤導性的商業言論可能違反商法的相關規定等。對此，應該區分憲法與部門法在言論自由上的界限，而不能將本屬部門法調整的行為，因含有言論因素而全部強行納入憲法的視域之中。如果混淆部門法與憲法的調整對象與功能，則將導致法秩序的混亂、無序。從中國《治安管理處罰法》、《民法通則》等法律明確規定的言論自由的界限及法律責任來看，不受憲法和法律保護的言論主要有：捏造事實誹謗他人的言論，猥褻性言論等。部門法調整的核心要件是捏造事實，而秦中飛的《沁園春·彭水》這首詞並沒有捏造事實，只是反映了彭水縣客觀存在的一些現實情況，諸如一些久而未決的工程等問題。因此，秦中飛並不符合違反部門法的規定，也無須承擔相關的法律責任。在通過部門法規範的檢驗之後，言論自由才有必要上升到憲法層面來調整。

在分清憲法與部門法調整關係的前提下對言論自由的界限進行分析，當言論自由的保護進入憲法視域後，應區分憲法權利譜系中各基本權利之間的關係，不可將言論自由權過度泛化而導致與其他基本權利的衝突。雖然憲法把言論自由作為單獨的基本權利予以保護，但此並非表明與言論自由相關的所有行為均須在言論自由權的範疇下進行調整。憲法中的其他基本權利所調整的行為仍然有諸多與言論有密切關係。如中國憲法第 41 條規定「中華人民共和國公民對於任何國家機關和國家工作人員，有提出批評和建議的權利；對於任何國家機關和國家工作人員的違法失職行為，有向有關國家機關提出申訴、控告或者檢舉的權利，但是不得捏造或者歪曲事實進行誣告陷害。」此處的批評、建議權，申訴、控告、檢舉權也必定會附帶言論旨趣。但是由於憲法對於行為中的言論旨趣已通過批評建議等權利單獨進行了規範，因此不宜再通過言論自由權進行調整，否則將造成言論自由權這一基本權利和任何與言論具有相關因素的基本權利在調整對象等方面的衝突。同時遵循「言論—行為」二分法的邏輯，言論也可能通過象徵性表達或行為等方式來表現。

但是憲法如果對具有言論因素的象徵性表達或行為已經通過其他憲法規範或在其他基本權利中予以調整的，則將不再屬憲法上言論自由權的單獨調整範圍。如中國憲法第 47 條規定「中華人民共和

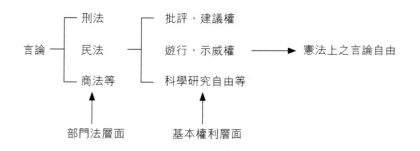

圖 3.1　憲法上言論自由受保護的邏輯

國公民有進行科學研究、文學藝術創作和其他文化活動的自由。國
家對於從事教育、科學、技術、文學、藝術和其他文化事業的公民
的有益於人民的創造性工作，給以鼓勵和幫助。」本條規定的科學
研究自由中必定存在言論自由的因素，但是對此應該由第 47 條來調
整而不宜由第 35 條的言論自由權條款來調整。再如，遊行、示威
等行為的主要目的一般是為了表達，而不是行為本身的實際行動價
值，對此也應該由與遊行、示威等相應的基本權利來調整。因此，
對於憲法已作出單獨規定的基本權利，即使該基本權利在調整過程
中不可避免地含有言論旨趣，但是仍然由該基本權利來單獨調整，
這樣才能保證基本權利譜系的統一、有序、一致。脫離了憲法基本
權利的譜系而盲目擴張言論自由的保護範圍反而不利於言論自由價
值的實現。憲法上言論自由保護的邏輯如圖 3.1 所示。[16]

　　當表達思想、交流意見之言論未能在部門法上找到調整規範，
同時也不屬於基本權利譜系中其他基本權利的調整範疇時，該言論
則屬憲法上言論自由權的保護範疇。但是言論自由權自身也並非毫
無邊界，其自身也存在一定的界限。言論自由權的自身界限主要是
基於公共利益的考慮。言論自由的行使如果使公共利益具有危險性
或侵害到公共利益，則該言論自由的憲法保護將受到限制。言論自
由權的自身界限是在其與公共利益的衡量中界定的。

---

16. 在此也存在基本權利的競合問題，但這是一個需要另行論證的命題。

## 四、言論自由的審查標準

權利有其邊界，並且在特定的條件下得允許政府施加限制。言論自由同樣如此。問題是言論自由邊界的劃定又或是對言論自由的特殊限制，在何種情況下是合理的，在何種情況下又是不合理的？這就涉及到了對言論自由的審查標準問題，這也是言論自由保護中最為根本性的問題。而正是在這一問題上，美國展示出了它作為一個法治發達國家的典範作用。

美國憲法修正案第 1 條明確地將言論自由作為憲法權利的重要內容。1789 年提出，1791 年通過的美國憲法第一修正案說道：「國會不得制定關於下列事項的法律：確立國教或禁止信教自由；剝奪言論自由或出版自由；或剝奪人民和平集會和向政府請願伸冤的權利。」圍繞這條修正案，美國理論與實務界對於言論自由討論則從來沒有停止過，且一直處於發展之中。我們可以通過梳理美國的司法實踐，明晰言論自由的司法審查標準以及保護言論自由的理念與方法。

## 1. 美國審查標準的發展——以案例為中心

### 1.1 「事先約束」原則

在美國第一修正案的運用方法上，淵源於習慣法的「事先約束」（prior restraint）原則是最為古老的運用規則。事先約束是指政府可通過法律的方式要求出版機構在出版之前遞交出版物的樣本。然而，這個傳統而古老的原則在尼爾訴尼蘇達案中受到了挑戰。案件的事實經過如下：[17]

> 明尼蘇達州的一項法令為了消除「惡意的、誹謗的、損毀他人名譽的」報紙、期刊對公眾造成的損害，規定任何人倘若造成此種損害，都可予以禁止。

---

17. 283 U. S. 697.51 S. Ct. 625, 75 L. Ed. 1357 (1931). 轉引自〔美〕‧唐納德‧M‧傑爾摩、傑羅姆‧A‧巴龍：《美國大眾傳播法——判例評析》（北京：清華大學出版社，2002），第 44 頁。

明尼阿波利斯一個縣的檢察官弗洛依德・奧爾森，其後還有一名民黨的負責人，依據該法令提請禁止「惡意的、誹謗性的、損毀他人名譽的」報紙、雜誌或者期刊——星期六通訊社的出版活動。該縣檢察官提交的起訴書稱，星期六通訊社譴責明尼阿波利斯的司法機構、官員沒有揭露和懲治由一名「猶太賭徒」操縱的賭博、私販和詐騙活動。

州審判法院認為星期六通訊社的編輯違反了該州法律的規定，因而「永久性地禁止」被告「以星期六通訊社的名義或者其他署名發表損害他人的言論。」該州最高法院維持了這一判決，於是被告尼爾向美國最高法院提起上訴。

在該案中，首席法官休斯說自由不受事先約束是一項總體原則，雖然這並非一項絕對原則。明顯的例外情形有三種：(1) 戰時涉及國家安全的案件；(2) 涉及「莊重之基本要求」，即涉及猥褻出版物的案件；(3) 涉及煽動暴力和用武力顛覆合法政府，威脅公共秩序的案件。[18]

從美國法院的判例對於事先約束原則的態度來看，原則上禁止事先約束。「倘若新聞出版自由的含義就只是事先約束的話，那麼迄今為止許多的保護措施都將仍是一紙空文。這是因為享有不受事先約束的自由，信息才能得到了傳播的可能。」[19] 而在後來的「五角大樓文件案」中，判例對於言論自由的事先約束又有了新的態度。該案發生的事情經過是這樣的：[20]

1971年6月，《紐約時報》經過深思熟慮決定發表一篇來自五角大樓的機密報告，該報告揭示了美國捲入越南戰爭的整個過程。應聯邦政府的要求，新任命的紐約南區地方法院法官默里・

---

18. ［美］唐納德・M・傑爾摩、傑羅姆・A・巴龍：《美國大眾傳播法——判例評析》，第50頁。
19. ［美］唐納德・M・傑爾摩、傑羅姆・A・巴龍：《美國大眾傳播法——判例評析》，第51頁。
20. 參見［美］唐納德・M・傑爾摩、傑羅姆・A・巴龍：《美國大眾傳播法——判例評析》，第52頁。

格爾菲（Murray Gurfein）對《紐約時報》發出了一項臨時禁令。但未過幾天，格爾菲法官便拒絕了政府希望永久性禁止《紐約時報》發表該文的請求，並稱：「為了保障表達自由這一更為重要的價值以及人民的知情權，當局必須忍受喜愛爭吵、固執己見而且無處不在的新聞機構。」

而聯邦第二巡迴法院則推翻了第一判決，其理由是，要決定有關材料是否應當發表，則必須先進一步聽取政府對其認為該文件的發表將對國家安全構成危害之立場做出闡述。第二巡迴法院規定有關禁止令繼續執行。而當政府向哥倫比亞聯邦上訴法院提起上訴時，上訴法院卻站在了新聞機構一邊。1971年6月30日，最高法院對這一關涉政府與新聞媒介間歷史性衝突的重大案件做出了裁決。其結局為：國內所有報紙均得以不受限制地發表這份五角大樓的報告。

從該案可以看出，對於言論自由的事先約束，在具體裁判過程中，還是存在爭論的。這些爭論表明，判決並沒有絕對禁止事先約束。但是再從接下來一個非常重要的案例則可以看出事先約束原則存在的前提了。在「內布拉斯加新聞協會案」中，法院的意見清晰表明，原則上反對事先約束，而政府要實施這一限制就必須滿足苛刻的條件。布倫南法官也發表了他對於事先約束的強烈憎惡。

大法官 Hughes 在相關案件 *Near v. Minnesota* 案件中提到：「人們對於出版自由如此重視，特別是因為它賦予了出版品檢舉政府官員、批評政府缺失、得不受事先限制的豁免權。……將近 150 年，幾乎未有過對涉及政府官員不法行為的出版品進行事先限制的企圖。這是由於人們深信此種限制乃是對憲法權利的踐踏。政府官員的品格和行為應允許媒體公開自由的評論，對於錯誤的報道，他們可以以誹謗罪來自我救濟，而不該約束報紙或期刊的出版。」[21]

---

21. J. H. Chopper, R. H. Fallon, Jr., Y. Kamisar and S. H. Shiffrin, *Constitutional Law* (Minnesota: West Academic Publishing, 2001), p. 801. 轉引自張福建：〈美國憲政史上的政治言論自由案——羅爾斯的觀點〉，《開放時代》2005 年第 3 期。

從案例的發展可以看出，由於禁止對出版品做事先限制的原則，乃是淵源於英國普通法的傳統，18 世紀著名的英國法學家布萊克斯通，甚至以出版品不得予以事先限制的原則作為言論自由的界限。從而如有的學者所總結的，在美國，「只有在特殊的情況下，政府的確是可以對某類出版品採取事先限制的措施。但是揭露政府施政的缺失，乃至於公開政府官員的不法行為等，乃是捍衛民眾的權利，防止政府貪瀆、腐敗的重要管道。因此，最高法院一再責成政府必須擔負巨大的舉證責任。此外相關文獻或信息的揭露，勢必會造成某種結果，但就如同大法官 Stewart 所指出的，它是否會使國家或人民遭到直接、立即及不可彌補的損害，才是問題的關鍵。否則政府動輒以國家安全、國家利益或危險性為由，要求對出版品進行事先限制，如此一來出版自由將形同具文。」[22]

　　大法官 Douglas 也指出：「政府的機密基本上是反民主的，永久性的官僚錯誤。對公共問題的公開辯論及討論對我們國家的健全至關重要。」[23] 從根本上說，輿論所服務的是被統治者，而非統治者。禁止公權力對言論自由進行限制，是為了讓新聞媒體得以不受拘束地批評政府。保護言論自由就是為了使政府的腐敗得以暴露，從而約束公權力的運行。

　　在 18 世紀之前的英格蘭，事先約束原則曾一度存在，也就是說，所有出版品在公開於社會之前，必須經過事先的檢查並取得許可後才可出版。[24] 美國聯邦最高法院早期的見解也持有類似的觀點。[25] 而目前，美國則一般推定事先限制為違憲。

---

22. 轉引自張福建：〈美國憲政史上的政治言論自由案——羅爾斯的觀點〉，《開放時代》2005 年第 3 期。

23. J. H. Chopper, R. H. Fallon, Jr., Y. Kamisar and S. H. Shiffrin, *Constitutional Law*, p. 815. 轉引自張福建：〈美國憲政史上的政治言論自由案——羅爾斯的觀點〉，《開放時代》2005 年第 3 期。

24. See Michael J. Perry, "Freedom of Expression: An Essay on Theory and Doctrine," 78 *Northwestern University Law Review* 78(1983)n. 1: 1137, 1139.

25. See *Robertson v. Baldwin*, 163 U.S. 275, 281 (1897); *Patterson v. Colorado*, 205 U.S. 454, 462 (1907).

1931 年，美國聯邦最高法院於 *Near v. Minnesota* 案 [26] 曾表示只有在極少數的特殊情況下（例如為了維護國家安全而防止泄露軍事機密、為了端正社會風氣（decency）而防止猥褻出版品的傳佈、為了維護社會安全而防止煽惑他人以暴力或武力推翻合法政府之言論等），事前限制才有可能被接受為合憲。[27] 即使對於事先限制可能出現的情形，對言論自由的限制也不是完全由主觀方面來決定的，而必須通過適當的程序來保障。只有通過適當的程序予以有效的制約，法院才會可能推定事先約束的合憲性。

在 1965 年的 *Freedman v. Maryland* 案中，[28] 美國聯邦最高法院進一步要求事前限制制度必須同時配合有明確的程序性保障規定。例如必須規定：政府負責事前限制的行政機關必須負上舉證責任；該機關必須在法律所規定的極短期限內作出是否准許或限制言論發表或出版的行政決定；行政機關如作出事前限制的決定，應給予受限制者請求司法救濟的機會，而且法院必須迅速作出裁判。[29] 根據已故 Nimmer 教授的分析與歸納，這些程序性保障可歸納為以下三者：(1) 必須向權利被限制者提供迅速的司法救濟機會；(2) 政府必須對事前限制的必要性負舉證責任；(3) 對每一個階段的決定，均應向權利被限制者提供陳述意見及言詞辯論的機會。[30]

## 1.2 「明顯且即刻危險」標準

從以上事先約束原則的內涵可以看出，其實質上僅僅將事先約束視為一種例外。一般情況下，不得對言論自由進行事先約束。目前在美國，言論自由限制原則的成型形態便是「明顯且即刻危險」

---

26. 283 U.S. 697 (1931).
27. 同上註，頁 716。由於該案所涉的情形，並非這些少數例外的情形沒有採取事前限制的必要性，故宣告系爭之事前限制制度為違憲。
28. 380 U.S. 51 (1965).
29. 380 U.S. 51 (1965).
30. See Lee C. Bollinger, *The Tolerant Society: Freedom of Speech and Extremist Speech in American* (New York: Oxford University Press, 1986), p. 46; Melville. B. Nimmer, *Smolla and Nimmer on Freedom of Speech: A Treatise on the First Amendment* (New York: Mattew Bender, 1984), pp. 26–28.

的標準。追溯「明顯且即刻危險」的標準，也可以發現其發展的脈絡。在 1919 年的 *Schenck* 案中，霍姆斯大法官指出，言論應該受美國憲法的保護，應該受到該言論發表時的客觀環境及該言論的性質來決定該言論對於法律所要防止的危害是否具有「明顯且即刻的危險」的標準。雖然該項原則在 1919 年已提出，但是直到 1937 年才為聯邦最高法院所採用。

在「明顯且即刻危險」標準提出之前，吉特勞訴紐約州案（*Gitlow v. New York*）[31] 中確立了「危險傾向」原則。該原則是美國聯邦最高法院早期階段處理言論自由案件的原則。吉特勞為社會黨左翼全國委員會委員，兼該左翼機關報經理。因其在創刊號上刊載了《左翼宣言》，倡導以武力暴動等方式推翻政府，觸犯了紐約州的刑法，遭紐約州上訴法院的定罪。被告對此不服，上訴至最高法院。最高法院認為《左翼宣言》是強烈的煽動性言詞與行為，是造成工業暴亂及政治性大罷工的革命行動，試圖破壞及推翻議會與政府，因此屬紐約州刑法的調整範圍。由「危險傾向」原則可知，雖然言論距離實際非法行動的發生尚遠，只要從其作品或言論本身的危險傾向中能推測其有導致暴力行為的危險傾向，政府便可對其進行限制。

很快在施納斯克訴美國案（*Schenck v. United States*）中，霍姆斯大法官便確立了「明顯且即刻危險」原則（clear and present danger），從而代替了「危險傾向」原則。霍姆斯大法官提出：「對言論自由要作嚴格的保障，一切有關言論自由的訟案，其問題在於言論發表時所處的環境，及其引起的性質，是否具有造成實際禍害的明顯而即刻的危險。」[32] 通過有名的「妄呼火警」事例，霍姆斯大法官指出：「對言論自由最嚴格的保護也不會保護在劇院裏謊稱失火，並高聲叫喊從而引起驚恐的人。」[33] 雖然在詞語上「明顯且即刻危險」與「危險

31.　*Gitlow v. New York*. 268 U.S. 652.(1925).

32.　李昌道：〈美國言論自由的法律尺度〉，《政治與法律》2001 年第 2 期。

33.　傑羅姆·巴倫、托馬斯·迪恩斯：《美國憲法概論》（北京：中國社會科學出版社，1995），第 186 頁。

傾向」原則更為嚴格，但是對於何為「明顯且即刻危險」仍無明確的標準來具體把握。因此實際上該原則運用的機會並不多，在 1919 以後只用過屈指可數的幾次，最後一次引用是在 1962 年。[34]

霍姆斯大法官在同年宣判的 *Abrams v. U.S.* 案的意見書中，提出了「言論思想自由交換」（free trade in ideas）的理論。該理論主張「判斷某種思想是否為真理的最好方法，就是將該思想置於自由競爭的市場之中，讓社會大眾來最終判斷和決定是否接受該思想為真理」[35] 該理論同樣反映了對於言論除了會造成立即且明顯的危險便不應對其進行限制，政府不得隨意限制公民的言論自由。

在 1927 年聯邦最高法院的 *Whitney v. California* 案中，[36] 布蘭德斯（Louis D. Brandeis）大法官在意見書中的內容使得明顯且即刻危險原則的內涵得到了補充。他認為所涉及的言論可能造成的危險除非是非常迫切的，在沒有機會對該言論進行充分討論認識之前，該危險就可能發生，才是所指的該言論可能引起的明顯且即刻的危險。如果在言論作出後，實際危害發生之前，「如果我們還有時間進行討論，從而揭露那些虛偽和錯誤，並可以通過教育的途徑避開邪惡，那麼對那些有可能帶來弊害的言論進行救濟的最好方法，將是允許有更多的言論，而不是強迫人們沉默。」這就是所謂的更多言論自由理論（more speech）。布蘭德斯法官用「更多言論」來防止言論可能帶來的危害，而非通過處罰的方式來禁止言論。同時布蘭德斯大法官也強調，如果所造成的危害並不嚴重，則不能限制言論自由。

1969 年的 *Brandenburg v. Ohio* 案中，[37] 明顯且即刻危險標準從主觀與客觀兩面得以闡釋，從而得以完善。最高院大法官漢德曾在 1917 年的 *Masses Publishing Co. v. Patten* 案 [38] 中偏向於將言論表達者的主觀

---

34. 邵志擇：〈表達自由：言論與行為的兩分法——從國旗案看美國最高法院的幾個原則〉，《美國研究》2002 年第 1 期。

35. 250 U.S. 616 (1919).

36. 274 U.S. 357 (1927).

37. 395 U.S. 444 (1969).

38. 244 F. 535 (S.D.N.Y. 1917), rev'd, 246 F. 24 (2d Cir. 1917).

方面的直接煽動原則帶入明顯且即刻危險原則之中。而 *Brandenburg
v. Ohio* 案則將明顯且即刻危險原則兼顧了主觀與客觀方面的因素，
從而將此原則作出必要的修正。該判決認為，某一言論「除非其主
張是以煽動他人從事立即非法行為或已產生立即非法行為為目標，
而其主張確實可能會煽動或產生此種立即的非法行為者，才可以對
之予以限制或處罰。」[39]

　　因此，根據修正後的理論可以發現，明顯且立即危險原則的內
涵指出，如果政府為了避免言論可能帶來的危害而欲限制它時，除
非言論主體確實有意要經由其言論產生了這種危害，且其言論對於
其所可能帶來的危害的發生，具有「立即性」、「急迫性」、與「可
能性」，從而使得我們無法用「更多的言論」，經由理性的討論，避
免危害的發生時，而該危害確實又具有相當的實質嚴重性，才不得
不限制該言論。因此，在該原則之下，不僅要尊重個人的自我表達
自由，也尊重大眾的自主選擇自由，即使不容於社會多數而被視為
離經背道的言行，也獲得最大程度的容忍與尊重。

　　從美國關於言論自由保護的案例可以發現，言論自由保護的難
題在於那些遊走於法律及暴力邊緣，以非法的武力及煽動作為政治
變革的手段的言論。對於這類言論保護的界限一直都存在爭論。如
著名思想家密爾對於意見發表時的情境也非常在意。他說道：[40]

> ……即使只是意見，當發表意見時的情境，使得他對某些有害的
> 行為構成明確的煽動，也不得豁免。如果說糧商使得窮人挨餓，
> 或者宣稱私有財產乃是一種掠奪，這些如果止於報紙間傳述，則
> 不應當受罰。但如果是對聚集在糧商門前的一群群情激奮的暴
> 民，以口頭方式宣講或散發傳單，則應遭到懲處。

---

39. 395 U.S. 448–49.

40. John Stuart Mill, *On Liberty and Other Writings*, ed., by Stefan Collini (Cambridge:
　　Cambridge University Press, 1989), p. 56.（譯文轉引自張福建文）

在 1919 年 Schneck 案件中，大法官霍姆斯在陳述中說道：

我們承認被告傳單中的言論，若在平時的許多場合，均屬憲法保
障的權利範圍內。不過每項行為的性質，應視為行為時所處的情
境而定。即使是對言論自由做最周全的保障，也不至於去保障一
個在劇院中謊稱失火而引起恐慌的人。……所有這類訴案，問題
的關鍵在於言論當時的情境及其性質，是否有明顯且即刻的危險
而導致實際的禍害（substantive evils）的可能？如果有，那麼國會
便有權予以防止。這是事關迫切和程度（proximity and degree）的
問題。當國家處於戰時，許多和平時期可以容許的言論，也不得
不因其有礙戰爭而予以限制，即使法院也不得以其為憲法上的權
利而予以保障。[41]

大法官布蘭德斯則認為：

那些經由革命為我們爭取獨立的人們不是懦夫。他們並不畏懼政
治變遷，他們不會為了頌揚秩序而以犧牲自由為代價。對勇敢以
及自信的人們而言，由於對於自由無畏的思辨力量在民主政府過
程中的作用深具信心，因此他們不會把言論所造成的危險，徑視
為明顯即即刻的。除非禍害的發生是迫在眉睫以至於在它發生之
前沒有機會可以做充分的討論。假如有時間經由徹底地討論，來
暴露其虛假及錯誤，以及可經由教育過程來避害，那麼採取的方
法是更多的言論自由，而不是強制大眾緘默。只當情勢危急才使
壓制言論具有正當性。這是權威和自由調和所必須遵循的法則。

更有進者，即使危險迫在眉睫，也不能隨意禁止一個使得有效民
主得以持續運作的功能（即言論自由），除非禍害是相當的嚴
重。禁止言論與集會自由是一個十分嚴厲的手段，並不是合作為
防止社會遭到輕微傷害的手段。儘管警察手段作為一個保護的手
段非常有效，但因為其補救的方法過於嚴厲和壓迫，因此有可能
是違憲的。一個國家可以透過警察力量，懲處任何一個侵入他人

41. 250 U.S. 616 (1919).（譯文轉引自張福建文）

土地的人，而不管侵入者的意圖、目的或其結果。同時他也可以
對唆使他人侵入者的一項企圖、一項陰謀、一種煽動加以懲處。
針對革命及顛覆性的主張，言論會造成某種暴力，或者會損壞財
產，不足以作為壓制言論自由的理由，唯有可能對國家造成嚴重
傷害，才可以限制言論自由，對自由人而言，一般用來防止犯罪
的方法是教育及懲罰違法者，而非削減言論和集會自由。[42]

美國當局從國家安全等角度考慮，通常認為這類言論對國家
的安全、社會的安定、個人的安全等構成了潛在的威脅。因此，傾
向於控制這類言論。但是歷史事實再次證明，這些未必能經得起檢
驗，如當局所言的情形真的如其所說的那麼嚴峻嗎？政府的措施是
否會過當，特別是侵犯人權的措施？因此從這些質疑的角度考慮，
當局對於言論自由限制的邏輯是存在漏洞的。在民主社會裏，必須
正視人類的這類言論，而不能一概以危害國家安全等理由過度限制
其言論。正如有學者分析的：「因為民主社會的基本信念乃是捨棄暴
力而以和平方式改變現存的政治秩序，而保障這類言論的自由，恰
是暴力之外的最後出路。因此，除非這類言論已經瀕臨暴力邊緣，
而且危及迫在眉捷，否則應盡可能充分地保障這類言論的自由。」[43]

羅爾斯對此則發表了與霍姆斯等法官不同的看法，他認為革命
性言論應該受到保護。一方面它從爭議的原則出發，指出人民有權
對社會基本結構的公正與否，抒發自己的意見。這個論點可以説是
繼承了 Meiklejohn 從自治原則出發，認定民主乃是人民的自治，人
民是國家的主人翁，其當然有權評價統治者的得失，此乃民權伸張
的自然衍義。因此此類言論乃是公言論（public speech），應該獲得
「絕對」的保障。再從另一角度來看，羅爾斯之所以堅決的保障革命
與顛覆性主張的自由，是認為這樣的保障有助於使民怨得以自由抒
發，其對於社會政治的穩定而言大有裨益，這樣的觀點認為保障這

---

42. J. H. Choper, R. H. Fallon, Jr. Y. Kamisar and S. H. Shiffrin, *Constitutional Law*, 2001, pp.
    588–589.（譯文轉引自張福建文）
43. 參見張福建：〈美國憲政史上的政治言論自由案——羅爾斯的觀點〉，《開放時代》
    2005 年第 3 期。

類言論自由乃是民主社會最重要的政治安全閥。當治者無視於被治者，或社會中的多數欺凌少數之際，正視言論自由乃是啟動這一安全閥的自動把守。因此充分保障革命及顛覆性言論乃是打開一個重要的渠道，使得民主社會得以合理運作的關鍵所在，是以，革命及顛覆的言論應予充分保障。[44]

羅爾斯之所以力主革命及顛覆性言論該受到充分的保障，主要是他深刻地認識到，即便是在一個治理還算上軌道的民主體制中，其社會的基本結構也可能不公不義，而其政策也可能倒行逆施，致使社會的某些階層或群體遭受到長期的歧視或壓迫。因此給予這類言論充分的保障，是肯定和正視這類言論在一個民主體制中的角色和重要性。由於這類言論或倡導革命、或以煽動及其他非法手段作為抗爭的主要方式，自有其一定潛在的危險性和破壞性，但不宜因此就因噎廢食，輕言禁絕這類言論。[45]

## 1.3 雙階理論與雙軌理論

「絕對保障模式」，即對於言論自由採取絕對保障而不加以任何限制。這種模式曾經在 1950 到 1960 年的美國盛行。美國聯邦最高法院大法官 Hugo Black 曾認為既然憲法已明文規定國會「不得制定法律」限制人民的言論自由，其意就是「不得制定法律」限制人民的言論自由，不應有任何例外。[46] 但是絕對保障模式由於其絕對性而使得並不能在司法實踐中得以長期存在，即使有部分聲音呼籲應該對言論自由進行絕對的保障。在美國言論自由保護的實踐中，經過長期的發展，逐漸形成了言論自由保護的雙軌理論。

在 1942 年的 *Chaplinsky v. New Hampshire* 案中，美國聯邦最高法院在 Frank Murphy 大法官的判決書中曾經說道：「眾所周知，言

---

44. 參見張福建：〈美國憲政史上的政治言論自由案──羅爾斯的觀點〉，《開放時代》2005 年第 3 期。

45. 參見張福建：〈美國憲政史上的政治言論自由案──羅爾斯的觀點〉，《開放時代》2005 年第 3 期。

46. See *Beauharnais v. Illinois*, 343 U.S. 250, 275 (Black, J., dissenting).

論自由的權利並非在任何時刻或任何情境下，都是一種受到絕對保障的權利。對於某些經過謹慎界定及範圍相當有限的某些言論，進行必要的禁止或進行相應的處罰，也從沒有產生過憲法上的爭議。這些言論類型包括淫蕩（lewd）及猥褻性（obscene）言論、粗俗的（profane）言論、誹謗性（libelous）言論、及侮蔑性或挑釁性言論（fighting words）等。（所謂挑釁性言論是指言論本身即會造成傷害或可能會引起立即破壞治安的行為的言論。）而長期以來可見，這些類型的言論內容並未涉任何思想或意見之表達。而且從追求真理的觀點來看，這些類型言論沒有任何社會價值。同時，即使這些類型言論能給社會帶來任何利益，這些可能的利益也明顯小於限制這些言論所欲維持之社會秩序及道德規範之社會利益。」[47] 在這段後來被反覆引用的文字中，除了表示言論自由並非一種受到絕對保障的權利之外，也將某些言論歸納為絕對不受保障的言論。從排除言論受絕對保護的思路可見，對於言論自由的保護不可能採取整齊劃一的標準，從而逐漸形成了言論自由保護的雙階理論。雙階理論將言論分為高價值的言論（high-value speech）與低價值的言論（low-value speech）。在對言論自由進行保護時，對於高價值言論與低價值言論所採取的審查標準也是不一樣的。對於高價值言論則採取較為嚴厲的審查標準，而對於低價值言論則採取較為寬鬆的審查標準。前面所說的誹謗性言論、令人不快的言論（offensive speech）、挑釁性言論等，並非不受言論自由條款的保護，只是受保護的程度低於那些高價值的言論。

對於究竟如何區分高價值與低價值言論等問題，仍然沒有定論，因此，言論自由限制過程中必定存在着利益上的衡量，如究竟何者為高價值言論，何者為低價值言論。從美國言論自由保護的實踐來看，不可能通過形式邏輯來推演出統一的言論自由保護及其限制的標準或規範。言論自由的保護最終肯定存在利益衡量的空間。對於沒有統一標準模式的利益衡量最終必定離不開個案中的具體利益衡量。整體上而言，言論自由保護也有一些通用的原則，這些通

---

47. 315 U.S. 568 (1942).

用的原則是通過司法實踐逐步積累而產生的。這些通用的原則主要是將各類言論進行類型化，從而從類別的角度來考慮各類言論的保護模式。如在美國，根據這種對言論自由保護進行類型化的方法，被歸類為低價值言論包括：虛偽陳述（誹謗）、揭露隱私信息、商業性言論、猥褻性言論（包括兒童色情言論 [child pornography]）、淫蕩粗俗不雅之言論（the lewd, the profane, and the indecent）、色情言論（pornography）、仇恨性言論（hate speech）等。[48] 針對不同類型的低價值言論，由於各個低價值言論的情形各異，所以其審查標準也各不相同。不屬低價值言論的高價值言論，在具體個案則應採用嚴格的審查標準來審查，而獲得近乎絕對性的保障。

後來，在美國言論自由保護的司法實踐中，又逐步發展出一套原則，即雙軌理論（the two-track theory）。所謂雙軌理論，是指在處理有關言論自由的具體個案時，將會對言論自由造成限制效果的法律或政府其他規制措施，根據是否直接針對言論表達的內容或針對言論表達可能造成的影響為標準，分為「針對言論內容的規制」（content-based regulations）與「非針對言論內容的規制」（content-neutral regulations）兩大類，並分別以不同的審查標準，審查其合憲性。[49] 根據雙軌理論的內容，政府不能基於言論的內容來對言論進行限制。同樣可知的是，雙軌理論必須區分「針對言論內容的規制」與「非針對言論內容的規制」。不過這在實踐中存在着諸多爭論，因為根本不存在一個統一清晰的劃定界限。

美國實務及學界通說一般認為，如果政府所規制的言論屬高價值言論者，均主張採取「嚴格的審查標準」[50] 審查其合憲性。其要求政府規制的目的必須是在追求相當急迫及非常重要的利益，而其所用的手段，亦為達到該目的之必要且侵害最小手段者，才屬合憲。否則即屬違憲。如果政府所規制的言論屬低價值言論者，美國法院實務及學界通說均主張以「類型化的利益衡量」作為審查其合憲性

---

48. 參見林子儀：《言論自由導論》，未刊本。
49. 具體內容參見林子儀：《言論自由導論》，未刊本。
50. 審查標準參見下文論述。

的標準。關於應採用怎樣的標準對「非針對言論內容的規制」審查其合憲性也存在着爭論。而美國聯邦最高法院則已通過具體的案例發展出了明確的審查準則。美國聯邦最高法院將審查規制表意行為的 O'Brien 審查準則與對於言論表達的時間、地點及方法的合理限制（reasonable time, place and manner regulations）之審查準則，相互結合成一個審查準則，作為審查「非針對言論內容的規制」是否合憲的標準。根據對於言論表達的時間、地點與方法的合理限制之審查準則，任何一個合憲的對言論表達的時間、地點與方法的合理限制，必須符下列三個要件：(1) 不涉及言論表達的內容；(2) 可以增進實質的政府利益；(3) 尚留有甚多其他的管道供該言論表達使用。而審查基準的內容如下：(1) 政府此項規制的權力是為憲法所賦予；(2) 該項規制能增進重要或實質的政府利益；(3) 不涉及言論表達的內容；(4) 該項規制對言論自由所造成的附帶的限制（incidental restriction）不超過為追求重要或實質政府利益之必要限度；(5) 尚留有甚多其他的管道供該言論表達使用。[51]

## 1.4 三重審查基準

三重審查基準也是美國通過司法實踐逐漸發展出來的對於言論自由審查的標準理論。三重審查基準一般包括輕度審查標準、中度審查標準和嚴格審查標準。[52]

輕度審查標準又叫合理關連性審查標準（the rational relationship test, the rational basis standard），是最寬鬆的審查標準。根據該審查標準，法院在審查法律或其他政府措施是否合乎憲法時，並不會嚴格地審查該法律或政府措施的目的是否為追求「重要的或迫切的政府利益」（compelling governmental interest），只要其為「合法的」（legitimate）利益即可；同樣地，在手段的審查方面，法院也不會嚴格地要求該法律或政府措施所選擇的手段是否經過了嚴密的設計而

---

51. 參見林子儀：《言論自由導論》，未刊本。
52. 參見林子儀：《言論自由導論》，未刊本。

未超過達成目的之必要範圍，或是否尚有其他侵害性較小的手段可供選擇，法院只要求法律或政府措施所用的手段與目的之達成具有「合理的關聯性」（rational relationship）即可。對於具有合理的關聯性這一要求是相當寬鬆的。事實上，當法院決定採取輕度審查標準來審查政府行為時，其實一般的結果都是該行為是合憲的。

中度的審查標準（the intermediate scrutiny test）對於政府行為的審查則嚴格於輕度審查標準，在具體審查法律或其他政府的措施是否合憲時，首先會審查該法律或政府措施的目的，是否在追求「實質重要的」（substantial or important）政府利益；其次則審查其所選擇的手段是否為經過適當的選擇而且是侵害性較小的手段，或是否與達成目的具有實質的關聯性（substantially related to achievement of those objectives）。依據中度審查標準，只要法律或其他政府措施具有合法的目的，而該目的的追求是在國會的權限範圍之內，並且該法律或政府措施所選擇的手段，是經過適當的選擇且為侵害性較小的手段，或與達成該目的具有實質的關聯性，則將為憲法所允許。

嚴格審查標準（the strict scrutiny test）則在審查的要求上嚴格於輕度審查標準與中度審查標準。如果採取嚴格審查標準，法院會先審查該法律或政府措施的目的是否是為了追求相當急迫及非常重要的（compelling）政府利益；其次則審查其為達成該目的所採用的手段是否為達成該目的之必要且侵害最小的手段。由於要求目的所為達成的利益必須是非常重要的利益，而且在具體審查時也非常嚴格，所以當法院決定採取嚴格審查標準時，所有被審查的法律或其他政府限制措施幾乎均難逃過被法院宣告為違憲的命運。

當然，三重基準也不是一種固定的模式而一成不變。在司法實踐中，同樣可能由於特殊情形，而針對某些類型的言論發展出特殊的具體審查準則，或者取其中的一些因素，或者綜合整體地運用各種審查基準進行審查。

## 2. 比例原則作為言論自由的審查標準

從美國言論自由保護的發展歷程可以看到，言論自由作為基本權利之一，其保護程度越來越強，對於言論自由的限制程度逐漸弱化。如果言論自由不與公共利益直接相關，毋庸質疑屬憲法絕對保護的範疇。而當言論自由涉及公共利益時，則要將兩者進行相應的衡量，此時比例原則的重要作用就能夠體現出來了。

比例原則起源於德國，現已在諸多國家的公法領域得以廣泛運用，其位階也從行政法層面上升至憲法層面。事實上，在 1951 年的丹尼斯訴美國案（*Dennis v. United States*）中[53]，文森（C.J. Vinson）大法官提出：「當一個案例對於憲法第一條修正案所保障的自由權的行使，其不利的影響比較輕微，而保障公益的有利影響比較重大時，如將明顯而即刻危險作為一個剛性原則來使用，其於國家安全，明顯是荒謬的。在此特定時刻，法院的責任在於決定這兩種相衝突的利益，何者需要比較更大的保障。」從文森大法官的言辭可以看出，對於言論自由的限制已經遵循了公法上的帝王條款——比例原則的邏輯，將言論自由所保護的個人自由與公共利益在具體個案中進行衡量，政府只有證明「令人信服」的利益和嚴格適合實現這些利益的手段才能加以限制言論自由，[54] 美國對於言論自由保護的實踐逐漸積累形成的三重審查基準，其實也遵循了比例原則的內在邏輯。

在日本，言論自由界限的審查標準更是以比例原則為中心。如日本通過判例發展了「限制性程度更小的其他可供選擇之手段」基準。這是指，對於那些立法目的與表達內容沒有直接關係，為此可被認為是正當的（十分重要的），但在規制手段過於廣泛這一點上則存在問題的法律法規，須具體地、實質性地審查為達成立法目的、限制性程度更小的手段是否存在，如可認為其存在，則將該規制立法判斷為違憲的基準。公權力一方負有證明規制手段之正當性（即

---

53. *Dennis v. United States*, 341 U.S. 494.

54. 張千帆：《西方憲政體系》（美國憲法）（北京：中國政法大學出版社，2004），第501 頁。

無法利用限制性程度更小的其他可供選擇之手段）的重大責任。在日本的判例中，審查言論自由必須檢討以下三點：（1）規制目的（立法目的）的正當性；（2）規制手段（達成立法目的的手段）與規制目的之間的合理關聯性；（3）通過規制所得到的利益與所失去的利益之間的均衡。[55] 此三點實為比例原則內容在言論自由領域運用的具體體現。

以比例原則作為言論自由的審查標準，可依據比例原則的三個子原則而劃分為三個層次，任何一項對言論自由的限制措施必須經過這三個層次的檢驗：

(1) 妥當性原則。妥當性原則要求行為的目的必須具有合法性。對於言論自由則要求言論必須符合部門法律的規範要求。如果言論或行為違反了部門法律規範，則將違反妥當性原則的合法目的性要求而要承擔相應的法律責任。如言論危害了國家安全等而觸犯了刑事法律，則要對該言論進行限制並追究相應的法律責任。妥當性原則的內在要求為：只要言論不明確違法，一般均認為符合妥當性原則的要求，便允許言論自由權在相當廣闊的空間內行使。

根據國家人權法的規定，妥當原則要求限制言論自由的各國國內法必須遵守《公民權利和政治權利國際公約》第19(3) 條的規定：「本條第二段規定的該權利的行使有特殊的義務和責任，因此應受某些限制，但這些限制只應由法律規定並為下列條件所必須：(A) 尊重他人的權利或名譽；(B) 保障國家安全或公共秩序，或公共衛生或道德。」保障言論自由的條款使用的措辭和國際法學理論都清楚地闡明，所有限制都必須通過一項嚴格的三部測試。這一測試得到人權委員會的認可，它要求任何限制都必須：(a) 由法律規定；(b) 旨在保障第19 (3) 條提及的合法權益的其中一

---

55. ［日］蘆部信喜，林來梵等譯：《憲法》(北京：北京大學出版社，2006)，第181頁。

項；（c）對實現這一目標來說是必要的。只有試圖促進合法權益的措施才是可以接受的。第 19（3）條所列的合法權益（尊重他人的權利或名譽；保障國家安全或公共秩序，或公共衛生或道德）具有排他性。出於其他利益的刺激而對言論自由進行限制的措施都是非法的，即使這些措施是由法律明確規定的。

(2) 最小侵害原則。最小侵害原則也被稱為必要性原則，意指在限制言論自由時，必須是必要的不得已而為之，且必須採取損害最小的方式。最小侵害原則體現了手段與目的之間的關係。在最小侵害原則的運用中，公權力基於公共利益對言論自由進行限制必須是不得已而為之。如果存在其他不損害權利的手段或措施可以達成公共利益目的，則不得限制公民的言論自由。在美國，存在純粹言論受憲法絕對保護的言說，主要源於一般情形下純粹言論並不產生「明顯且即刻」的危險，因此可獲得絕對的保護。但筆者認為，在特殊情形下，純粹言論仍有可能危及公共利益而產生重大威脅，如在戰爭期間進行的煽動性言論等。對於純粹言論如果對公共利益造成損害，而不能通過刑法等部門法來調整，則仍可以在遵循比例原則的前提下通過憲法來予以限制，而不宜完全絕對化純粹言論的憲法保護。當然對於言論的限制，公權力主體必須承擔證明其所採取的手段或措施是迫不得已且損害最小的責任。而對於通過行為來表達思想、交流意見的情形，在最小侵害原則的邏輯下，公權力主體必須對行為中的非言論旨趣承擔證明責任，來證明行為中並非具有言論旨趣。否則，在其他部門法無法有效保護的情形下，應將行為中的附加言論通過言論自由權予以保障。對於行為中非言論旨趣部分則不屬憲法上言論自由的保護範疇。如果限制行為中的言論旨趣部分，則仍然須遵循最小侵害原則，即公權力主體必須證明其所採取的措施是不得已而為之，並且給言論自由所帶來的損害是最小的。秦中飛案中，秦的言論並沒有損害公共

利益，且公權力主體也未承擔證明其所採取措施的損害最小等責任，無疑違反了比例原則、侵害了秦中飛憲法上的言論自由。

從歐盟的司法實踐來看，歐洲法院認為，「必要的」這一形容詞與「必不可少」並非同義，並且也不具有「可接受的」、「普通的」、「有用的」、「合理的」、或「令人滿意的」這些措辭所具有的靈活性。歐洲法院進一步闡明，必要性就是分析：是否存在「迫切的社會需求」，受到爭議的干預是否「與所追求的合法目標相稱」，用來對其進行說明的理由是否是「相關和充分的」。全世界的法院都詳細說明了這一測試的具體要求。可以看得出有三個明顯的要素，第一，所採取的措施必須仔細謀劃，以滿足所考慮的目標。這些措施不應是隨心所欲、不公正或不合理的。如果一國政府不能提供任何證據來表明對言論自由的特別干預是必要的，那麼基於上述理由，這種干預是無效的。儘管國家可以，或許應當，保護各種公私利益，但要這樣的話，它們必須仔細謀劃所採取的措施，以便特別關注目標。限制根本權利是非常嚴重的問題，在考慮實行此類措施時，國家有義務仔細考慮各種可能的選擇。第二，干預應當「盡可能少地」損害言論自由權。如果有各種選擇可以達成國家目標——比如預防犯罪或騷亂——那麼必須選擇對受保護的權利限制最少的目標。在應用這一標準時，法院認為對某項法律措施的精確程度存在實際的限度。但應當僅僅依據這種實際的限度作出限制，不應過於寬泛。最後，所採取的措施對有關權利造成的影響與這些措施的目標必須相稱。對言論自由的損害不得大於受保護權利方面的利益。一項對名譽的保護有限而嚴重損害了言論自由的限制是不過關的。民主社會依賴於信息與觀念的自由流動，只有通過限制這種流動來服務全體公共利益時，這種限制才是正

當合理的。[56] 其實歐盟的實踐說明其對於言論自由保護完全遵循了比例原則的思路。

(3) 法益衡量原則。又稱為均衡原則或平衡原則，簡言之是指行為所得到的利益與所失去的利益之間應均衡。均衡原則的運用在妥當性原則與最小侵害原則之後，即在妥當性原則與最小侵害原則均無力保護的情形下才進行利益上的均衡。對於均衡原則，如果存在可用貨幣等單位值來度量的情形則易於把握何為「顯示均衡」。但在言論自由的審查中，均衡原則一般均無法用貨幣等經濟度量單位來衡量，其一般以普通人均能明顯覺察為標準。但是明顯覺察自身也無定論，因此實踐中主要通過判例的參照及法官針對具體個案來進行衡量。

言論自由作為公民的基本權利，在基本權利譜系中佔有重要的地位。在美國等國的慣例中對言論自由權存在特殊傾斜，使言論自由在與其他權利有衝突的時候，往往能處於優先的位置。不論言論自由在基本權利譜系中的地位如何，毫無爭議的事實是，言論自由作為基本權利必須得以充分地保障。秦中飛通過手機短信編發詩詞的方式來表達內心的想法，其言論自由權的行使也必須在憲法上得以有效保障，否則憲法上的言論自由權將失去應有的價值。在言論自由權必須通過有效機制保障的制度前提下，對於言論自由界限的具體審查標準應以比例原則為中心，通過司法實踐不斷積累經驗、逐步推進技術理論的完善。

---

56. 參見丹尼爾·西蒙斯：〈對言論自由的可允許限制〉，《國際新聞界》2005 年第 4 期。

# 第四章

# 信訪制度及反思<sup>*</sup>

作為中國社會糾紛解決與權利救濟的特殊制度，信訪仍然處於正題與反題之間的相互辯駁之中，其中有論者主張徹底廢除信訪制度，也有論者高歌信訪制度的優越性及基於中國制度的特殊性。[1] 當然，中國社會在很大程度上還處於制度轉型及發展時期，尚未形成相對成熟並具有中國特色的民主法治制度。[2] 因此，如果從制度的角度來看信訪制度，一方面應着眼當下的制度，另一方面也要把握制度的未來走向。新中國的發展自 1978 年改革開放以來，「建設社會主義法治國家」一直是制度發展的重要目標；而社會主義法治國家建設的重要表現之一就是逐步制訂並完善中國特色的社會主義法律體系。立法的發展進程在很大程度上可以體現社會現實的變化及不同時期的不同社會需求，同時也可以在一定程度上反映社會問題的癥結所在。從信訪制度的立法發展來看，迄今尚沒有一部關於信訪的法律，但是在行政法規、地方性法規等層面已經存在諸多相關規範。信訪在行政法規層面的立法發展變化，在一定程度上反映了信訪制度的變遷及發展的特點，也可以看出中國在邁向民主法治過程中所呈現出的諸多問題。

---

　* 本章內容以〈正題與反題：信訪制度化及制度反思——以信訪立法（1998–2000）為分析線索〉為題，刊載於《復旦政治學評論》第十一輯（2012）（上海：上海人民出版社，2012），第 32–48 頁（與林峰合作）。

1. 參見于建嶸：〈對信訪制度改革爭論的反思〉，《中國黨政幹部論壇》2005 年第 5 期。

2. 目前，中國還處於不斷發展並完善民主與法治的過程之中。具體可參見《兩會觀察：三項突破凸顯中國民主法治建設穩步前行》，新華網，http://news.cntv.cn/china/20110226/105737.shtml（2021 年 6 月 25 日瀏覽）。

# 一、信訪立法與信訪制度化：從 1980 到 2010 年

從 1980 至 2010 年，新中國先後共制定了三部關於信訪的行政法規，分別為國務院於 1980 年制定的《關於維護信訪工作秩序的幾項規定》（以下簡稱《規定》）、1995 年制定的《信訪條例》、2005 年制定的《信訪條例》，同時還有上百件其他各類規範性文件。

從規範內容來看，從《規定》的 6 條規定，到 1995 年《信訪條例》的 44 條規定，再到 2005 年《信訪條例》的 51 條規定，信訪制度的內容不斷地更新擴充。通過比較分析三次行政立法的內容，並結合其他相關規範，可以發現信訪制度在 30 年路程中的「變」與「不變」。其中一直貫穿於信訪發展始終的「不變」主要表現在：首先，信訪的目的都是為了保障人民來信、來訪的政治參與及監督權，體現了對人民憲法權利的保護。因為根據 1982 年《憲法》第 2 條規定，人民依照法律規定，通過各種途徑和形式，管理國家事務，管理經濟和文化事業，管理社會事務；第 27 條規定，一切國家機關和國家工作人員必須依靠人民的支持，經常保持與人民的密切聯繫，傾聽人民的意見和建議，接受人民的監督，努力為人民服務；第 41 條規定，中華人民共和國公民對於任何國家機關和國家工作人員，有提出批評和建議的權利；對於任何國家機關和國家工作人員的違法失職行為，有向有關國家機關提出申訴、控告或者檢舉的權利，但是不得捏造或者歪曲事實進行誣告陷害。對於公民的申訴、控告或者檢舉，有關國家機關必須查清事實，負責處理。任何人不得壓制和打擊報復。因此，對於人民的來信、來訪無疑是憲法明確規定的公民監督權。[3] 其次，信訪都體現為一種政府聯繫群眾的重要方式。在目前中國的政治秩序之下，信訪是一種非常重要的傳達民意的方式。[4] 三部行政法規的具體規定都體現了如何使得人民的來信、來訪能夠暢通，從而體察民意，並對之進行相應的處理。

---

3. 根據學者的觀點，來信來訪可以說是監督權中的一種建議權。參見李元起主編：《中國憲法學專題研究》（北京：中國人民大學出版社，2009），第 350 頁。

4. 參見束錦：〈信訪是民意訴求的一種重要表達方式〉，《求實》2007 年第 5 期。

當然，從三部行政法規的內容來看，明顯可見信訪制度的變化趨勢，其主要表現在以下幾個方面：首先，信訪立法數量呈現增加趨勢，且範圍逐漸擴大，種類不斷細化。從 1980 年的 2 部規範，到 2009 年 98 部各類規範，制定或修改總數不斷增加。[5] 信訪立法主體在範圍上也逐漸從國務院、最高人民法院，到全國各級政府、政府所屬各個行政機關、檢察院等部門，均對信訪作出相應的單獨規定。同時基於信訪的複雜性，相關規定在對象上也從一般性調整向特殊性調整轉變，如國務院制定單獨的《農村稅費改革信訪工作管理暫行辦法》調整稅費改革過程中出現的特殊信訪問題。其次，信訪程序逐漸司法化。《規定》在很大程度上體現了信訪作為公民政治參與的重要途徑，並不涉及司法化的內容。但是根據 2005 年《信訪條例》，信訪已經在處理主體[6]、處理常式、信訪範圍[7]、管轄原則[8]、聽證制度[9] 等方面作了詳細具體的規定，基本形成了一套司法化的操作程序。再者，信訪逐漸扮演了一種規範化、制度化的救濟功能。雖然

---

5. 具體法律等規範的統計，以北大法律資訊網資料庫為基礎。

6. 2005 年《信訪條例》第 3 條規定，各級人民政府、縣級以上人民政府工作部門應當做好信訪工作，認真處理來信、接待來訪，傾聽人民群眾的意見、建議和要求，接受人民群眾的監督，努力為人民群眾服務。第 9 條規定，各級人民政府、縣級以上人民政府工作部門應當向社會公佈信訪工作機構的通信地址、電子信箱、投訴電話、信訪接待的時間和地點、查詢信訪事項處理進展及結果的方式等相關事項。

7. 2005 年《信訪條例》第 14 條規定，信訪人對下列組織、人員的職務行為反映情況，提出建議、意見，或者不服下列組織、人員的職務行為，可以向有關行政機關提出信訪事項：

   (一) 行政機關及其工作人員；

   (二) 法律、法規授權的具有管理公共事務職能的組織及其工作人員；

   (三) 提供公共服務的企業、事業單位及其工作人員；

   (四) 社會團體或者其他企業、事業單位中由國家行政機關任命、派出的人員；

   (五) 村民委員會、居民委員會及其成員。

   對依法應當通過訴訟、仲裁、行政覆議等法定途徑解決的投訴請求，信訪人應當依照有關法律、行政法規規定的程序向有關機關提出。

8. 2005 年《信訪條例》第 4 條規定，信訪工作應當在各級人民政府領導下，堅持屬地管理、分級負責，誰主管、誰負責，依法、及時、就地解決問題與疏導教育相結合的原則。

9. 2005 年《信訪條例》第 31 條規定，對重大、複雜、疑難的信訪事項，可以舉行聽證。聽證應當公開舉行，通過質詢、辯論、評議、合議等方式，查明事實，分清責任。聽證範圍、主持人、參加人、程序等由省、自治區、直轄市人民政府規定。

信訪立法都以「保持政府與人民的密切聯繫」、「傾聽人民群眾的意見、建議和要求」等為目的[10]，但是具體立法的發展已經使信訪逐漸發展成一種具有與行政覆議、行政訴訟相類似的救濟功能，要求信訪部門對於信訪事件必須進行相應的救濟性處理，並對相關責任作出了相應規定。信訪部門的工作目標已經向糾紛解決轉變，要「及時化解矛盾和糾紛」[11]同時，還規定了三級信訪覆核終局制度，[12] 以達到信訪救濟功能的目的。同時，國務院在 2009 年更頒佈了《國家信訪局主要職責內設機構和人員編制規定》，對作為糾紛解決主體的信訪部門進行詳細的機構設置，為信訪救濟提供制度上的基礎。

雖然信訪在規範形式上逐漸演變成一種糾紛解決的救濟手段，但是這種救濟在性質上截然區分於普通的司法救濟。

首先，信訪救濟功能的完成主要通過行政監督手段在機關內部完成，而區別於司法救濟主體相對於糾紛主體的外部中立性。法院作為司法救濟主體，不涉及糾紛主體之間的利益關係，並保持一種中立地位；而且由於上下級司法機關之間原則上是一種相對獨立的指導與被指導關係，即使上訴，上下級法院仍然可以在自身司法權限範圍內保持相對的獨立性。但是從信訪立法的規定及運行來看，上下級信訪機關之間是一種行政機關內部的領導與被領導關係，因此雖然信訪在形式上具有司法救濟功能，但是本質上仍然是一種「內部糾錯」式的糾紛處理模式。

---

10. 1985 年《規定》第 1 條，1995 年《信訪條例》第 1、3 條，2005 年《信訪條例》1、3 條，均作出了相應的明確規定。

11. 2005 年《信訪條例》第 5 條規定，各級人民政府、縣級以上人民政府工作部門應當科學、民主決策，依法履行職責，從源頭上預防導致信訪事項的矛盾和糾紛。縣級以上人民政府應當建立統一領導、部門協調，統籌兼顧、標本兼治，各負其責、齊抓共管的信訪工作格局，通過聯席會議、建立排查調處機制、建立信訪督查工作制度等方式，及時化解矛盾和糾紛。

12. 2005 年《信訪條例》第 34 條規定，信訪人對行政機關作出的信訪事項處理意見不服的，可以自收到書面答覆之日起 30 日內請求原辦理行政機關的上一級行政機關複查。收到複查請求的行政機關應當自收到複查請求之日起 30 日內提出複查意見，並予以書面答覆。第 35 條規定，信訪人如不服複查意見，可以自收到書面答覆之日起 30 日內向複查機關的上一級行政機關請求覆核。收到覆核請求的行政機關應當自收到覆核請求之日起 30 日內提出覆核意見。信訪人如對覆核意見不服，仍然以同一事實和理由提出投訴請求的，各級人民政府信訪工作機構和其他行政機關不再受理。

其次，信訪主要依靠行政責任追究制度及行政績效考核制度來完成救濟功能，因此也截然區別於司法救濟。《信訪條例》第 7 條明確規定，各級人民政府應當建立健全的信訪工作責任制，對信訪工作中的失職、瀆職行為，嚴格依照有關法律、行政法規和本條例的規定，追究有關責任人員的責任，並在一定範圍內予以通報。中共中央紀委、監察部、人力資源和社會保障部、國家信訪局於 2008 年聯合頒發《關於違反信訪工作紀律處分暫行規定》，更是從行政紀律的角度對信訪部門及相關負責人的責任進行了詳盡的規定，要求信訪部門必須妥善解決信訪糾紛。同時規定，各級人民政府應當將信訪工作績效納入公務員考核體系，從而使得各地紛紛制定了相應規定，對考核內容、考核方式、考核結果運用等進行了詳細規定，將信訪作為重要的績效考核因素納入行政管理體系之中，如安徽省委組織部、省人事廳和省信訪局發佈的《關於信訪工作績效考核暫行辦法》、深圳市政府發佈的《深圳市信訪工作績效考評辦法》，等等。區別於信訪救濟所具有的內部行政性特點，司法救濟是依靠司法的獨立性、權威性、中立性、公正性等法治要素來解決糾紛。

因此，雖然信訪立法從目的及內容上看，完全以保護信訪者的權利為目標，如明確規定「不得打擊報復信訪人」、「可以要求行政機關公開相關的資訊」、「可以查詢信訪事項的辦理情況」、「信訪機關對信訪內容是否受理，必須給予書面回答」等，且在形式和程序上逐漸司法化，但其內在的救濟邏輯截然區別於司法救濟。

當然，國家立法的變化在很大程度上是基於社會現實的變化。從以上信訪立法的擴張性變化也可以在一定程度上窺見中國的信訪問題並非「逐日好轉」，反而是「每況愈下」，且呈日趨複雜之勢，否則何以需要在立法、制度、治理、考核、責任追究等諸多層面如此「大動干戈」。

## 二、信訪的制度悖論及「存廢」之辯

雖然信訪立法在內容上以保護信訪者的權利為核心，而且嚴格規定了政府處理信訪的責任，並且在制度層面使得信訪作為一種救

濟手段逐步規範化，但是信訪在現實中卻逐漸呈現出四大趨勢：上升化趨勢、群體化趨勢、組織化趨勢和極端化趨勢。[13] 這無疑在效果上與立法目標及制度初衷背道而馳，逐漸出現了獨特的「信訪悖論」。一方面，《信訪條例》對三級信訪終局制進行了明確的規定，禁止越級上訪，試圖抑制上訪；另一方面，越級上訪本身又完全符合信訪救濟的制度邏輯。一方面，《信訪條例》通過對信訪進行規範上的規定，為信訪提供更加暢通的制度性渠道，比如明確規定「將信訪工作績效納入公務員考核體系」，「任何組織和個人不得打擊報復信訪人」，等等；但是另一方面，現實中卻盛行着一種「潛規則」：「上訪」就等於「鬧事」，上訪有損地方形象，抹黑地方父母官，上訪者就是影響當地社會穩定的「不穩定因素」。更為悖論的是，群眾的上訪舉報反而可能影響個人的政績和仕途，因此各級政府對上訪便採取動輒阻撓、壓制甚至要動用司法的力量來「嚴打」。某些基層政府甚至提出了諸如「越級上訪就是違法」之類的標語口號，乃至以所謂「聚眾擾亂社會秩序」的罪名抓捕和制裁上訪群眾。[14]

基於此種規範與現實、應然與實然的反差，學者開出了不同的藥方。特別是在 2005 年《信訪條例》推出之前，對於信訪的存廢更是爭論不休。

「強化論」學者認為應該在制度發展上強化信訪制度，因為信訪是公民的基本政治權利，不能對之弱化。信訪本質上體現了公民的請願權利，而這一權利在公民政治權利中非常重要。信訪機構實際上並不是代表本部門而是在代表一級政府行使權力，但是現行信訪部門和其他部門一樣，只是政府之下的一個普通機構，因此面對問題沒有處理性和強制性手段，故而必須要強化信訪在政府序列中的地位，信訪部門的領導應該是政府的主要領導才行。[15] 有些學者指出，信訪部門的功能無非有兩個：資訊回饋和解決問題。如果信訪部門缺少解決問題的能力，那麼便形同虛設，因此應該強化信訪並

---

13. 參見田成友：〈信訪的佳境是納入法治化軌道〉，《法制日報》2010 年 10 月 19 日。
14. 參見劉武俊：〈上訪何須「潛規則」〉，《中華工商時報》2003 年 4 月 8 日。
15. 杜鋼健教授持此論點。參見〈信訪改革引發爭議〉，《南方周末》2004 年 11 月 18 日。

應賦予信訪部門更多如調查、督辦甚至彈劾、提議罷免等權力。[16]對於信訪作為救濟手段對司法救濟可能帶來的衝擊,有學者認為中國的權利救濟方式尚處於不足狀態,因此僅僅依靠司法救濟並不能完成保護權利這一法治課題。[17]通過強化信訪制度則可彌補司法救濟不足的諸多弊病。

「廢除論」者認為,《信訪條例》並沒有使信訪產生應有的效果,無法有效解決糾紛,反而在實踐中出現了諸多侵犯人權的情形。與「強化論」者的邏輯相反,「廢除論」者認為信訪制度與人權理念相違背,因為其在實踐中基本不能夠有效解決信訪問題,而且也沒有賦予信訪部門解決訪民問題的實際權力,實現權利救濟的功能。[18] 2005 年施行的《信訪條例》實行「屬地管理、分級負責,誰主管、誰負責」的工作原則。《信訪條例》同時規定,有關行政機關在收到信訪事項後,要在受理之日起 60 日內以書面告知信訪人是否受理;情況複雜的可適當延長辦理期限,但延長期限不得超過 30 日。對依法不予受理的,應當告知信訪人依照有關法律、行政法規規定的程序向有關機關提出;信訪事項的處理決定、複查意見和覆核意

---

16. 康曉光教授持此論點。參見〈信訪改革引發爭議〉,《南方周末》2004 年 11 月 18 日。

17. 杜鋼健教授持此論點。參見〈信訪改革引發爭議〉,《南方周末》2004 年 11 月 18 日。

18. 胡星斗教授持此論點。據胡星斗的長期觀察和任華律師近一年的實地調查:在國家信訪局、全國人大常委會辦公廳信訪接待口,在最高人民法院、最高人民檢察院、公安部等信訪接待視窗,上訪人員經常遭到接待人員粗暴訓斥、辱罵甚至毆打,特別是在部分接待口,每天從凌晨 3 點就排成長長的隊伍,上訪人員不但忍受着飢寒,還時常遭到地方政府「劫訪」人員的盤問和暴力襲擊,有的還遭到員警和保安的毆打。在交表視窗,堂而皇之地坐着地方劫訪者,他們對着上訪人獰笑着、吼叫着,使人心驚膽顫和靈魂的灼痛。更有甚者,一些地方政府用重金買通視窗接待人員,使上訪人員領不到表,交不上表,接待不了。即使接待了,接待者卻是省市駐京人員。在有的接待口,接待人員全部是地方駐京人員;在接待大廳,每天人頭擠擠,大家都在等待叫名「接待」,可是有的上訪者等了兩個月也沒有叫到名字。即使叫到名字,案件幾乎全部往下推。上訪人員只要與對方論理或者多說幾句,員警馬上過來將其拖出門外,稍有抵抗,便會被拳打腳踢(我們認為,中國的員警絕大多數是好的,作惡的是壞的信訪制度)。憤怒而絕望的上訪公民,有的在接待口割腕自殺、服毒自盡、撞牆斃命,更多的人走上街頭,對社會穩定構成了威脅。參見《就廢除信訪制度致全國人大、國務院的建議書》,www.huxingdou.com.cn/feichuxinfang.htm(2010 年 11 月 26 日瀏覽)。

見均要以書面形式答覆信訪人。然而在實際中，對於諸多地方進京上訪的情形，在該原則之下卻出現中央各受訪部門將這些上訪訴求退回地方解決的情形。[19] 這樣在實際中便無法徹底落實《信訪條例》保護人權的目的，反而在信訪作為公務員績效考評要件的激勵機制之下，出現了諸多政府嚴重侵犯人權的情形，比如出現了北京「安元鼎」保安公司在京設立多處「黑監獄」，向地方政府收取傭金，以限制上訪者自由並押送返鄉，甚至以暴力手段向上訪者施暴。[20] 信訪的理想與現實形成了巨大反差，一方面按照《信訪條例》政府機構均設有信訪接待室，另一方面卻又對上訪者進行「截訪」。一方面，根據官方公佈的數字，中央信訪機構，每年接待和上訪人群、信件不下百萬，國家信訪局承認 80% 是有理的，但問題得到解決的還不到 1%，還因此而遭受迫害。2004 年社科院信訪調查報告的資料顯示：上訪者中有 55.4% 因上訪而被抄家、被沒收財物；53.6% 的人因上訪被幹部指使黑勢力打擊報復。[21] 這些當然都可以成為「廢除論」者的立論基礎。

「折衷論」者則認為信訪應該作為一種特殊的行政救濟，因為信訪救濟對於偏於程序正義疏於實體正義的法律救濟來說，是一種 ADR（代替性糾紛解決方式）式的互補手段，對於畏懼訴訟之程序繁複、成本高昂的行政相對人來說，是一種可以「接近正義」(access to justice) 的便利通道，對於某些在當地投告無門、勝訴無望、執行無路的疑難案件來說是一個可能的出路，對於困於司法不公和司法腐敗的社會是一個必要的安全閥和矯正機制。雖然信訪救濟在追求實體正義時罔顧法治的要害所在——程序正義，擺脫了法律的規範，卻又不能克服訴訟的拖延之弊；強化了長官意志，揚人治抑法治，甚至可能造成干預司法的惡果；在使行政相對人的權利得到部分救濟的同時，也會壓制或侵害上訪人的權利，但是對此完全可以通過

---

19. 廢除論者多數從信訪侵犯人權的角度進行立論。參見《廢除誤導民眾的信訪制度》，www.chinaelections.org/newsinfo.asp?newsid=4498（2010 年 11 月 26 日瀏覽）。

20. 〈「黑監獄」閹割着信訪的權利救濟〉，《華西都市報》2010 年 9 月 25 日，第 8 版。

21. 參見《廢除誤導民眾的信訪制度》，www.chinaelections.org/newsinfo.asp?newsid=4498（2010 年 11 月 26 日瀏覽）。

在信訪救濟未來的制度創新中，通過發揮信訪救濟的獨特優勢，集中矯正其不講程序、缺乏規範、充滿恣意的根本弊端，將信訪救濟規範和改造為行政訴訟救濟與行政覆議救濟的過濾機制、補充機制和疑難處理機制。[22]

可以說，不管從現實的角度還是從制度的角度，「強化論」、「廢除論」與「折衷論」都具有一定的合理性，但是在一定程度上未能脫離信訪制度的現實悖論。

## 三、信訪「救濟」功能的制度悖論

從新中國信訪功能的歷史變遷來看，大體經歷了三個時期：一是 1951 至 1979 年的大眾動員型信訪。這時期的信訪受政治運動影響，主要以揭發問題和要求落實政策為主。二是 1979 至 1982 年的撥亂反正型信訪。這一時期，信訪迅速從國家政治生活中的邊緣走到了中心，信訪規模史無前例，主要內容是要求解決歷史遺留的問題，平反冤假錯案。從 1982 年至今，為安定團結型信訪。[23] 這一過程展現了信訪制度逐漸從最主要的政治、政策功能轉變為解決糾紛的救濟功能。從 1995 年《信訪條例》到 2005 年《信訪條例》的內容變化，也非常明顯地體現了信訪的這種功能轉化。從上述「強化論」和「折衷論」的論點來看，論點的預設都在很大程度上建基於目前司法救濟功能的制度缺位，或者法院不能提供有效的司法救濟，或者無法在目前的制度境況下達到司法獨立進而滿足司法救濟功能的要求，等等。在法院仍受制於行政的制度背景下，信訪當然在邏輯上暗合了這種制度現實，可以體現優越於司法救濟的諸多優點，比如信訪一般可以節省經濟成本；在救濟效力上略勝於訴訟救濟而在一定程度上體現實體正義；形式相對靈活，如可以充分運用調解，

---

22. 以應星教授為代表。參見應星：〈信訪救濟：一種特殊的行政救濟〉，《法學研究》2004 年第 2 期。

23. 參見應星：〈信訪救濟：一種特殊的行政救濟〉，《法學研究》2004 年第 2 期。

等等。[24] 這種以制度現實為基礎的救濟邏輯無疑體現了對實質正義的追求，在目的上並不與人權保護相違背。但是這種以追求實質正義並以制度現實為基礎的信訪制度，並沒有取得應有的社會效果，而是適得其反。國家信訪局局長周佔順在 2003 年指出：「自 1993 年全國群眾來信來訪總量出現回升以來，已經持續上升了 10 年。……其他地區群眾來訪特別是群眾集體訪上升趨勢也很明顯。」而且「據調查分析，在當前群眾信訪特別是群眾集體訪反映的問題中，80% 以上是可以通過各級黨委、政府的努力加以解決的；80% 以上是基層應該解決也可以解決的問題。」[25] 這在一定程度上說明本來應該可以通過其他途徑解決的問題，卻在現實中捲入了信訪制度之中而最終未能有效地解決。

從制度現實的角度考慮，中國的司法救濟確實存在着諸多制度缺位，而且司法獨立也有諸多困境。首先，雖然一直在制度上強調法院的獨立，但是法官的獨立仍然很難在制度上得到保證；[26] 其次，在實質的權力關係上，所有國家機關必須接受執政黨的領導。雖然黨的領導方式受到一定的限制，但是法院並不享有政治結構上即國家權力關係上的獨立；再者，司法獨立的有限性還表現在法院的財政經費受制於政府、法官的待遇不高，從而在一定程度上影響了司法公正、中立等要素。在這樣的制度現實下，便會存在諸多「以權代法」、「司法腐敗」、「地方保護主義」等違背司法公正的情形。[27] 這種有限的司法獨立與司法救濟的制度性缺位當然可以從現實制度「補位」的角度為信訪尋求一種現實正當性，進而成為「強化論」與「折衷論」，將信訪發展成為一種在權利救濟上具有「補充機制」、「替代機制」的立論基礎。

---

24. 參見李俊：〈我國信訪制度的成本收益分析〉，《南京社會科學》2005 年第 5 期。

25. 〈國家信訪局局長周佔順：調查顯示 80% 上訪有道理〉，《半月談》2003 年 11 月 20 日。www.southcn.com/news/china/zgkx/200311200686.htm（2010 年 11 月 28 日瀏覽）。

26. 河南的李慧娟案件表明了法官獨立仍然存在制度難題。See Jim Yardley, "A Judge Tests China's Courts, Making History," *New York Times*, November 28, 2005.

27. 參見龍宗智、李常青：〈論司法獨立與司法受制〉，《法學》1998 年第 12 期。

但是，信訪機制構建所根基的「司法救濟的制度缺位」這一制度現實本身並不具有應然層面的正當性，從而在很大程度上忽視了制度發展的緯度。從現代法治社會的基本要素來看，司法獨立及司法公正是現代社會糾紛解決不可或缺的制度要素。可以說，目前實踐發展中信訪制度的「司法救濟功能」定位本身就不具有制度正當性，而遵循了一種非法治邏輯。

如果把信訪作為具有救濟功能的糾紛解決途徑，這無疑是遵循一種在國家機關內部處理糾紛的邏輯，這樣將在根本上違背了糾紛的裁判者必須處於中立地位的基本法則。因為從糾紛處理的角度來說，裁決者必須處於中立地位，保持一種不偏不倚的公正形象，這樣才能在制度層面根本性地解決糾紛。但是信訪糾紛的裁決主體是被信訪主體的上級政府機關，主體間具有一種「無形」的親緣關係，因為都處於機關系統內部，因此在制度形式上並不具有完全中立的地位。這樣，即使作為糾紛解決主體的信訪機關處理了糾紛，那麼糾紛爭議主體基於信訪處理主體與被信訪主體之間的隸屬關係，完全可以在學理上繼續對信訪處理結果不予信任，進而再次信訪。特別是在中國的制度邏輯下，「上下級黨政政府之間等級森嚴，各級政府都是下管一級，形成一個層層向下約束、層層向上負責的嵌套機制。」[28] 由此，信訪、再信訪，一直進行下去，那麼最終便自然上訪到權力系統中的最高級，即中央政府層面。從進京上訪的數量激增，而地方信訪數量卻反而下降的事實明顯可以印證這種非法治的救濟邏輯所帶來的後果。「據國家信訪局統計，2003 年國家信訪局受理群眾信訪量上升 14%，省級只上升 0.1%，地級上升 0.3%，而縣級反而下降了 2.4%。另外，中央和國家機關受理群眾信訪量上升 46%，省、地、縣直屬部門增幅較少，有的還是負增長。」[29] 這種「越級上訪」、「進京上訪」，從權力訴求主體來說，並不與信訪制度的學理相違背，反而具有其邏輯上的合理性，而且實踐中「進京上訪」、「越級上訪」、「重複上訪」、「信上不信下」等現象日趨嚴重

28.　參見趙曉力：〈信訪的制度邏輯〉，《二十一世紀》2005 年 6 月號，總第 89 期。

29.　參見〈國內首份信訪報告獲高層重視〉，《南方周末》2004 年 11 月 10 日。

也與之相契合。[30] 但是，這些與信訪制度邏輯相一致的亂象，並不是信訪制度的初衷，由此便存在制度上的另一個悖論：一方面，試圖通過強化信訪制度來解決糾紛，救濟途徑更加暢通；另一方面，糾紛卻更難解決，而且救濟制度更加混亂。正規的司法救濟也在很大程度上被逐漸削弱，喪失了應有的解決糾紛功能。學者通過調查發現，實際上通過上訪解決的問題只有 2%。有 90.5% 的是為了「讓中央知道情況」；88.5% 是為了「給地方政府施加壓力」。而且在接受問卷調查的 632 位進京上訪的農民中，有 401 位在上訪之前就上訪的問題到法院起訴過，其中法院不予立案的佔了 42.9%；認為法院不依法辦事判決敗訴的佔 54.9%。[31]

由於信訪缺乏糾紛解決的「中立」要素，即使中央政府對信訪事項進行了相應的處理，同樣無法在法理上根本解決糾紛。那麼，長此以往，便自然會出現上述提及的「黑監獄」、「大截訪」等現象，進而來強制消除這些「濫訪」現象。依照這種信訪救濟的制度邏輯，在根本上不利於社會穩定，甚至會帶來更加壓制的政治環境。因此，即使《信訪條例》對三級信訪終局制度進行了規定，在糾紛解決效果上仍然無濟於事，反而出現越來越多的「越級上訪」、「進京上訪」等現象，因為這些現象本身符合信訪的救濟邏輯。可見，讓信訪發揮一種救濟功能，毋寧是一種違背了法治救濟邏輯的錯誤定位。

信訪所轉向的司法救濟邏輯由此也帶來了諸多制度上的弊病，主要表現在：

第一，由於信訪扮演了一種救濟角色，便在一定程度上弱化了司法救濟的制度功能。國家信訪局的調研也表明，大量應當通過訴訟、仲裁、覆議等途徑處理的爭議、糾紛，紛紛湧入信訪渠道。[32] 第二，信訪的救濟功能在很大程度上浪費了司法救濟資源，增加了糾

---

30. 現實中「越級上訪」、「進京上訪」、「重複上訪」等現象也越來越嚴重。參見〈進京越級訪和重複訪問題仍突出〉，《法制日報》2010 年 11 月 18 日。

31. 參見〈國內首份信訪報告獲高層重視〉，《南方周末》2004 年 11 月 10 日。

32. 〈社科院報告稱上訪文化已形成 地方截訪現象嚴重〉，《南方周末》2007 年 04 月 05 日。

紛解決的制度成本。本來可以通過司法途徑得以解決的糾紛，在信訪救濟的制度邏輯下，自然會出現司法救濟之後的「涉法信訪」、「涉訴信訪」等現象，進而在一定程度上浪費了司法救濟資源，提高了解決糾紛的社會成本。順着這種救濟邏輯不斷進行下去，便自然會出現在司法救濟之外使用「維穩信訪基金」來解決信訪問題的現象。如「興文縣自 2008 年起率先建立信訪維穩基金，每年 100 萬元列入財政預算，就是用於化解大調解中家庭經濟困難，『於法無據，於情有理』的成年積案。」且至 2010 年 4 月 15 日，「興文縣已使用信訪維穩基金一百餘萬元，化解矛盾糾紛二十餘件。」[33] 第三，信訪的救濟邏輯在一定程度上使得中央與地方關係的定位發生了錯位，因為信訪救濟使得本來屬於地方解決的糾紛事務，湧向了中央層面。那麼中央政府也不可能完全解決所有的「進京上訪」，因此只能通過行政手段要求各地政府控制「進京上訪」，這便自然會出現全國各地「大截訪」現象，即通過強制手段截住上訪的群眾。中國社會科學院的調查顯示，地方派人到各級信訪接待場所攔截正常上訪群眾的「截訪」現象十分嚴重。由於各級信訪部門對信訪數量有統計和通報制度，對地方官員造成了巨大壓力，進而在一定程度上促進了「截訪」的惡性發展。

因此，從制度發展的角度來看，以司法救濟制度缺位這一制度現實為基礎並不能為信訪救濟提供應然層面的制度正當性。將糾紛解決作為信訪制度的主要功能定位，並不符合現代社會制度下解決糾紛的本質要求，也不具有法治正當性。雖然不排除糾紛主體進行內部糾錯的機制可能性，但這在邏輯上截然區別於司法救濟。目前信訪救濟功能的突現在很大程度上趨於司法化，這種錯位反而在一定程度上逐漸侵涉了現代社會必備的司法公正、司法中立、司法權威等法治要素。

---

33. 全國各地已普遍建立了信訪維穩基金制度。參見李程煜：〈興文建立信訪維穩基金妥善解決歷史遺留問題〉，《宜賓晚報》2010 年 4 月 17 日。

# 四、政治參與及信訪的功能回歸

信訪雖然在本質上不具有救濟功能，但是也並非如「廢棄論」所言要徹底廢棄信訪制度。從其他國家的經驗來看，信訪制度具有獨特的政治參與功能。政治學家阿爾蒙德（Gabriel A. Almond）與維巴（Sidney Verba）從比較政治學的角度指出，對於一項不正確的地方法規，人們的反應是：在美國有 20%、英國有 45%、西德有 15% 的被調查者會獨自直接與政治領導人（選舉出的官員）或新聞單位接觸，給當地的政治領袖寫信或去上訪。德國另有 31% 的人會直接去找行政官員（非選舉出的）。更多的人願意採取「集體上訪」策略，美國 56%、英國 34%、西德 13% 的回答者願意爭取某個非正式群體的幫助來影響一項非正義的地方法規——如鼓動他們的鄰居、朋友或熟人寫抗議信或簽署請願書。而與律師磋商，願意通過法院上訴解決問題的，美國只有 2%、英國只有 1%、西德也只有 3%。對於非正義地方法規，美國 76%、英國 79%、西德 59% 的人明顯願意選擇「信訪」方式進行抗議。當人們對某項國家層面的法案不滿時，美國 57%、英國 44%、西德 12% 的回答者會獨自直接與政治領導人（選舉出的官員）或新聞單位接觸，寫信給有關的政治領袖或上訪之。也有不少人願意選擇「集體上訪」方式——美國 29%、英國 18%、西德 7% 的回答者會鼓動朋友、鄰居等寫抗議信或簽署請願書。由此可見，針對國家層面的非正義問題，美國 86%、英國 62%、西德至少 19% 的回答者會明顯採取「信訪」方式。[34] 因此，從西方的政治實踐來看，信訪並非毫無是處，其也具有存在的空間及合理性。如在美國也存在諸多信訪事件，同時存在處理信訪的相應機制，雖然其具體運作區別於中國。[35] 同時，日本也存在與信訪相類同的制度，如行政相談，即通過受理國民對於行政機關的苦情申訴、建議意見，以及時解決國民的合理要求，提高行政效率，促進行政公正化、民主化和良性運行。行政苦情申訴與處理制度原理與信訪類同，即相對

---

34. 參見加布里埃爾・A・阿爾蒙德（Gabriel A. Almond）、西德尼・維巴（Sidney Verba）：《公民文化》（北京：華夏出版社，1989），第 216、220、231 頁。
35. 李正明：〈美國白宮也有「信訪辦」〉，《政府法制》2010 年第 27 期。

人因行政苦情（抱怨、牢騷、委屈、怨言等）而向有關專門的苦情處理機關提出申訴，並由其受理後在調查基礎上向有關機關通報調查情況，且提出處理建議的一種行政內部救濟制度。[36]

由此可見，信訪本身並不與法治相互衝突，反而在邏輯上相互一致，因為信訪在很大程度上可以反映公民對政府的信任，以及對政治的參與熱情。這種政治參與功能，也體現保護權利及制約政府的法治理念，在本質上與公民社會及民主制度的內在邏輯相一致。在民主制度下，公民當然可以通過一定的形式影響政府的決策，比如形成一定的團體、撤回選票或進行一定的報復行為（reprisal）等。有能力的公民對於一般政策的形成具有自身的角色扮演。如果官員不能滿足他們的需求，公民可以通過明確的或者潛在的方式來影響決策的過程。雖然這種影響不是決策本身，但是體現了一種權利意識，而且由此可以使得政府能夠更好地回應（responsive）。這種方式在性質上是一種呼籲（appeal），而不是要求（demand）。[37] 信訪也屬於這種可以影響政府決策，並且在很大程度上體現為公民訴求式的呼籲。應對這種呼籲，可以說，要求現代法治國家須在制度上為信訪留有一定的空間。

而且，從憲法權利保護的角度來說，這種體現為政治參與功能的信訪機制，也是保護公民參政權的一種表現。根據中國憲法的規定，公民享有一定的批評權、建議權，即有通過一定形式向政府提出合理化建議的權利。批評權、建議權行使的途徑是多樣化的，如新聞報刊、來信來訪、座談對話、評估討論等。[38]

但饒有趣味的是，中國的信訪在法治化過程中，卻出現了一種「零信訪」現象，即要求各級政府把沒有信訪作為行政目標，這自然會出現各地政府設立單獨的維穩基金來遏制信訪。而且各地方政府

---

36. 參見章曉可：〈中日信訪法規比較研究〉，《中國行政管理》2006 年第 12 期。

37. See Gabriel A. Almond and Sidney Verba, *The Civic Culture: Political Attitudes and Democracy in Five Nations* (Newbury Park: Sage Publication Inc., 1989), pp. 168–171.

38. 參見李元起主編：《中國憲法學專題研究》（北京：中國人民大學出版社，2009），第 350 頁。

的維穩成本在公共支出中的急劇上升已經成為一種普遍現象。很多地方的維穩行動，明顯地體現在對於上訪者的攔截、勸返、阻止登記的過程中。其實，如果信訪數量的下降只是一種信訪登記量的下降，是地方政府迫於上級信訪責任追究機制的壓力而進行控制的效果，那它不僅不等於社會矛盾的減少和法治的健全，更有可能掩蓋了社會風險，且造成人力、物力、財力的巨大浪費。[39] 因此，這種對於「零信訪」的追求，本身在邏輯上是與法治相違背的。「信訪量下降」的現象，並不能說明矛盾衝突的減少及社會和諧度的提升，反而可能是公民對信訪失去了信心，或者是政府採取了強制性措施使信訪量在表面上減少。這種現象背後的邏輯在很大程度上是信訪並沒有很好地運轉而使得公民放棄上訪，這在很大程度上突現了社會中的政治危機，甚至可能帶來較為嚴重的政治後果。

信訪量的多少在很大程度上並不能作為法治文明的檢測標準。從信訪自身具有的政治參與功能可知，完全廢棄信訪制度也不具有學理上的正當性。信訪所包涵的政治參與內容應該且必須被法治所包容，因此，問題的關鍵在於信訪制度的合理定位及與其他機制的相互協調。

## 五、信訪的制度定位及制度回位

從以上分析可知，現在民主制度下存在信訪的制度空間，但信訪制度的功能定位並非在於解決個案糾紛，而主要在於政治參與功能。從中國信訪制度的發展歷史來看，信訪最初的發展形態恰恰體現了一種政治參與功能，而不是一種救濟功能，但是現實的發展卻使得信訪不斷向救濟功能發展，進而出現了悖論。一方面，假如向後退，回歸到單純的政治參與功能，如果中國的救濟渠道不暢通，會使得公民的諸多權利得不到有效的保障；另一方面，如果向前行，發揮一種特殊的司法救濟功能，其在本質上則與法治的邏輯相悖。

---

39. 李瓊：〈具體地分析信訪量下降原因〉，《長江日報》2010 年 9 月 27 日。

這種制度悖論的癥結在很大程度上並不在於信訪本身，而在於其他制度環節的缺位，其主要表現在：

第一，人民代表大會制度運行不暢，導致人大監督制度未能發揮應有的制度功能。各級人大代表與選民聯繫本來是人民代表大會制度的核心內容；但是由於人大會期短暫而且人大代表兼職化，使得人大代表與選民的聯繫渠道並不暢通。目前全國人民代表大會一般每年舉行一次會議，每次 15 天左右，且近年還有縮短之勢；全國人大常委會會議一般每年舉行 6 次，每次 4 天左右，全年總和也不到 40 天；而省、市、縣人大會議會期則更短。中國從一屆到十屆全國人大，會期最長的為 26 天，最短的僅 5 天。[40] 這樣短暫的會期制度使得人大代表根本無法充分發揮應有的審議、監督等職能。再加上尚未完全實行專職代表制度，且「官員」代表居多，更難發揮代表應有的職能。在中國現有的人大代表中，一些人大代表兼有代表和幹部雙重身份，不少地方「官員」在代表中所佔的比例在 40% 至 50% 左右，少數地方高達 60% 以上。[41] 而且目前也缺乏科學合理的人大代表考核監督制度，進而使得人民代表大會制度出現了制度上的缺位。如在 2006 年 8 月，某市人大常委會組織全國、省駐市代表和本級代表開展調研活動，駐該市某轄區的上述三級人大代表有 88 人，結果不足一半人參加；2006 年 9 月 6 日，是某市人大常委會組成人員集中聯繫代表日，駐某區的該市人大代表 70 名，只有 30 名參加。[42] 這種制度現實使得選民很難通過代議制度來發揮對政府的監督職能，達到政治參與的目的，進而使得本來可以通過人民代表大會制度運轉的政治參與在很大程度上湧向了非制度化的信訪渠道。

第二，司法公信力及司法權威尚未完全確立，致使公民在面對糾紛時仍然對權力頂禮膜拜，而不是法律。這也是由中國司法制度

---

40. 參見黃榮英：〈實行人大代表專職化，完善我國人民代表大會制度〉，《閩西社科》2009 年第 5 期。

41. 參見王石山：〈地方人大代表結構優化與素質提高之我見〉，《唯實》2003 年第 5 期。

42. 劉衛東：〈對某市代表履行代表職務積極性的調查與思考〉，《人大研究》2007 年第 2 期。

的內在特點所決定的。雖然中國各級司法機構，無人公開否定法官應獨立進行「審判活動」。但政治制度使法官獨立判案很難得以有效保障，而往往在一定程度上受制於合議庭，合議庭在一定程度上受制於法院領導，法院領導在一定程度上受制於當地黨政一把手。[43] 這樣的制度現實也使得信訪具有了現實合理性，因為司法公正並不能在根本上得到保障。其他權力在制度上的干預可能，不僅會動搖司法權威，使得人們不再相信以法律為依歸的法院，而更相信以權力為依歸的信訪。現實中的「涉法信訪」現象便是司法公信力及司法權威缺失的現實表現形態。

第三，司法救濟渠道不夠暢通，使得糾紛在很大程度上無法通過司法途徑解決。從行政訴訟受案範圍的特點來看，首先，以具體行政行為為審查對象，而不包括抽象行政行為；[44] 其次，對具體行政行為的審查，僅局限於合法性審查，而不包括合理性審查；[45] 再次，行政訴訟受案範圍局限於涉及人身權、財產權的行政行為。[46] 對涉及政治權利或其他權利的行政行為則排除於行政訴訟受案範圍之外。目前相對狹窄的行政訴訟範圍，使得公民對於諸多行政糾紛根本不具有通過司法途徑進行救濟的制度可能，因此如果存在信訪的制度可能，必然會發生救濟路徑上的轉移。

第四，法治政府建設尚在進程之中，在很大程度上也為信訪的生存提供了現實的土壤。以江西省範圍內的國土信訪為例，其中三分之一的信訪是由於基層政府部門不依法辦事而產生的。通過調查發現，信訪群眾反映鄉鎮政府（少數是市、縣級政府）具體行政行為不當的佔很大的比例，由於基層工作人員法律意識較為薄弱，工作方法時常欠妥當，被徵地農民在當地實施徵地行為時往往處於邊緣化境地，缺乏知情權。農民不了解政策法規，基層政府及其有關

---

43. 《息訪的根本不是終審而是司法公信力》，www.eeo.com.cn/observer/shelun/2010/
12/03/188005.shtml（2010 年 12 月 8 日瀏覽）。

44. 參見《行政訴訟法》第 2 條。

45. 參見《行政訴訟法》第 5 條。

46. 參見《行政訴訟法》第 11 條。

部門又沒有就徵地事宜與被徵地農民進行充分溝通和開展必要的、充分的政策解釋宣傳活動，很容易使農民向上級部門信訪。[47] 因此，政府不依法行政，不按法定程序履行職責，在很大程度上將很難取信於民，從而容易引起糾紛。可以說，法治政府建設所要求的依法行政，也是使信訪能夠逐漸回歸應然狀態的重要因素。

第五，目前訴前糾紛解決機制及內部行政覆議機制尚存在諸多制度性缺陷，使得信訪逐漸成為了一種非法治式的替代解決機制。比如目前中國尚未建立有效的行政調解制度，[48] 再如目前的行政覆議制度也存在諸多功能及機制缺位，如很多行政覆議機關沒有專門的覆議機構、缺少專職行政覆議工作人員、目前的行政覆議制度設計在根本上有違「任何人不能做自己法官」的自然公正原則，等等。這些制度性缺陷使得信訪案件的數量在很大程度上已超過了行政覆議的數量，而且其中有相當比例的信訪案件本來就屬於行政覆議的範圍。[49]

因此，從制度層面來說，診治信訪的良藥在很大程度上並非通過信訪制度的自身建設來完成，而毋寧要通過其他制度的應然回位方可使信訪擺脫窘境。中國目前仍處於制度轉型的關鍵時期，從制度發展的角度來說，信訪的存在具有其客觀理由，儘管不具有應然的正當性。如欲使信訪逐漸回歸到應有的制度狀態，發揮一種政治參與功能，則必須着力建設人民代表大會制度及其他相應的制度，這樣才能在制度環節上使得目前湧向信訪渠道的「爆炸」、「膨脹」等因素消解在合理的制度架構之中。否則，一味地就信訪制度自身進行「法治化」建設，忽視其他制度環節的配套，最終仍不能徹底根治目前出現的信訪悖論，甚至可能帶來與民主法治精神完全相悖的情形。

---

47. 江西省國土資源廳：《做好國土信訪工作，切實維護群眾利益》，www.jxfazhi.gov.
cn/2007-12/2007124143630.htm（2010 年 12 月 9 日瀏覽）。

48. 有學者對中國行政調解制度的建構進行了較為詳細的探討。參見劉旺洪：〈論行政調解的法制建構〉，《學海》2011 年第 2 期。

49. 具體分析參見金國坤：〈行政覆議委員會：行政覆議的突破口〉，《國家行政學院學報》2009 年第 6 期。

# 第五章

# 勞動教養：一個沉重的歷史話題[*]

　　如果只是從《公民權利與政治權利國際公約》（ICCPR，以下簡稱《公約》）文本的角度來審視中國的勞動教養，其「非人權」的特性顯而易見。根據《公約》第八條第三款的規定，「任何人不應被要求從事強迫或強制勞動」。同樣，根據國際勞工組織第 29 號條約（ILO Convention 29）的規定，其所禁止的「強制勞動」是任何在懲罰的脅迫下進行的勞動或服務，且這些勞動者是非自願的。「勞動教養」是一種典型的限制人身自由的強制勞動，勞動教養違背了《公約》第九條第一款規定：「人人有權享有人身自由和安全。任何人不得加以任意逮捕或拘禁。除非依照法律所確定的根據和程序，任何人不得被剝奪自由。」依據《公約》的內容可知，所有長時間剝奪人身自由的決定必須通過正當程序並由法院作出判決。在中國，在法院之外，勞動教養的執行，可以對非犯罪人員執行一到三年的限制人身自由，甚至延長至四年，比刑法中部分刑罰的懲罰度還要重。因此結論很明顯，中國作為負責任的大國，理應在正式簽署《公約》後盡快廢除勞動教養制度，信守《公約》的責任和義務。[1]

　　然而問題在於，為何勞動教養制度能夠在中國產生，而最後演變為一種廣被社會人士詬病的制度形式呢？[2] 而且，即使中國簽署

* 　本章內容以〈中國勞動教養制度的流變、困境與出路——與《公民權利與政治權利國際公約》的銜接〉為題，刊載於《香港社會科學學報》第 38 期，2010 年春/夏，第 101–119 頁（與林峰合作）。相關討論及關於勞動教養制度違憲性的分析，可參見王書成：〈「廢除勞動教養制度建議書」的憲法學思考〉，《山東社會科學》，2009 年第 1 期，第 43–46 頁。

1. 　茅于軾、賀衛方等：〈關於啟動違憲審查程序、廢除勞動教養制度的公民建議書〉，www.publiclaw.cn（瀏覽日期：2010 年 4 月 29 日）。

2. 　楊子雲：〈勞動教養實行 50 年〉，《中國改革》2008 年第 1 期，第 65–66 頁。

了《公約》，勞動教養制度仍然可以肆無忌憚地「苟延殘喘」呢？有學者指出，「人權保障的理論研究和實踐經驗都表明，文化的多樣性和國情的差異性，決定着人權保障模式的不拘一格。中國具有『和合』文化傳統，現在又在致力於建構和諧社會，推崇協商、合作和共贏，追求社會和諧，不同利益主體之間可以和而不同，不同觀點主張之間可以求同存異。這種博大精深的『和諧』觀，不僅在指導經濟社會發展的科學發展觀中得到充分體現，而且深刻地影響着中國人權保障的模式選擇。」[3] 不可否認的是，雖然人權具有普遍性，但是其普遍性不是絕對的，而因應各個國家「地方性知識」的不同而呈現不同的表現形態。《公約》固然為人權提供了一個國際標準，但是這種標準不是絕對劃一的，並將隨着各個國家的具體情況而採用不同的方法與手段，而在某種程度上呈現為自身特色，因為不同國家在經濟水平、政治體制、文化內容等方面都存在諸多差異。這裏當然不是通過「地方性知識」來為「背離人權」的情形作另一種「辯解」，而是表明對於人權實踐的認識，很多時候需要以「地方性知識」作為理解的情境。

如欲認清中國勞動教養制度，則須從中國話題談起，而非簡單地從文本的角度來斷然中國勞動教養的「非人權」邏輯，或背離於《公約》，雖然最終得出的結論可能是一致的。有關中國話題的談起，當然離不開勞動教養在中國的流變。

## 一、勞動教養之流變

中國的勞動教養制度確立於 1950 年代。在建國初期，由於國家政權剛剛建立，尚不穩定，因此社會中仍然存在一些破壞分子。為了使社會主義政權更加鞏固穩定，中共中央在 1955 年 8 月 25 日發佈了《關於徹底肅清暗藏的反革命分子的指示》（以下簡稱《指示》），在機關、企事業單位內部開始了清理反革命分子的運動。對

---

3. 羅豪才：〈人權保障的「中國模式」〉，《人民日報》2009 年 11 月 4 日。

如何處理清理出來的「反革命分子」和其他「壞分子」，《指示》作出了相應的規定：「對這次運動中清查出來的反革命分子和其他壞分子，除判處死刑的和因為罪狀較輕、坦白徹底或因為立功而繼續留用的以外，分兩種辦法處理。一種辦法，是判刑後勞動改造。另一種辦法，是不能判刑而政治上又不適於繼續留用，放到社會上又會增加失業的，則進行勞動教養，就是不判刑，雖不完全失去自由，但亦應集中起來，替國家做工，由國家發給一定的工資。」某種程度上，這是勞動教養制度的最初依據，即不判刑，但卻將被勞教人員集中起來進行勞動，並發給一定的報酬，從而達到改造的目的。1956 年 1 月 10 日，中共中央又發佈了《關於在各省、市應立即籌辦勞動教養機構的指示》，進而使得勞動教養機構在全國各地得以建立。雖然《指示》為勞動教養制度的確立開了源頭，但是勞動教養制度在法律規範上的真正依據則是經第一屆全國人大常委會第七十八次會議批准，1957 年 8 月 3 日由國務院正式頒佈的《關於勞動教養問題的決定》（以下簡稱《決定》）。至此，勞動教養制度的依據便由黨的政策上升為具有法律效力的國務院的行政法規──《決定》。

從《決定》的內容來看，其目的是為了把遊手好閒、違反法紀、不務正業而有勞動力的人，改造成為自食其力的新人；為了進一步維護公共秩序，有利於社會主義建設。進而規定：對於下列幾種人應當加以收容實行勞動教養：（1）不務正業，有流氓行為或者有不追究刑事責任的盜竊、詐騙等行為，違反治安管理、屢教不改的；（2）罪行輕微，不追究刑事責任的反革命分子、反社會主義的反動分子，受到機關、團體、企業、學校等單位開除處分，無生活出路的；（3）機關、團體、企業、學校等單位內，有勞動力，但長期拒絕勞動或者破壞紀律、妨害公共秩序，受到開除處分，無生活出路的；（4）不服從工作的分配和就業轉業的安置，或者不接受從事勞動生產的勸導，不斷地無理取鬧、妨害公務、屢教不改的。同時，《決定》對勞動教養的性質作出了明確規定：勞動教養是對被勞動教養的人實行強制性教育改造的一種措施，也是為他們安置就業的一種辦法。對於被勞動教養的人，應當按照其勞動成果發給適當的工資；並且可以酌量扣起其一部分工資，作為其家屬贍養費或者本人安家立業的

儲備金。由此可見，當時的勞動教養制度主要是作為一種維持社會穩定的政治手段，而不是後來在現實中被畸形化的「準刑罰」制度。

在文化大革命期間，國家的法制遭到了極大的破壞，勞動教養及相關法律一樣受到了衝擊。文革以後，經第五屆全國人大常委會第十二次會議批准，1979 年 12 月 5 日國務院公佈了《關於勞動教養的補充規定》（以下簡稱《補充規定》），並將 1957 年頒佈的《決定》重新發佈實施，勞動教養制度便得以重建。1980 年國務院公佈了《關於將強制勞動與收容審查兩項措施統一於勞動教養的通知》，將強制勞動與收容審查一併歸入勞動教養，「對有輕微違法犯罪行為、尚不夠刑事處罰需要進行強制勞動的人，一律送勞動教養」、「對於有輕微違法犯罪行為又不講真實姓名、住址、來歷不明的人，或者有輕微違法犯罪行為又有流竄作案、多次作案、結夥作案嫌疑需收容查清罪行的人，送勞動教養場所專門編隊進行審查」。勞動教養在一定程度上包含了其他的羈壓性措施。

1982 年國務院轉發了公安部《勞動教養試行辦法》（以下簡稱《試行辦法》），共有 11 章 69 個條文。這是迄今為止，中國頒佈的關於勞動教養最為詳盡具體的規範性文件，標誌着勞動教養的基本定型。之後，公安、司法機關也作出一些規章或司法解釋，如 1984 年 3 月公安部、司法部聯合發佈的《關於勞動教養和註銷勞教人員城市戶口問題的通知》；1987 年最高人民檢察院制定的《人民檢察院勞教檢察工作辦法（試行）》等。而從《試行辦法》對於勞動教養對象的規定來看，其包括：(1) 罪行輕微，不夠刑事處分的反革命分子、反黨反社會主義分子；(2) 結夥殺人、搶劫、強姦、放火等犯罪團夥中，不夠刑事處分的；(3) 有流氓、賣淫、盜竊、詐騙等違法犯罪行為，屢教不改，不夠刑事處分的；(4) 聚眾鬥毆、尋釁滋事、煽動鬧事等擾亂社會治安，不夠刑事處分的；(5) 有工作崗位，長期拒絕勞動，破壞勞動紀律，而又不斷無理取鬧，擾亂生產秩序、工作秩序、教學科研秩序和生活秩序，妨礙公務，不聽勸告和制止的；(6) 教唆他人違法犯罪，不夠刑事處分的。由此可見，此時的勞動教養已經演變成一種輕於刑罰的處罰措施，而不再僅僅是一種基於政治改造而可以提供工資的集中勞動、教育和改造的手段。

當然，勞動教養制度在實踐中，所取得的成效也是明顯的。有學者以上海市為例對勞動教養的發展進行了研究。[4] 上海市勞教局從 1995 年 5 月 26 日成立至 2002 年，短短不足七年時間內，已經發展為擁有上海市第一勞教所、上海市第二勞教所、上海市第三勞教所、上海市第四勞教所、收容勞教所、戒毒勞教所、少年勞教所、女子勞教所等八個勞動教養場所的規模，從事勞動教養工作的司法幹警人數達二千七百多人。上海市勞教局 2001 年 8 月份內部統計數據顯示，當月全域在冊勞教人員共有 12,308 名。據調查，90% 左右的勞教人員解教後，能夠遵紀守法，一些人受到了單位的表揚，有的還上了大學、入了黨、當了廠長、經理或工程師，有的在社會和他人危難時刻能夠挺身而出、見義勇為。昔日危害社會、為人厭棄的「害群之馬」，成為世人刮目相看的奉獻者和先進模範。[5] 同時，從戒毒工作也可看出勞動教養的績效，自 1991 年《全國人大常委會關於禁毒的決定》頒佈實施以來，勞教機關開始依法收容戒毒勞教人員。到 2008 年，累計收容戒毒勞教人員達一百七十餘萬人，有力地配合了全國禁毒工作的深入開展。[6]

由此可見，勞動教養制度在中國現實社會中已經發展成為與監獄系統同等重要的制度，並發揮了重要的作用。有學者指出：「勞動教養制度是我國社會主義法制的重要組成部分，它與社會穩定有着密切的關係，是維護社會穩定的重要手段，也是教育和挽救『中間地帶』任務的基本方法。因此，搞好勞教工作，提高勞動教養的教育改造質量，對保障社會穩定具有重要意義。」[7] 但是在法治發展的進程中，曾經取得一定社會效果的勞動教養制度逐漸走入了困境。

4. 參見陳元：《重構有中國特色的勞動教養制度——兼評勞動教養的現實合理性》，華東政法學院 2002 年碩士學位論文。

5. 參見司法部勞教局：〈不斷完善和發展有中國特色的勞動教養制度〉，《中國司法》1997 年第 9 期，第 4–5 頁。

6. 參見李如林〈改革開放 30 年來勞動教養工作回顧〉，《中國司法》2009 年第 1 期，第 15 頁。

7. 王景：〈試論勞動教養與社會穩定〉，《甘肅政法學院學報》1990 年第 4 期，第 51–52 頁。

## 二、勞動教養之困境

雖然勞動教養制度在中國特定時期取得了一定的社會效果，但從 1957 年 8 月 3 日由國務院正式頒佈的《關於勞動教養問題的決定》到 1982 年國務院轉發了公安部《勞動教養試行辦法》，勞動教養的性質和對象等都發生了變化，而從 1957 年至今，中國的法治建設也發生了巨變，勞動教養制度則相應地出現了憲法與法律上的困境。

## 1. 勞動教養的合憲性困境

朱征夫等廣東省政協委員在《關於在廣東省率先廢除勞動教養制度的提案》中指出：「勞動教養制度本是依 1954 年憲法第 100 條的規定設立，該條的內容是：中華人民共和國公民必須遵守憲法和法律，遵守勞動紀律，遵守公共秩序，尊重社會公德。從法律上看，該規定並無任何強制性教育改造的立法授權。」由於勞動教養已經演變成為一種懲罰措施，因此其與 1954 年憲法第 100 條的內容並無直接的依據關係。1957 年的《決定》之所以依據 1954 年憲法第 100 條，是因為當初設立勞動教養制度的目的並非是懲罰受勞教者，而主要是教育與改造他們。《決定》第一條規定：「為了把遊手好閒、違反法紀、不務正業的有勞動力的人，改造成為自食其力的新人；為了進一步維護公共秩序，有利於社會主義建設，對於勞動教養問題，作如下決定……」但是到了 1982 年的《試行辦法》則目的不明，並將勞動教養界定為對被勞動教養的人實行強制性教育改造的行政措施，是處理人民內部矛盾的一種方法。既然勞動教養是一種強制性的措施，則將侵犯到公民的人身自由權，因此勞動教養制度在現實中的演變使得其無法再在憲法上找到依據，從而與現行憲法第三十七條規定的「中華人民共和國公民的人身自由不受侵犯。任何公民，非經人民檢察院批准或者決定或者人民法院決定，並由公安機關執行，不受逮捕。禁止非法拘禁和以其他方法非法剝奪或者限制公民的人身自由，禁止非法搜查公民的身體」不相符合。

## 2. 勞動教養的合法性困境

雖然學者對於勞動教養的性質存在不同的觀點，但是勞動教養作為一種懲罰措施，對人身自由進行一定的限制則毋庸置疑。根據《立法法》第 8 條第五款的規定：「對公民政治權利的剝奪，限制人身自由強制措施」只能制定法律。第 9 條規定全國人大及常務委員會可以授權國務院對其中的事項先制定行政法規，但限制人身自由的強制措施和處罰除外。由此可見，勞動教養作為一種限制人身自由的強制措施，其存在依據必須訴求於法律，否則將失去法定的規範依據。而從勞動教養的規範依據來看，現實中的主要規範依據為：（1）全國人民代表大會常務委員會批准《國務院關於勞動教養問題的決定》的決議（1957 年 8 月 1 日）；（2）全國人民代表大會常務委員會批准《國務院關於勞動教養的補充規定》的決議（1979 年 11 月 29 日）；（3）國務院關於轉發公安部《勞動教養試行辦法》的通知（1982 年 1 月 21 日）。而這些都不屬於《立法法》所要求的「法律」的範疇。

有些學者認為，勞動教養是有法律上的依據的。這個依據便是《國務院關於勞動教養問題的決定》和《國務院關於勞動教養的補充規定》。「表面上這兩部法律是國務院公佈，只能是行政法規，其實不然。《決定》是經全國人民代表大會常務委員會第 78 次會議批准的；《補充規定》是經第五屆全國人民代表大會常務委員會第 12 次會議批准的。從法理上分析，國務院有行政法規立法權，因此，如果僅僅是行政法規則其沒必要報經全國人大常委會批准；同時，全國人大常委會和國務院之間不存在行政上下級關係，因此『批准』不是行政事務關係，只能是業務關係，那麼全國人大常委會的業務是立法、修改法律、法律解釋、法律監督等，顯然，此處的『批准』行為只能是立法行為。」[8] 進而認為經過「批准」的規範具有法律的性質。

雖然《決定》和《補充規定》是經過全國人大常委會批准後的立法行為，但是全國人大常委會的批准與其自身制定法律還是有區

---

8. 劉雪梅：〈勞動教養制度有法律依據〉，《江蘇法制報》2007 年 12 月 20 日。

別的。因此，通說認為「《決定》和《補充規定》雖經立法機關批准，但畢竟是行政機關規定並由國務院總理公佈的行政法規，至多是準法律。」[9] 如果將《決定》和《補充規定》視為行政機關的行政法規，則勞動教養的依據將存在合法性的危機。如果將《決定》和《補充規定》視為法律，筆者認為在規範邏輯上也是行不通的。從《立法法》的規定來看，其明確禁止全國人大常委會授權國務院制定限制人身自由的強制措施和處罰，這樣便不會允許全國人大常委會去批准一個越權的行政法規，從而將其上升為法律。因此將「批准」武斷地理解為是全國人大常委會自身的立法便無以立足，因而，《決定》和《補充規定》是與《立法法》相衝突的。

當然對於「因賣淫、嫖娼被公安機關處理後又賣淫、嫖娼的」、「強制戒除後又吸食、注射毒品的」這兩類人士，在《立法法》頒佈之後，單從規範的角度上來講，仍然可以適用勞動教養，因為這兩類人員分別由全國人大常委會在其通過的《關於禁毒的規定》及《關於嚴禁賣淫嫖娼的決定》中規定，均屬法律範疇，因此可以在其規範內容中限制人身自由。

## 三、勞動教養之出路：與《公約》的銜接

對於勞動教養的現實困境，學術界和實務界已基本形成一致意見，[10] 但是對於如何來使勞動教養走出困境，則存在不同的觀點。

### 1. 「保留說」

有學者認為應該保留勞動教養制度，因為勞動教養制度在維護社會秩序上發揮了不可替代的重要作用。其指出，勞動教養制度在近半個世紀以來累計教育改造了三百多萬有各種違法犯罪行為的

---

9. 儲槐植、陳興良、張紹彥主編：《理性與秩序：中國勞動教養制度研究》（北京：法律出版社，2002），第 51 頁。

10. 參見楊子雲：〈勞動教養實行 50 年〉，《中國改革》2008 年第 1 期，第 65–66 頁。

人，對滿足社會治安需要功不可沒。維護社會治安，符合最大多數人的最大利益，這是勞動教養存在合理性的基本緣由。[11]

同時「保留說」從刑法的角度認為在治安管理中，存在所謂「中間地帶」，即勞教對象的違法犯罪行為是「刑法邊緣行為」、「亞犯罪行為」或「準犯罪行為」[12]，依照《刑法》不夠定罪，依照《治安管理處罰條例》進行處罰又顯得過輕。勞教措施符合世界各國主張輕刑犯不判刑的立法趨勢。[13] 因此認為，在中國，「治安管理處罰——勞動教養——刑罰」是國家遏制違法犯罪的三級制裁體系。治安管理處罰和刑罰之外尚有兩塊地屬勞動教養，其一是多次違反治安管理處罰條例，屢教（罰）不改，治安管理處罰不足以懲戒，刑法上又沒有相應罪名。其二是「刑法邊緣行為」，即形式符合某一罪名但構不成刑法上的罪。[14]

此外，還有「保留說」認為，由於中國法制發展的水平低，公安部門的執法水平不高，大量的刑事案件因證據不足難以起訴，如果將抓獲的犯罪嫌疑人都送到檢察院起訴，會有大量案件被退回。同時司法實踐中又常常存在一些不以我們意志為轉移的事實：如公安機關認為犯罪嫌疑人已構成犯罪且應受刑罰處罰，但沒有確鑿的證據予以證明，根據目前證據給予行政處罰又顯得太輕，且因限制人身自由的時間短，犯罪的惡習難以在短時間內消除，不處理更會放縱犯罪；同時也存在具有嚴重暴力犯罪傾向，開始表現為言詞但又沒有實施具體犯罪行為的人等種種情況，勞動教養制度可以對此「有效」對症。而且，由於中國還處於社會主義初級階段，受經濟條件的制約，一些公安機關的辦案經費捉襟見肘。為了節約辦案成

11. 參見儲魁植、陳興良、張紹彥主編：《理性與秩序：中國勞動教養制度研究》（北京：法律出版社，2002），第 50 頁。

12. 司法部研究所勞動教養性質課題組：〈論勞動教育的性質問題〉，《犯罪與改造研究》1990 年第 1 期，第 23 頁。

13. 參見李均仁：〈關於勞動教養的幾個理論問題〉，《犯罪與改造研究》1990 年第 1 期，第 36–38 頁。

14. 儲魁植、陳興良、張紹彥主編：《理性與秩序：中國勞動教養制度研究》（北京：法律出版社，2002），第 51 頁。

本，及時有效地整頓社會治安秩序，需要法律賦予公安機關相對易於行使、易於見效且辦案成本不高的處罰措施。正因如此，勞動教養制度成為一種「必然」選擇，它適應了建國以來中國社會、經濟和法制發展的水平，也滿足了司法實踐中的需求。[15]

其實，從中國刑罰與治安管理處罰的體系來看，並不存在所謂的「中間地帶」。從剝奪人身自由的期限看，行政處罰規定為 1 至 15 天，最長不超過 20 天，刑法規定的拘役為 1 至 6 個月，有期徒刑為 6 個月至 15 年。同時，處罰種類還包括了管制、有期徒刑緩刑等。因此，從行政處罰和刑罰的體系來看，並不存在所謂的「中間地帶」。即使按照數學計算法則，中間地帶應該為 20 至 30 天。而勞動教養的期限一般為 1 至 3 年，故而，「中間地帶說」沒有合理性基礎。其實，行政處罰和刑罰體系的開放性結構已經可以包容目前勞動教養的懲罰幅度。同時，雖然勞動教養制度在建國初期對於安置就業、維護社會治安等起了重要的政治作用，但是隨着社會的變遷，隨着相應的就業等制度的成熟，勞動教養制度已經失去了建國初期所賴以支撐的社會現實，因為當初設置勞動教養制度的初衷很大程度上由於建國初期社會的政治秩序尚未完全處於穩定狀態，社會仍然需要通過有效的政治手段來完成社會改造任務。最後，如果因為法制發展的水平低，公安部門的執法水平不高，賦予公安機關相對易於行使、易於見效且辦案成本不高的角度來為勞動教養制度的合理性辯護，則顯然是荒謬的！因為現實的不合理及法治的不完善並不能為勞動教養制度的合理性來辯護！同時，對於維護社會治安，完全可以通過現行的法律體系來達到，如通過《行政處罰法》、《治安管理處罰法》等法律來進行，而勞動教養則屬「法律」範疇之外，違反了《立法法》等法律的一種「法外」的限制人身自由的行政措施，並不是法治社會中維護社會秩序的合法性途徑。

---

15. 參見張心泉：〈我國勞動教養制度的評價及其走向展望〉，《法學》2000 年第 8 期，第 51–55 頁。

## 2. 「改造説」

　　針對勞動教養制度存在合法化困境，有學者提出應該改造勞動教養制度從而使其具有合法性。如有學者主張，針對目前勞動教養制度出現的合法化危機，應當制定單獨的《勞動教養法》，從而使勞動教養制度擺脫《立法法》等法律帶來的合法性危機。如有的人大代表針對勞動教養的法律依據不充分；勞動教養的適用對象和條件不明確；勞動教養的強制性和懲罰性過於嚴厲；現行勞動教養處罰的內容和體系有待完善；現行勞動教養制度的存在不利於中國人權國際化的需要，有損中國的人權保障國際形象等角度，提出現行勞動教養制度應從實體和程序兩方面通過立法加以完善。全國人大及其常委會應制定《中華人民共和國勞動教養法》和《關於設立勞動教養訴訟程序規則的決定》，或者將實體規範與程序規範規定在一部法律之中。[16] 也有學者認為，建立統一的以消除行為人再度侵害社會的危險性為目的的強制性社會預防措施的法律體系和實踐運作管理體系，是從根本上改革現行勞動教養制度的現實選擇，從而主張制定《強制性社會預防措施法》。[17]

　　然而，是否可以通過簡單地將目前的行政法規依據上升為法律，從而解決勞動教養的合法性問題呢？依據《立法法》的規定，當行政法規上升為法律之後，當然便符合了通過法律來限制人身自由的要求。同樣，目前勞動教養規範存在操作性不強的問題，如有學者已指出，之所以勞動教養很多時候比刑罰還嚴厲，重要原因之一就是勞動教養方面的程序性規範缺失，從而導致公權利在運用勞動教養懲罰措施時容易脫離制度的初衷，而恣意運用該措施最終導致勞動教養制度在實踐中變形。在勞動教養制度的實踐過程中，對於勞教案件的辦理程序，如立案偵查、調查取證、傳喚訊問、告知聽證等基本操作規程均未作規定。從辦理勞教案件的實際情況看，

---

16. 參見王連印：〈尹忠顯王德莉向才銀代表建議儘快制定勞動教養法〉，《人民法院報》2004 年 3 月 9 日，第 4 版。
17. 參見陳忠林：〈我國勞動教養制度的法律困境、價值危機與改革方向——關於制定《強制性社會預防措施法》的設想〉，《法學》2004 年第 4 期，第 121 頁。

往往混雜了治安案件的辦理程序和行政案件的辦理程序，有時候也有刑事案件的辦理程序，而恰恰缺乏勞動教養辦案程序的單獨規定。[18] 當然，針對這樣的問題，可以通過制定詳細的操作性法律規範來對勞動教養進行規範。但是問題是，這樣的「法律」是否符合法治的要求？

## 3. 「廢除説」：與《公民權利與政治權利公約》的銜接

目前社會中針對勞動教養制度存在的問題，有「廢除」之説，其指出：「我國在與世界接軌的過程中，已經逐步建立起新的法律體系，以規範各種法律關係。針對危害社會的行為，我們也基本上建立了一套防禦體系以及制裁體系。在新的體系之中，並沒有勞動教養制度存身之地。」[19] 對於不承擔刑事責任的未成年人、精神病人等現象，當然可以通過完善具有自願性的收容教養、收容教育、強制戒毒、強制治療等相應的制度來進行規範。「在保留勞動教養制度的前提下討論『勞動教養立法』問題，將永遠難以解決勞動教養本身反法治和非正義的問題。」[20]

其實從《公約》的角度來看，勞動教養本身便是一種違反人權的制度形式，不存在「保留」或「改造」的空間。根據《公約》第九條第一款的規定：人人有權享有人身自由和安全。任何人不得加以任意逮捕或拘禁。除非依照法律所確定的根據和程序，任何人不得被剝奪自由。如果通過勞動教養立法，則可以符合人權公約的此款要求。然而其第三款規定：任何因刑事指控被逮捕或拘禁的人，應被迅速帶見審判官或其他經法律授權行使司法權力的官員，並有權在合理的時間內受審判或被釋放。等候審判的人受監禁不應作為一般規則，但可規定釋放時應保證在司法程序的任何其他階段出席審判，並在必要時報到聽候執行判決。第四款規定：任何因逮捕或

---

18. 參見李忠信主編：《公安執法焦點透視》（北京：中國人民公安大學出版社，1999），第 106 頁。

19. 薛曉蔚：《勞動教養制度研究》（北京：中國文聯出版社，2000），第 285 頁。

20. 陳瑞華：〈勞動教養制度應予廢除〉，《中外法學》2001 年第 6 期，第 657 頁。

拘禁被剝奪自由的人，有資格向法庭提起訴訟，以便法庭能不拖延地決定拘禁他是否合法，以及如果拘禁不合法時命令予以釋放。由此可見：

首先，對於限制人身自由的刑事處罰措施，必須通過司法權來進行裁決；而勞動教養作為實質上嚴厲的準刑事處罰措施，如果通過簡單地上升為法律，則仍然違反法治原則，因為勞動教養完全是由行政權來操作，無異於一種集司法權與行政權於一體的制裁制度，違背現代法治的權力制衡原則。

其次，如果將勞動教養歸類為行政措施，則不具有正當性。雖然行政權在國家權力架構中具有獨特的功能，但是其所採取的處罰措施都具有臨時性，為了完成其執行的任務，而不是作為最終的裁判者。勞動教養的期限可以限制人身自由長達一到三年，完全不具有行政處罰措施的性質。而通過已有的《行政處罰法》和《治安管理處罰法》等法律體系，已經形成了以拘留、罰款、警告等為內容的處罰體系，因此，將勞動教養歸類於行政處罰措施，不具有正當性。

再者，如果將勞動教養歸類為刑事處罰措施，來進行單獨的立法，從而通過司法途徑來進行，也不具有可行性，因為這樣的「立法」在現有的刑罰體系下，純屬多餘。中國的刑罰體系，已經形成了以管制、拘役、有期徒刑等為內容的完整結構。因此，如果將勞動教養改為刑罰措施，便存在重合和多餘之處，因為其完全可以通過已有的刑罰制度來達到其目標。

由此可見，即使通過制定法律使得勞動教養制度「法律化」，其仍然與《公約》相違背，因為對於限制人身自由的處罰措施，在現代法治架構下是由司法權來完成的，而勞動教養是通過行政權性質的勞動教養委員會來完成，因此不符合現代法治的原則。同樣，勞動教養由於其處罰期限長達一到三年，也不具有行政處罰措施的臨時性、手段性的「執行性」特點。因此，勞動教養制度在內容上不符合《公約》的規定。

其實，即使對勞動教養制度的「改造」符合了《公約》第九條的所有程序性要求，即通過「制定法律」，並由「司法機關」來作出勞動教養決定，但是「強制勞動」的性質本身，也違反了《公約》第八條第三款的規定，即「任何人不應被要求從事強迫或強制勞動」。同時，「強制勞動」也不屬《公約》第八條規定的例外情形，即（1）通常對一個依照法庭的合法命令而被拘禁的人或在此種拘禁假釋期間的人所要求的任何工作或服務；（2）任何軍事性質的服務，以及在承認良心拒絕兵役的國家中，良心拒絕兵役者依法被要求的任何國家服務；（3）在威脅社會生命或幸福的緊急狀態或災難的情況下受強制的任何服務；（4）屬正常的公民義務的一部分的任何工作或服務。

有學者指出的，在很大程度上，勞動教養是「左」的專政思維的產物，根本上是出於政治鬥爭、階級鬥爭的需要，針對的是政治上不可靠的人，而改造的內容當然也是「政治、思想上」的。改革開放以後，勞教工作中的政治色彩淡化了，但勞教工作中體現的「重打擊、輕保護」在執法活動中堅持「多快好省」的原則還是一脈相承的。勞動教養制度中所體現了無視個人自由的價值、無視程序的價值等，都與法治的觀念格格不入，[21] 且與國際勞工組織第 29 號條約（ILO Convention 29）也不相符，因此，應該廢除勞動教養制度！

當然，目前在諸多「改造說」中，也有在實質上屬「廢除說」的，即一種通過「廢除」的方式來「改造」勞動教養。有學者認為可以用其他的懲罰措施來替代，從而改造勞動教養制度，如用小區矯正來替代勞動教養。其認為，在社會上矯正違法、犯罪者已經是國際社會得到證明其效果較好的通行做法，社會內的矯治對象就應當包括違法者和犯罪者，沒有哪個國家會限制社會內只能夠矯正一種對象。因而主張可以通過小區矯正替代勞動教養。[22] 也有學者建議用保安處分制度來代替勞動教養，建議以刑事性保安處分為屬性

---

21. 參見胡衛列：〈勞動教養制度應予廢除〉，《行政法學研究》2002 年第 1 期，第 42 頁。
22. 參見魯蘭：〈如何用小區矯正替代勞動教養〉，《檢察日報》2004 年 7 月 14 日，第 2 頁。

立法，建立強制教育矯治處分制度，適用於有違法行為事實並有人身危險性的人，貫徹教育、矯治、社會防衛的理念，着眼於被處分人的改善和回歸社會，體現限制人身自由的特徵，實行相對不定期原則以消除行為人的人身危險性所需要的時間來決定強制教育矯治處分的期限，把決定權納入司法審查範圍，由法院決定。[23] 其實，這種改造説，毋寧是一種首先從根本上廢除勞動教養，然後引進西方法治國家社會預防性的保安處分等制度來預防、改造犯罪，進而尋找出路。比如，美國對於戒毒、精神病人等所採用的非自願監管制度，便是一種目前廢除勞動教養出路的可能。[24] 其實這種保安處分等制度，在性質上已經根本區別於勞動教養，因此也是一種「廢除」式的改造説。

不過，中國對於勞動教養之外的非監禁刑罰執行之小區矯正試點工作已經於 2003 年展開並逐步建立，截至 2007 年 9 月，中國已有 25 個省（區、市）的 876 個縣（區、市）開展了試點工作，累計接收小區服刑人員 23.5 萬人，累計解除矯正 10.6 萬人，現有小區服刑人員 12.9 萬人。這在很大程度上已成為勞動教養的一種「出路」。

## 四、結語

回到開篇的提問，為何在《憲法》和《立法法》之下，在中國簽署了《公約》之後，勞動教養制度仍然可以肆無忌憚地「苟延殘喘」呢？這很大程度上離不開合憲性控制的功能缺失。由於憲法是最高法，必須有效地發揮合憲性控制的功能，才能保證法治規範體系的完整性和統一性；但是由於合憲性控制的缺失，導致了違反《憲法》、《立法法》的勞動教養規範仍然可以在社會中存活。如從勞動教養的適用對象來看，1957 年國務院《關於勞動教養問題的決定》所規定的對象包括四類，但國務院於 1980 年發佈的《關於將強制勞動和收

---

23. 參見胡曉雲：《保安處分制度替代勞動教養》，廈門大學 2006 年碩士學位論文。
24. 參見時延安：〈中美精神病人強制醫療制度之比較〉，《法學評論》2009 年第 4 期，第 113 頁。

容審查兩項措施統一於勞動教養的通知》則擴大了勞動教養的對象，規定「對有輕微違法犯罪行為、尚不夠刑事處罰需要進行強制勞動的人，一律送勞動教養」。國務院《關於勞動教養的補充規定》則規定為「勞動教養收容大中城市需要勞動教養的人」，公安部《勞動教養試行辦法》則規定為「勞動教養收容家居大中城市需要勞動教養的人」，但又規定「對家居農村而流竄到城市、鐵路沿線和大型廠礦作案，符合勞動教養條件的人，也可以收容勞動教養」，解放軍總政治部、公安部於 1982 年發佈的《關於軍隊執行國務院〈勞動教養試行辦法〉幾個問題的通知》則將勞動教養的對象擴充至軍隊。公安部與司法部在 1984 年頒佈的《關於勞動教養和註銷勞教人員城市戶口問題的通知》則再次將勞動教養的適用對象擴充至「鐵路沿線、交通要道的城鎮吃商品糧的人」。公安部、司法部於 1987 年發佈的《關於對賣淫嫖宿人員收容勞動教養問題的通知》則規定無論是城鎮的，還是農村的，只要符合該通知規定的，一律送勞動教養，並無地區上的限制。由此可見，規章等規範違反上位法的情形在勞動教養規範體系中普遍存在。相互衝突、違反上位法的規範之所以可以在社會中「各自為政」，很大程度上是由於對於規範未能有效地合憲性或合法性控制。[25] 因此，勞動教養的廢除與「規範化」，也離不開憲法及行之有效的憲法審查機制。

2013 年，備受爭議存在了 56 年的勞動教養制度終於退出了歷史的舞台。但是，這段歷史無疑也應該成為法治道路上的一種警惕，那就是，為何一項侵犯人權且需要將其廢止已成為社會共識的制度，仍然存活了如此之久。

---

25. 參見王書成：〈「廢除勞動教養制度建議書」的憲法學思考〉，《山東社會科學》2009 年第 1 期，第 43–46 頁。

第二部分

# 公法理論

# 第六章

# 憲法秩序的圖景*

　　雖然圖施耐特（Tushnet）在《新憲法秩序》一書中用「憲法秩序」這一概念提綱挈領般地概括了整本書所要傳達的線譜，但概念本身其實已經蘊含了一種理論。[1] 在美國語境下，其理論脈絡在很大程度上受批判法學的影響，即將傳統的法學思維拓展至歷史、政治和文化等社會語境之中。當然，這種拓展並沒有與傳統法學完全決裂，而是在其基礎上，從政治、歷史等多種視角乃至憲法哲學層面來透析鑲嵌於社會中，而非僅僅呈現於文本中的憲法現象。

　　當然，美國作為世界上第一個制定並實施成文憲法的現代國家，其對憲法文本的頂禮膜拜是毋庸置疑的。從立國到每一次重大歷史變革，可說是都縈繞着憲法的「幽靈」。然而，在對憲法進行訴求或解讀的過程中，所涉及的命題很大程度上已超越了文本範疇。隨着社會的歷史性變遷，不同的主體基於不同的考量和不同的角度，完全可能對憲法文本有不同的解讀。雖然在法律意義上，美國最高法院可以在司法審查層面對憲法予以解釋並定紛止爭，但這種司法審查權的正當性在理論上一直存在爭議，因為如果最高法院對憲法解釋持積極姿態，很容易淪為「司法暴政」。現實中，最高法院當然不會僅僅局限於文本對憲法進行一廂情願的解釋，而會謹慎地考量文本背後所蘊含的政治、經濟、文化、歷史等諸多因素。所以，憲法案件的背後其實蘊涵着不同的決定性因素，如對於布朗訴教育委員會案的判決，如果離開當時社會情境中的各種決定性因

---

* 本章原載於劉茂林主編：《公法評論》（第 8–9 卷）（北京：北京大學出版社，2015）。

1. 參見〔美〕馬克・圖施耐特（Tushnet），王書成譯：《新憲法秩序》（北京：中國人民大學出版社，2014）。

素，如最高法院的司法哲學、民權運動的發展、種族歧視的社會效應等，則根本無法深刻地理解美國憲法條文所呈現的平等權為何能夠發揮效用。

「憲法秩序」這一概念已使憲法學超越了傳統以法院或司法審查為中心的範式。當然這種超越並非否定法院在實施憲法中的重要角色，而是更進一步，從「機構」（institution）和「原則」（principle）的角度分析社會中的憲法現象。[2] 由此，如本書所闡釋的，媒體、政黨、聯邦制結構、總統的政治傾向、全球化的影響等所有對憲法秩序已構成影響的重要因素都應當納入「憲法秩序」範疇的討論之中，這樣才能更清晰地勾勒出憲法秩序的真實圖景。其中暗含的邏輯是「透過文本並深入社會以認識憲法」。

無獨有偶，國內法學界也有研究論及「憲法秩序」範疇及理論。其中指出「真實的生活世界是憲法的根基和土壤，憲法是對人類整體生活的組織和反映。只有回復於真實的整體性生活世界，才能解讀憲法的真正意蘊。作為組織共同體的規則，憲法正是基於共同體生活的整體性而全方位地覆蓋到社會生活的各個領域，並對不同領域的相互關係做出制度安排。憲法對共同體生活的整體性關照有利於保護共同體的整體利益並維護穩定健康的憲法秩序。」[3] 那麼，在中國的語境下，如論者所言，成文憲法、現實憲法及觀念憲法都應該成為憲法秩序的內在構成要素。而且，只有在這三者的有機關聯和系統協調的互動中才能體認到憲法秩序的形態。近些年，學界所提出的「政治憲法」其實在很大程度上也是嘗試在「文本」或「規範」的基礎上有所超越，以增強學理上的解釋力。[4] 如果從憲法秩序的範疇來看，其正是試圖將視域延伸至成文憲法之外的現實憲法等圖景之中。當然，對於轉型國家而言，這種論述也要面臨如何實現「實

---

2. 參見〔美〕馬克・圖施耐特，王書成譯：《新憲法秩序》，第 1–11 頁。

3. 參見劉茂林：〈憲法秩序作為中國憲法學範疇的證成及意義〉，《中國法學》2009年第 4 期，第 54 頁。

4. 代表性成果如陳端洪：〈論憲法作為國家的根本法與高級法〉，《中外法學》2007年第 4 期；高全喜：《政治憲法學綱要》（北京：中央編譯出版社，2014）；等等。

然憲法」向「應然憲法」的轉變，以及兩者在國家向民主法治轉型的過程中如何進行有效地互動等挑戰。

比較來看，憲法秩序作為憲法學的基本範疇，可以使我們在憲法文本的基礎上更清晰地展現鑲嵌在社會中的複雜憲法現象。[5]這種展現過程並非以法院及其裁判所依據的憲法文本為唯一聚焦點，而是涵蓋了其他相關的社會因素。同時，如國內憲法秩序論者所言，憲法秩序該範疇可以擺脫歷史、邏輯與文化上的局限性。[6]中國改革開放 30 年的經驗表明，照搬西方的憲政理論根本無法解釋中國憲法秩序逐步建構的過程。近來「憲政」一詞在意識形態上所遇到的尷尬情形，在一定程度上也可以說明中國憲法秩序在建構過程中有區別於西方的獨特性。不可否認，這種獨特性的建構過程並非完全排斥人類文明的共同成果，但依然會是一個不斷嘗試、借鑒及摸索的過程。當然，圖施耐特在《新憲法秩序》中所闡釋的是以美國歷史、政治、社會等為基礎的憲法秩序。那麼，在中國的語境下，憲法秩序這一基本範疇當然也要建基於中國的歷史、文化、社會等現實情境。可以說，憲法秩序在擺脫歷史及文化等局限性上具有超越國別的相通性。當然，這並不排除在不同憲法秩序的語境中可能會遇到同樣的問題，比如全球化，等等。

因而，《新憲法秩序》雖然描述美國憲法秩序的藍圖，但其所暗含的方法則與國內學界所闡釋的「憲法秩序」範疇在哲理層面有諸多相通之處。一方面，在美國的語境下，《新憲法秩序》可以讓我們更深刻地理解美國憲法的現實情境，以及進一步思考在社會哲學層面「憲法應該是什麼？」；另一方面，在中國語境下，其會促使我們進一步思考中國憲法秩序究竟是（is）什麼，以及在此語境下該（ought）如何去建構。具體而言，比如，「如何讓人民代表大會制度更好地代表人民的利益」、「如果在人民代表大會制度下更有效具體

---

5. 在轉型中國的語境下，強調憲法文本對於法治的發展當然具有非常重要的意義。可參見韓大元：〈認真對待中國憲法文本〉，《清華法學》2012 年第 6 期；等等。

6. 參見劉茂林：〈憲法秩序作為中國憲法學範疇的證成及意義〉，《中國法學》2009 年第 4 期，第 51–52 頁。

地實施憲法」、「如何在憲法層面處理法治與一黨執政制度之間的關
係」，等等，都是在建構中國憲法秩序過程中需要面對的中國命題。

　　可以說，在一定程度上，「憲法秩序」在傳達「憲法是法律」的
這個傳統教義的基礎上，擺脫歷史及文化等方面的局限性，進一步
在社會哲學層面闡釋了「憲法並不僅僅是法律」及「憲法究竟是
什麼」。

# 第七章

# 公民與強權政府的博弈：
## 中國行政法之平衡理論的審視[*]

　　任何法律研究都必須釐清其理論基礎。中國行政法學界特別關注行政法的基本理論問題，目前已經形成了一系列的主張和觀點，如管理論、控權論、平衡論、服務論、公共利益論、政府法治論等。其中又以平衡論影響最深。平衡論以行政權力與行政相對人權利的制約與平衡為核心，不斷發展完善。縱觀有關平衡論的研究發現，平衡論及其進一步完善的控權平衡論，從平衡和控權等多角度來對平衡論進行了深入的論述，但是對於不平衡這一邏輯前提則着墨不多。本章試圖揭示平衡論之不平衡的客觀現實，從而闡釋平衡論從不平衡中追求平衡的過程，以期促進行政法基本理論的進一步發展。

## 一、不平衡：平衡論面對的客觀現實

　　談及平衡論，「平衡」二字容易使人誤以為平衡論均圍繞平衡來展開。實則不然，平衡論的邏輯前提是客觀現實中的不平衡。只有存在不平衡的客觀現實，才有平衡論存在的可能及意義。

　　首先，從行政權的原始形態來看，行政機關與行政相對人之間的不平等狀態是行政法律關係的初始狀態。在被授權之前，公共機構無權行使公權力，一旦公共機構獲得授權後，公權力相對於公民則處於優勢地位，即兩者處於不平等的狀態。盧梭（Rousseau）認為人類存在着兩種不平等：一種我稱之為自然的或生理上的不平等，

---

* 本章曾以〈行政法之「平衡論」新釋〉為題，載羅豪才主編：《現代行政法的平衡理論》（第三輯）（北京：北京大學出版社，2008）。

因為它是由自然造成的，包括年齡、健康狀況、體力及心理或精神素質的差別；另一種，我們可以稱之為倫理或政治上的不平等，因為它取決於一種協約，而這種協約是由人們的同意確立的，或者起碼是人們許可的，該協約是由某些人專門享受且往往有損於人們的各種特權（如比他人更富有、更高貴、更有權勢，或者甚至要求他人服從他們）組成的。[1] 前一種是自然界的不平等（不平衡），不屬行政法基礎理論的範疇。而盧梭第二個方面關於不平等的論述則道出了國家權力的規律性，即國家權力一旦經過授權而形成後，則先天就是處於優先於公民權利的狀態，因為國家權力具有強制性等特性。

如盧梭深刻指出的那樣，「由於法律一般不如人的情感那樣有效力，它只能限制人的行為，而不能改變人的思維，因此就不難證明，如果一個政府始終能一絲不苟地按照制度辦事，並且不會蛻化變質，就沒有建立的必要，一個國家如果沒有人規避法律，行政官員也不濫用權力，也就可以既不需要行政官，也不需要法律了。政治上的差別必然導致公民地位上的差別。人民和官員之間的不平等，很快就在公民之間表現出來，並且根據人的慾望、才幹和境況，表現的方式千變萬化。」[2] 基於國家權力的易腐化性，行政權與公民權利無論在形式結構上，還是在客觀現實中，一般都是以不平衡的形態存在的。

其次，從良性與惡性角度剖析行政權，同樣可以發現平衡論中不平衡的客觀現實。在不同的領域，「平衡」有不同的涵義。一般而言，平衡是指矛盾雙方在力量上相抵而保持一種相對靜止的狀態。[3] 既然是相抵，則必然是一種制約。在行政法領域，即行政權力與相對人權利的相互制約，從而實現一種動態的平衡，並實現行政主體與相對人之間的公平。[4] 平衡論認為行政權力直接或間接來源於公民

---

1. 參見［法］讓・雅克・盧梭（Jean-Jacques Rousseau），高煜譯：《論人類不平等的起源和基礎》（桂林：廣西師範大學出版社，2002），第 69 頁。
2. ［法］讓・雅克・盧梭，高煜譯：《論人類不平等的起源和基礎》，第 132–133 頁。
3. 羅豪才、甘雯：〈行政法的「平衡」及「平衡論」範疇〉，《中國法學》1996 年 4 期。
4. 對此，很多學者認為「平衡論」是追求一種動態的平衡，因為完全靜止的平衡是不存在的。

權利，權力是權利的一種特殊形式。行政權一旦形成便同公民權利結成一種既相互依存，又相互對立的關係。行政法既要保障行政管理的有效實施，又要防止行政權力的濫用或違法行使。行政機關的權力和相對方的權利應保持總體平衡。[5]

但是任何事物都具有兩面性，即善與惡。行政權力也不例外。據此，可根據行政權作用的主觀方面將其分為良性行政權力與惡性行政權力。所謂良性行政權力簡單說就是指能合理行使，真正代表整個社會利益而在法治軌道上運行的行政權力。而惡性行政權力是指違背行政法的價值目標與社會運行規律，危害社會利益從而背離了法治軌道的行政權力。如果行政權力屬良性權力，因其有利於增進整個社會利益，故完全不必要對其進行制約，相反應大力保護與促進，從而發揮良性行政權的社會功能。但若行政權力屬惡性權力，則應對其進行制約和控制，採取一系列的有效措施，使其轉變成有利於增進社會利益的良性行政權力，減少其對社會利益的危害。而平衡論最基本的主張是行政主體和行政相對人的權利義務應保持平衡。[6]

既然行政權力有良性和惡性之分，我們只需通過行政相對人的權利及其他有效監督等方式對惡性行政權力進行制約和控制，從而來掌握行政權力運行的「方向盤」，使其朝着良性的方向發展。而對於本來就是善的行政權力，則不用加以任何制約，因為其有利於公共利益，同樣也有利於個人利益。因此，把良性行政權力與惡性行政權力相結合從總體上來把握，行政機關因其良性行政權力的無限制性而與行政相對人的權利不可能在形式結構上保持平衡，但其同樣實現了社會的公平與正義，因為良性行政權的運行與行政相對人權利的實現是一種互不衝突的和諧狀態。因此，認識平衡論，須認清平衡論所調整的行政權的性質，而不能機械地認為平衡論是關於行政主體權力和行政相對人權利之間的一種制約平衡，而忽略了行政權力良性的一面。就如同犯罪，雖然犯罪是不可避免的一種社會

---

5. 羅豪才、甘雯：〈行政法的「平衡」及「平衡論」範疇〉，《中國法學》1996 年 4 期。
6. 羅豪才、甘雯：〈行政法的「平衡」及「平衡論」範疇〉，《中國法學》1996 年 4 期。

現象，但社會總存在良性的一面，犯罪相對於整個社會而言只是一部分，並非全部，不能因為對犯罪的研究而忽略了整個社會善的一面。行政法的真正目的不在於一味地制約和限制行政權力，而是遏制惡性行政權的負面效應以及促進良性行政權力的正面效應，從而提高行政效能而達到公共利益和個人利益的最大化。雖然制約和限制行政權力有利於相對人地位的提高，但這並不是行政法的價值目標。限制只是一種手段。如果將手段置於主導地位，而忽略了行政法的真正價值為實現公共利益和個人利益的最大化，則將混淆了主次，違背了法治的運行規律而阻礙社會的發展。

從行政法調整的社會關係來分析，平衡論認為行政法規範和調整的社會關係有：（1）行政管理關係、（2）監督行政關係。行政管理關係與監督行政關係屬兩個不對等的法律關係，即任何一者均處於不平衡的狀態。而將彼此「倒置」，這種「倒置」結構使行政法平衡精神得以在行政法關係中展開。[7] 此處平衡論者事實上闡述了行政法律關係在客觀上的不平衡性，然而其將行政管理關係與監督行政關係倒置的分析則帶有少許浪漫主義的情懷，注重強調行政主體與行政相對人地位上的結構性平等，僅是一種理想的情形。其實平衡論真正體現的行政法的價值目標，是追求公共利益和個人利益（也即社會利益）的最大化狀態。[8] 行政監督關係從功能角度考慮是為了調整行政權力朝正確、高效的方向行使。監督權只是一種手段、措施。對於良性行政權力，不僅不應加以制約，反而應促進其有效運行。因此，從行政法的真正價值目標考慮，行政管理關係中行政相對人權利對行政權力的控制，以及監督行政關係中行政相對人權利對行政權力的控制，均僅針對惡性行政權力。因此，從行政權的良性與惡性角度考慮，平衡論基本範疇中行政權與公民權利也是處於不平衡的現實狀態。見圖 7.1 及 7.2。

---

7. 沈巋：《平衡論：現代行政法的理論基礎》，北大法律信息網。
8. 關於追求公共利益與個人利益最大化的論述可詳見下文。

**圖 7.1 良性行政權之不平衡狀態　　圖 7.2 惡性行政權之不平衡狀態**

A：公民權利；B1：良性行政權；B2：惡性行政權

　　在圖 7.1 中，良性行政權由於不具有社會危害性，因此其與公民權利在結構上處於不平衡狀態。雖然在結構上是不平衡狀態，但是此狀態下行政權與公民權利是相互和諧一致而不存在利益衝突。在圖 7.2 中，惡性行政權力由於具有危害性，導致現實中行政權與公民權利必定處於不平衡的狀態。由於權力是惡性的，而要防止其社會危害性，則必須通過制度與規範來制約它，或者將其轉化為良性權利，或者通過賦予行政相對人權利以優勢地位來制約行政權。因此，此時行政權與公民權利仍然處於不平衡的狀態。可以說，平衡論並非追求行政權與公民權利之間絕對的結構性平衡，因為現實中不會存在結構上完美的平衡狀態。[9]

## 二、平衡：行政法的目標追求

　　從內容上看，權利是一定利益的法律表現。與權利一樣，權力同樣是利益的法律表現。因而，法律所認可和保護的利益必須只能通過權利和權力兩種形式來體現，既不可能單純由權利或單純由權力來體現，也不可能由除它們之外的第三者體現。[10]平衡論所追求的行政權與公民權利之間的平衡，從本質上講也是一種利益上的衡量關係。

　　從利益的角度考慮，無論對行政法如何解釋，其最終目的都是為了追求公共利益和個人利益的最大化。無論平衡論是通過行政相

---

9. 有平衡論者主張平衡論追求的是「行政權與相對方權利的結構性平衡」，這值得商榷。參見沈巋：《平衡論：現代行政法的理論基礎》，北大法律信息網。
10. 童之偉：《法權與憲政》（濟南：山東人民出版社，2001），第 20–22 頁。

對人的權利擴張，還是行政監督主體通過監督強化的方式控制行政權，最終必須能實現公共利益和個人利益的最大化才符合行政法之基本精神。

目前，具有代表性的控權平衡理論主張控制行政權力，擴張相對人的權利。[11] 從某種意義上說，控權平衡模式某種程度上只符合現在行政法階段性的實際需要。行政法的基本理論，應貫穿行政法的始終，指導行政法的正確發展。如果按照控權平衡論的邏輯思路，基於本土現實等原因而單方面強調控制行政權力，擴張相對人的權利，則最後可能導致行政權力處於萎縮狀態。在經濟迅速發展的今天，行政權的合理擴張，對社會進行更全面有效地調節，對增進社會整體利益具有至關重要的作用。因此控權平衡論的思想精髓與社會利益最大化的長久實現不完全吻合。

根據以上從行政權良性和惡性角度對行政法基本理論模式的分析可知，行政法的目標在於追求公共利益和個人利益的最大化狀態；而控權平衡論認為，「在社會物質資源持續增長基礎上，現代行政法以平衡為價值目標，在正常行政秩序下，在行政法主體間合理分配社會權利（主要表現為對行政權的依法監控），以實現公共利益與個體利益均至最大值，即達到平衡狀態（Bmax+Imax）。」[12] 這種說法有失偏頗，因為公共利益與個體利益在很多情況下是不可能獲得雙贏，同時達到最大值的，公共利益往往是犧牲部分個人利益為代價。正因為如此，比例原則便在西方成為公法上之帝王條款。比例原則對公共利益與個人利益相互衝突時進行權衡，採取對個人利益侵害最小的方式。既然侵害最小，則表明侵害一般是難以避免的。因此，控權平衡論者所言的實現公共利益與個體利益均至最大值即達到平衡狀態（Bmax+Imax）是站不住腳的。

---

11. 此觀點參見郭潤生、宋功德：〈控權——平衡論——兼論現代行政法的歷史使命〉，《中國法學》1997 年 6 月。

12. 郭潤生、宋功德：〈控權——平衡論——兼論現代行政法歷史使命〉，《中國法學》1997 年第 6 期。

筆者認為平衡論的合理模式定位應為：追求公共利益和個人利益最大化的平衡，即追求社會利益最大化。在社會利益最大化狀態下，公共利益可能達到了相對最大化的狀態，而個人利益則可能處於非最大化狀態，因為它要為了更為重要的公共利益而作出相應的犧牲。個人利益有可能達到了相對最大化的狀態，而公共利益由於個人利益的至關重要性而作出一定的妥協與讓步。總之，平衡論所追求的平衡是公共利益與個人利益綜合起來的社會利益的最大化，而非絕對地兩者均達至最大化的不理想狀態。

從以上分析可知，行政法應充分、有效地擴張良性行政權力，從而發揮其對社會的積極功能，同時通過對相對人權利和監督行政等方式的設置來有效控制良性行政權力的發展，以及防止良性行政權力的惡化。只有這樣，才能實現社會整體利益的最大化，即公共利益和個人利益的最大化。而控權平衡模式由於強調控制行政權，故發展到最後，可能出現行政權力所剩無幾，而公民私人權利龐大的另一種不平衡的危險狀態，並可能出現需求合理擴張行政權而限制龐大的行政相對人權利的另一種情形。因此，控權平衡論模式並不能有效解釋當公民權利無限膨脹而行政權力式微的情況下如何應對的情形，某種程度上只適用於行政權強大的狀態，因而具有一定的階段性，不能將其作為行政法的理論基礎。

## 三、在不平衡中求平衡──行政法的路徑選擇

按照平衡論的主張，如要追求行政權力與公民權利之間的平衡，則此論斷必定存在兩個事實命題：一為平衡論之不平衡命題。只有存在不平衡的客觀事實，才有可能存在追求平衡這一命題。二為平衡論之平衡命題。平衡是平衡論的命脈。平衡論最終是為了達到行政權與公民權利平衡的法治狀態。從不平衡中追求平衡是平衡論的路徑選擇，而不平衡中求平衡包含了兩層邏輯狀態。

首先，平衡論在理念上追求行政權與公民權利之間的平衡，因為在現實中存在着諸多行政權與公民權利顯示平衡的現象。因此，平衡論追求從不平衡狀態到平衡狀態。具體如圖 7.3。

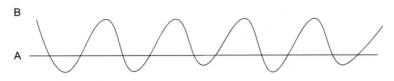

圖 7.3　平衡論理念下行政權與公民權利關係之波動

A：理想的平衡狀態
B：偏離平衡狀態的不平衡狀態

　　A 線表明平衡論所追求的是行政權與公民權利之間的一種平衡狀態，此為平衡論的目標追求。而 B 線則是現實中偏離於平衡狀態的不平衡狀態。有學者將其概括為兩種類型：一為行政權過於強大、相對人權利過於弱小；二為行政權過於弱小、相對人權利過於強大。這都表明了現實中行政權力與公民權利往往處於失衡的狀態。[13] 比如，行政主體在行使行政權的過程中，違法侵犯了公民的權利而使行政權與公民權利處於失衡狀態，則需要通過追究行政權的違法責任或向行政相對人賠償等方式來平衡彼此的狀態。

　　正如孟德斯鳩所言「一切有權力的人都容易濫用權力，這是萬古不易的一條經驗。有權力的人們使用權力一直遇到有界限的地方才休止。」[14] 基於歷史經驗對於權力特性的考證，現實中存在行政權被濫用而出現行政權與公民權利之間不平衡的現象屬於常態。而行政法的核心便是使行政權力與公民權利這兩者達到平衡。其實，即使在法治狀態下，行政權力與公民權利也不可能完全處於平衡狀態。存在不平衡現象是法治的實然狀態，因此，對於平衡論，我們不能機械地理解為法治狀態下行政權與公民權利是絕對地處於平衡狀態。雖然行政權與公民權利處於不平衡狀態是法治中的常態，但是從不平衡到平衡的過程則使得法治與非法治的態度截然相反。從平衡論的視角來看，法治狀態下努力消除不平衡狀態，使不平衡狀態及時得以糾正而恢復平衡狀態。而非法治狀態下，不平衡狀態

---

13. 參見羅豪才、宋功德：〈行政法的失衡與平衡〉，《中國法學》2001 年第 2 期。
14. ［法］孟德斯鳩：《論法的精神》（北京：商務印書館，1961），第 154 頁。

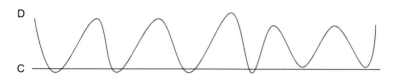

圖 7.4 現實中行政權與公民權不平衡關係之波動

C：理想而非現實的平衡狀態〔行政權（-A）與公民權利（+I）的絕對值相等〕
D：現實且合理的不平衡狀態〔行政權（-A）與公民權利（+I）的絕對值不等〕

則將處於延續狀態而不能及時得到糾正。同樣，在法治狀態下，從不平衡到平衡的過程不是恣意妄為的主觀產物，而是遵循法治的線譜，具有可操作性。但在非法治狀態下，即使存在從不平衡到平衡的過程，也往往不具有規範的線譜，並且在很大程度遵循了人治的邏輯，具有隨意性。

其次，追求一種平衡的狀態是平衡論的目標追求。從形式邏輯的角度考慮，平衡論最追求的平衡狀態並非一種絕對的形式平衡。利用數學思維，如果把行政權比作負值，而把公民權利比作正值。則行政權（-A）與公民權利（+I）的絕對值相等的情形是存在的。但是平衡論所追求的目標不是行政權（-A）與公民權利（+I）的絕對值相等。絕對值相等的狀態是理想的但卻不是常態的。平衡論所追求的平衡，在現實中是處於一種絕對值不等的「非平衡」狀態。或者行政權優勢於公民權利，或者公民權利優勢於行政權，也不排除可能存在行政權與公民權利絕對值相等的偶然狀態。[15] 具體可見圖 7.4。

行政權在運行過程中與公民權利之間關係的形態是各不相同的。在行政管理過程中，行政權當然處於優勢於公民權利的狀態，這是行政管理的必然邏輯。在行政管理過程當中，基於行政效率等方面的考慮，行政權處於優勢地位是必需的，從而行政權的絕對值要大於公民權利。如果行政管理過程中，行政權弱勢於公民權利則

---

15. 當然這是無法用數學方式來計算的，運用此種數學思維方式僅僅是為了説明平衡論的內涵。

談何管理！此時行政權與公民權利在表象上必定處於「不平衡」的狀態。然而從本質上講這種表象「不平衡」卻是合理的、平衡的。在服務行政過程中，行政權則處於劣勢於公民權利的地位，行政權的絕對值要小於公民權利，這是服務行政的必然邏輯。如果在服務行政中，行政權強勢於公民權利則談何服務呢！

因此，對於平衡論所追求的平衡，是不能機械地理解為絕對的形式平衡。平衡論所追求的法治狀態下的平衡是一種相對的平衡，在不同環境中的形態各異。控權論等論說以絕對平衡來駁斥平衡論之不可能性的邏輯是存在謬誤的。

同樣，平衡論追求的從不平衡到平衡的過程所採取的方式也是各異的。控制平衡的方式整體上表現在三個方面；首先通過主體的設定來控制行政權。行政權的行使必須以被授權為前提，即遵循所謂的授權性原則。其次行政權的行使過程中具有程序上的要求。如行政程序法上的聽證程序、公開程序、告知程序等均是為了尋求行政權與公民權利的平衡。最後是通過救濟程序來尋求平衡。對於違法行使的行政權，最終可通過覆議或訴訟等救濟途徑來追究行政權的法律責任，對受到損害的公民權利進行賠償而獲得平衡。同時，在訴訟過程中，舉證責任倒置原則也是追求行政權與公民權利平衡的舉措之一。因此，平衡論所追求的平衡在行政法中所採取的措施也是各異的。

作為一個部門法的基礎理論，應該對整個部門法在整體上具有較強的指導作用，成為部門法規範背後的理論支柱，為部門法的法律實踐活動提供最根本的理論依據，同時是一個開放的理論。不能因為情緒化、政治化等因素偏離於一方，因為這樣不能使其成為行政法的基礎理論。正如蘇力教授曾經在批評「市場經濟就是法制經濟」這一論斷時指出，這種提法作為一種口號是具有一定的召喚力和針對性，有重要且積極的社會意義。它在一定程度上反映了社會建設市場經濟的迫切要求。然而這種合理性都代替不了法學理論工作者冷靜的理論分析，不能以政治性的、情緒化的口號代替理論性

的學術命題。[16] 與平衡論相比較，管理論、控權論、公共利益論、政府法治論等，[17] 都具有片面性，某種程度上只是在平衡論架構下的片斷思考或一種「概念遊戲」，均不能成為行政法的理論基礎。平衡論則包含了管理論、控權論、公共利益論、政府法治論等合理因素，以公民權利與行政權力為核心範疇，追求兩者的平衡，從而具有作為行政基礎理論所應具有的根本性、開放性、包容性、指導性等特性，是科學而理性的學術命題。

首先，平衡論包含了管理論的合理因子。行政法律關係的狀態是流動多變的。有時候表現為政府管理社會，有時候表現為政府服務社會等。行政法律關係並不是一味的處於一種狀態。管理論強調行政法的理論基礎在於管理社會，其實從本質上講管理論只是強調了行政法的一種功能，而將管理論作為行政法的理論基礎則有失偏頗。因為行政法除具有管理功能外，還具有服務等功能。如果可以將管理論作為行政法的理論基礎，則為何不能將服務論作為行政法的理論基礎呢？因此，管理論的邏輯是不周全且具有嚴重缺陷的。而平衡論作為行政法的基礎理論，當然不會離開行政法具有管理功能這一命題。平衡也包括行政機關在行政管理過程中進行平衡這樣的情形，因此，平衡論並不排斥管理論，而是包含了管理論的合理因素。

其次，平衡論並不與控權論相衝突。控權是行政法基礎理論形態的一種。行政法除表現為控制權力外，有時候也表現為賦予權力。控權存在的前提必定是賦權。沒有賦權便無控權。行政法某種程度上就是在賦權與控權之間尋求一種平衡。而控權某種程度上只是表現為一種觀念。平衡論並不缺乏控權觀念，因此，以控權論來駁斥平衡論的論說是不具有科學性的。

16. 參見蘇力：《法治及其本土資源》(北京：中國政法大學出版社，1996)，第 85 頁。

17. 關於管理論、控權論、公共利益論、法治政府論等主張可參見高凜：〈控權論：現代行政法學的理論基礎〉，《南京師大學報》(社會科學版) 1998 年第 4 期；劉建光：〈控權——我國行政法學的理論基礎〉，《探索》2001 年第 5 期；李娟：《行政法控權理論研究》(北京：北京大學出版社，2000)；楊海坤：〈行政法的理論基礎——政府法治論〉，《中外法學》1996 年第 5 期；葉必豐：〈行政法的理論基礎問題〉，《法學評論》1997 年第 5 期；等等。

再者，平衡論蘊含了公共利益論的考量因素。行政法屬公法。而公法的基本範疇是調整公共利益與私人利益，這是任何公法離不開的譜系。行政法作為公法，當然也要調整公共利益與個人利益之間的衝突。公共利益論者一味強調公共利益至上，則在某種程度上只取了平衡論中的一個片斷作為論據。既然基本範疇包括兩個方面，即公共利益與私人利益，那麼偏袒於任何一方都是有失偏頗的。公共利益論者主張公共利益至上，其實忽視了在很多情況下可能出現私人利益至上的情形。比如在美國，對於言論自由的保護，便遵循了私人利益至上的邏輯，即只有在不得不對言論自由進行限制時，為了公共利益的需要，才能限制言論自由，而且基於需要的公共利益還必須是急迫且不得已的，否則應當絕對地保護私人的言論自由。公共利益論便無法解釋私人利益受絕對保護而不受任何公權力干涉的情形。

　　最後，平衡論糾正了政府法治論的片面性。政府法治論強調行政法的理論基礎在於實現政府法治。這種在形式上看來具有堅實根基的論斷其實是不具有科學性的。因為自近代以來，實行法治是社會的價值及目標。法治是一種社會的治理狀態。法治不僅僅要實行政府法治，而且也要實行個人法治，最終是實行社會法治。政府法治論僅僅強調政府的法治角色，容易造成行政法過於強調政府法治，而忽視了個人乃至最終的目標是社會法治。因此，政府法治論在某種程度上帶有情緒化的傾向。而平衡論作為行政法的基礎理論，如果遵循政府法治論的邏輯，其最終目標當然是實行社會法治，這是任何部門法的歷史使命與任務。當然可能在特定的社會環境下，由於政府權力濫用情況嚴重等，而在某階段傾向於強調政府法治，但並不能因此而忽視其最終目標——社會法治。因此，政府法治論的價值追求也不過是截取了平衡論的一個方面。

# 四、結語

　　由於行政相對人的權利及其他對行政權的控制措施只需針對對公共利益和個人利益最大化有負面效應的惡性行政權力，而對公

共利益和個人利益最大化有正面推動作用的良性行政權力則無須限制，所以行政機關從總體上因其良性行政權的存在，必定與公民的權利義務關係處於不平衡的狀態，故此追求行政權力與公民權利在結構上的平衡是不現實的。

行政法存在的最終目的是為了實現社會利益的最大化，推動社會文明進一步向前發展。因此，作為行政法基礎理論的「新平衡論」經過闡釋後，其精髓應該是追求公共利益和個人利益最大化的平衡狀態。此種平衡並非處於靜止之中，而是處於一種運動狀態。由於平衡論之平衡是追求利益上的最大化，因此在某個階段及特定環境下，行政法必須利用社會上的一切因素來追求此階段公共利益和個人利益的最大化平衡，隨着行政法發展至另一階段，由於客觀情況的變化，前一階段的平衡也將被打破，從而又需要追求新的階段的公共利益和個人利益最大化的平衡。從而可得出平衡論之平衡過程為：……平衡……不平衡……平衡……不平衡……，一直如此向下循環。從平衡到不平衡是行政法律關係的進步，因為有了公共利益和個人利益更高的新狀態。從不平衡到平衡也是行政法律關係的進步，因為又達到了更高的平衡狀態。因此，「新平衡論」是一種從不平衡中求平衡逐漸向更高狀態運行的動態平衡理論。

對於公共利益和個人利益最大化的追求，根據以上從善惡角度對行政權力的分析可知，採取的對策應包括：(1) 合理控制良性行政權力。首先是合理擴張和充分利用良性行政權力，從而進一步提高行政效率，推動行政權的良性發展；其次是利用相對人的權利和監督行政關係中的監督等措施來防止良性行政權力轉化為惡性行政權力，從而保證行政權力的正面效應。(2) 有效遏制惡性行政權力。首先要利用相對人的權利和監督行政關係中的監督等方式來遏制惡性行政權力，減少其對社會整體利益的負面影響，其次盡量使惡性行政權力轉化為良性，從而有利於增進社會整體利益。

# 第八章

# 法院立法現象及其反思[*]

　　隨着市場經濟的不斷深入，勞動用工逐漸多樣化，出現了諸多新型勞動關係，如家庭用工、個人用工等，也出現了諸多用人單位不簽訂勞動合同、濫用試用期、用人單位隨意解除合同等嚴重侵犯勞動者權益的情形。2008 年《勞動合同法》的頒佈實施，在規範層面對這些問題進行了更為明確的規定，體現了「保障勞動者的合法權益」的立法宗旨，填補了規範上的諸多漏洞。然而，《勞動合同法》與《勞動法》在相關內容上的反差，如對勞動合同短期化的限制、對勞務派遣的新規制、對勞動者足額取得勞動報酬的強制規定等內容，迫使諸多企業採取相應的規避措施以減低可能出現的違法成本，以此規避《勞動合同法》中的相關責任條款。[1] 在此社會背景下，全國各級勞動爭議仲裁機構受理的勞動合同糾紛案件在短期內大幅膨脹。據統計，2008 年全國各級勞動爭議仲裁機構共當期立案 693,000 件，當期立案的勞動爭議案件比上年增長 98.0%。2009 年全國各級勞動爭議仲裁機構共當期立案受理勞動爭議案件 684,000 件，比上年下降 1.3%。[2] 與此同時，全國法院系統受理勞動爭議案件的數量也出現了「井噴」態勢。據統計，2009 年上半年，全國法院受理勞動爭議案件近 170,000 件，同比增長 30%。有些地域的案件出現了

---

　*　本章內容原題為〈司法式立法及制度反思〉，《法學》2012 年第 3 期（與林峰合作）。

　1.　比如，從《勞動合同法》實施前的 2007 年 9 月底開始，深圳華為技術有限公司七千多名工作滿八年的老員工，相繼向公司提出「辭職」，而這次大規模的「辭職」其實是由公司組織安排的，「辭職」員工隨後可以競聘上崗，職位和待遇基本不變，唯一變化的就是再次簽訂勞動合同。參見《華為補償 10 億鼓勵員工辭職，以規避勞動合同法》，http://news.xinhuanet.com/legal/2007-11/02/content_6995564.htm（2010 年 11 月 5 日瀏覽）。

　2.　參見中國人力資源與社會保障部：《人力資源和社會保障事業發展統計公報》（2008–2009 年度），人力資源部網站，2011 年 12 月 11 日瀏覽。

激增情況，其中廣東、江蘇、浙江三省，在 2009 年第一季度的同比增幅分別達 41.63%、50.32% 和 159.61%。[3] 而 2010 年 1 至 7 月份，從北京市統計的數據來看，法院共新收一審勞動爭議案件 15,326 件，審結 10,900 件。一審案件收案數比 2009 年同期上升 10.3%。全市法院共新收二審勞動爭議案件 6,326 件，審結 4,208 件。二審案件收案數比 2009 年同期上升 39.7%。

龐大的勞動爭議案件無疑給處理勞動糾紛的裁判機構帶來了巨大的負擔。勞動仲裁機構很難應對數量如此龐大的勞動糾紛案件，也很難在審限內審結這些案件，進而使得仲裁前置程序在很大程度上被虛置。而依據《勞動爭議調解仲裁法》第 43 條的規定，當事人以仲裁委員會逾期未作出裁決為由，可以直接向人民法院提出訴訟。由此，這一重擔又在很大程度上轉嫁到了法院身上。為了及時有效解決糾紛，各地方法院在實踐中採取了一種法院立法的獨特方法來面對這一難題，並且在現實中也取得了一定的「成效」。這種法院立法現象是否符合中國憲法和法律規定的基本原則和制度架構？如果不符合，又應通過怎樣的路徑來滿足法院裁判案件的現實需要？

## 一、法院立法現象的產生

在提倡「能動司法」的政策背景下，實踐中帶來的難題使得諸多地方法院逐漸採取一種司法式立法來處理這些「井噴」案件。[4] 所謂法院立法，簡言之，就是法院通過制定在性質上屬立法的規範性

---

3. 參見王俊秀：〈勞動合同法實施 2 年，勞動爭議案井噴，新工人求職更難〉，《中國青年報》2010 年 1 月 19 日。

4. 在當代中國語境下，所謂「能動司法」，一般指法官不應僅僅消極被動地做堂辦案，不顧後果地刻板適用法律，在尚處於形成進程中的中國司法制度限制內，法官可以並應充分發揮個人的積極性和智慧，通過審判及司法主導的各種替代糾紛解決方法，有效解決社會各種複雜的糾紛和案件，努力做到「案結事了」，實現司法的政治效果、社會效果和法律效果的統一。參見〈能動司法式司法運行規律的本質所在〉，《人民法院報》2009 年 9 月 1 日；〈人民法院要立足國情能動司法，走專業化與大眾化相結合道路〉，《人民法院報》2009 年 9 月 11 日。

文件，如「指導意見」等，來規定勞動糾紛的司法處理，並在審判實踐中加以運用。江蘇、浙江、山東、廣東等諸多地方法院都相繼制定了此類「立法」。比如在《勞動合同法》和《勞動爭議調解仲裁法》頒佈之後，江蘇高級人民法院先後制定了多部規範性文件，來應對勞動合同糾紛的司法審判工作，其中包括：（1）《關於在當前宏觀經濟形勢下妥善審理勞動爭議案件的指導意見》（2009 年 2 月 27 日江蘇省高級人民法院審判委員會全委會第五次會議討論通過）；（2）《關於審理建設工程施工合同糾紛案件若干問題的意見》（2008 年 12 月 17）；（3）《關於審理城鎮房屋租賃合同糾紛案件若干問題的意見》（2008 年 12 月 10）；（4）江蘇省高級人民法院聯合江蘇省勞動爭議仲裁委員會印發《關於適用〈中華人民共和國勞動爭議調解仲裁法〉若干問題的意見》的通知（2008 年 10 月 10 日），等等。從這些規範性文件的內容來看，其對《勞動合同法》及《勞動爭議調解仲裁法》的規範內容進行了更為仔細的規定，其中涉及仲裁時效、仲裁管轄、勞動主體的界定等諸多內容。

這些規範性文件通過具體的規定為各級法院審理此類案件提供了具體的標準，在實踐中具有普遍的約束力，為各級地方法院所執行。而且在能動司法政策的保駕護航之下，這種法院立法在糾紛解決上取得了一定社會效果的同時，也為諸多司法實務工作者所讚揚。究其原因，主要在於：

首先，法院立法以能動司法為政策依據。在目前中國強調能動司法的政策導向下，司法實務和理論界普遍認為，中國的司法需要充分發揮主觀能動性，積極應對經濟社會領域出現的各類問題，這樣才能為社會的經濟發展提供強有力的司法服務和司法保障，促進社會和諧穩定。[5] 地方法院採取這種積極的能動式立法來應對糾紛解決，在很大程度上迎合了這種政策邏輯。

---

5. 參見張志銘：〈中國司法的功能形態：能動司法還是積極司法？〉，《中國人民大學學報》2009 年第 6 期。

其次，法院立法的內容具有很強的可操作性，便於法官審判案件。地方高級人民法院制定的司法性規範文件，雖然具有內部性，但對法律層面的諸多問題進行了詳細而具體的規定，在性質上具有類同於法律的立法效力，且具有司法上的可操作性。

最後，法院及法官在很大程度上當然都會在司法實踐中受到來自職業共同體內部的規則約束，因此這些司法式立法在司法實踐中對法官當然可以發揮規則性的約束力，可以在審判實踐中有效執行。

但是，隨着實踐的進一步展開，這種司法式立法逐漸暴露出制度上的一些弊病，主要表現在：

1. 法院立法與人大立法的衝突。各個地方法院的「立法」在諸多內容上與《勞動合同法》、《勞動爭議調解仲裁法》存在衝突，進而在一定程度上虛置了立法機關制定的法律。比如《勞動爭議調解仲裁法》第 27 條明確規定，勞動爭議申請仲裁的時效期間為一年，從當事人知道或者應當知道其權利被侵害之日起計算。勞動關係存續期間因拖欠勞動報酬發生爭議的，勞動者申請仲裁不受本條第一款規定的仲裁時效期間的限制；但是，勞動關係終止的，應當自勞動關係終止之日起一年內提出。可見，《勞動爭議調解仲裁法》規定的時效為一年。但是浙江省高級人民法院《關於審理勞動爭議案件若干問題的意見》第 13 條卻規定，勞動者與用人單位之間因加班工資發生爭議的，其申請仲裁的時效期間為兩年，從當事人知道或者應當知道其權利被侵害之日起計算；但勞動關係終止的，其申請仲裁的時效期間為一年，從勞動關係終止之日起計算。[6] 由此可見，該條第一款明確將時效規定為兩年，這已明顯違反了作為上位法《勞動爭議調解仲裁法》關於時效為一年的規定。

---

6. 浙江省高級人民法院《關於審理勞動爭議案件若干問題的意見》（浙法民一〔2009〕3 號），第 13 條。

2. 法院立法的創制性內容缺乏法律依據。地方法院很大程度上在法律規範的內容範圍之外，對諸多內容進行了具有立法性質的規定。誠然，由於法律的滯後性、規範自身的局限等因素，立法難免會出現漏洞，但目前地方法院的司法式立法則通過頒佈規範性文件對諸多內容直接進行立法性質的規定，比如山東省高級人民法院通過制定《關於適用〈勞動爭議調解仲裁法〉和〈勞動合同法〉若干問題的意見》，對「工作時間」、「休息休假」、「社會保險」、「福利」、「培訓」、「勞動保護」、「勞動報酬」、「工傷醫療費」、「經濟補償」等諸多概念及相關問題都進行了立法性規定。這種脫離了以具體案件為中心的司法實踐在實質上已行使了不屬司法權範疇的抽象立法權，並發揮了立法的效果。[7]

3. 法院立法眾多導致裁判標準混亂。各級地方法院進行司法式立法存在主體性差異，內容並不統一，使得相同的案件可能具有完全不同的審判標準。比如《勞動爭議調解仲裁法》第 47 條對「一裁終局」進行了規定，其中一種情形為「追索勞動報酬、工傷醫療費、經濟補償或者賠償金，不超過當地月最低工資標準十二個月金額的爭議」，但是對「不超過當地月最低工資標準十二個月金額的爭議」在整體上卻表現了三種不同標準的立法形態，見表8.1。

---

7. 參見山東省高級人民法院通過制定《關於適用〈勞動爭議調解仲裁法〉和〈勞動合同法〉若干問題的意見》（魯高法〔2010〕84 號）。

表 8.1　地方法院對「不超過當地月最低工資標準十二個月金額的爭議」的裁判標準

| 規範內容 | 規範依據 |
|---|---|
| 1. 勞動者追索勞動報酬、工傷醫療費、經濟補償金或賠償金，其仲裁請求涉及數項，分項計算數額不超過當地最低工資標準 12 個月金額的，仲裁裁決為終局裁決 | · 廣東省高級人民法院、廣東省勞動爭議仲裁委員會《關於適用〈勞動爭議調解仲裁法〉、〈勞動合同法〉若干問題的指導意見》（2008 年 6 月 24 日印發）第九條；<br>· 深圳市中級人民法院《關於審理勞動爭議案件若干問題的指導意見（試行）》（2009 年 4 月 15 日起施行）第 48 條；<br>· 浙江省高院民一庭《關於審理勞動爭議案件若干問題的意見（試行）》第十四條；<br>· 江蘇省高級人民法院、江蘇省勞動爭議仲裁委員會《關於適用〈中華人民共和國勞動爭議調解仲裁法〉若干問題的意見》第十三條，等等。 |
| 2. 應當以當事人申請仲裁時各項請求的總金額為標準確定該申請是否屬一裁終局的事項。 | 上海市高級人民法院《關於勞動爭議糾紛若干程序問題的意見》（文號為滬高法〔2008〕181 號）第 2 條。 |
| 3.「當地月最低工資標準十二個月金額」系指仲裁委員會最終裁決的數額，且不包括仲裁審理期間內新增加的費用。 | 南京市中級人民法院、南京市勞動爭議仲裁委員會《關於勞動爭議案件仲裁與審判若干問題的指導意見》（文號為寧中法〔2008〕238 號，2008 年 11 月 27 日起施行）第十二條。 |

　　從制度層面來說，這種實踐中不相統一的司法式立法無疑具有一定的負面效應。首先，這種審判標準與方法的不統一，無疑會削弱司法公信力，降低司法權威，不利於司法制度的健康發展；其次，這種通過司法來行使屬立法職能範圍的事項，即以司法來替代立法，雖然在司法審判實踐中可以發揮解決糾紛的成效，但在很大程度上已經侵犯了立法權的職能；再者，司法機關通過自身的「立法」對法律規範進行明確，且自身同時擔任司法審判中的裁判角色，實際上已集立法權與司法權於一身，明顯違背了公平、公正及中立

原則;最後,這種地方各自為政的司法式立法在很大程度上會造成法律體系在實踐上的不統一,進而會危及社會主義法律體系的完整性、體系性。

## 二、法院立法的性質

如欲對法院立法的實踐成效及制度上的負面效應進行權衡與取捨,則須首先釐清其性質,方可對症下藥。從性質上來説,司法式立法具有自身的獨特性,既區別於現有制度中的司法解釋,也在學理上區別於司法政策,同時也不屬方法論中法的續造的範疇。

首先,法院立法在性質上不屬中國現有的司法解釋,雖然二者具有形式上的相似性。從目前中國司法解釋制度的運作來看,司法解釋是一種具有中國特色的法律性文件,具有普遍的法律效力,可以被裁判所引用,在一定程度上構成了中國的「法律淵源」。司法解釋的規範依據來源於 1981 年 6 月 10 日由全國人民代表大會常務委員會作出的《關於加強法律解釋工作的決議》(以下簡稱《決議》)。該決議規定:「凡關於法律、法令條文本身需要進一步明確界限或作補充規定的,由全國人民代表大會常務委員會進行解釋或用法令加以規定。凡屬法院審判工作中具體應用法律、法令的問題,由最高人民法院進行解釋。凡屬檢察院檢察工作中具體應用法律、法令的問題,由最高人民檢察院進行解釋。」以此決議為基礎,最高人民法院在 2007 年發佈的《關於司法解釋工作的規定》(以下簡稱《規定》),對司法解釋的性質、效力、分類和程序進行了進一步的明確。《規定》指出,人民法院在審判工作中具體應用法律的問題,由最高法院作出司法解釋;最高人民法院發佈的司法解釋,具有法律效力;司法解釋的形式分為「解釋」、「規定」、「批復」和「決定」四種。[8] 因此,《規定》限定享有法律解釋權的主體是最高人民法院,而不是地方各級法院。2006 年修訂的《中華人民共和國人民法院組

---

8. 《最高人民法院關於司法解釋工作的規定》(法發〔2007〕12 號),第 2、5、6 條。

織法》第 33 條也規定：「最高人民法院對於在審判過程中如何具體應用法律、法令的問題，進行解釋」。因此，目前地方法院所發佈的在實質上具有立法性質的司法文件，已經超越了目前法律規範所授權的範圍。

其次，法院立法在性質上不屬司法政策的範疇。法院作為獨立的司法審判主體，在司法過程中無疑也需要進行一定的政策考量。司法政策雖然在形式和內容上截然區別於制定法，但是也會對裁判活動產生一定的政策影響。政策往往追求一定的社會效果，一般具有指導性、原則性、易變性等特點，從而區別於制定法所內在要求的司法操作性、普遍約束力、相對穩定性等特點。從上面司法實踐的形態來看，雖然在形式上，司法式立法在很大程度上以「意見」、「通知」等政策的形式表現出來，試圖落實「能動司法」、「人民滿意」、「和諧社會」等政策要求，但是其在本質屬性上已經不屬政策範疇，而具備了「準立法」的特性。法院立法之所以通過政策的面向但以立法的形態進行實踐，在很大程度上與司法在實踐中習慣性地將公共政策視為法律來落實這一傳統不可分離。比如最高人民法院於 2008 年 12 月廢止的《關於公民對宅基地只有使用權沒有所有權的批復》是這一現象的典型反映。從土地改革結束到《中華人民共和國物權法》頒佈的幾十年間，宅基地的權屬問題是沒有法律依據的，司法實踐中認為公民只有使用權而沒有所有權的依據為 1962 年中國共產黨頒佈的《農村人民公社工作條例修正草案》，其內容無疑是黨的政策。[9] 這便體現了實踐上存在着把政策當作法律來對待的特殊習慣。

再者，法院立法在性質上不屬法的續造。雖然從法治經驗來看，無論如何審慎制定的法律，其仍然不可能對所有屬該法律規整範圍，並且需要規整的事件提供答案，換言之，法律必然「有漏洞」。長久以來，大家也承認法院有填補法律漏洞的權限。但是不

---

9. 參見宋亞輝：〈公共政策如何進入裁判過程──以最高人民法院的司法解釋為例〉，《法商研究》2009 年第 6 期。

管是單純的法律解釋、法律之內法的續造，還是超越法律的法的續造，主要發生在司法裁判過程之中。但是從目前司法式立法的實踐來看，法院所從事的立法漏洞補充工作，在很大程度上都發生在司法裁判過程之外，與立法創制無異。雖然這兩者在效果上都能達到填補立法漏洞的效果，但是性質迥異。對此，台灣學者黃茂榮教授也深刻地指出：「司法機關之造法活動只是『候補』於立法機關，就『個案』、『嘗試地』所作法律漏洞的補充，以『修正』立法機關遲遲不修正的法律（監督功能），或創制立法機關遲遲不制定的法律（鞭策功能）。因為它只針對『個案』生效，而且只是『候補』於立法機關所作之造法的『嘗試』，因此不但並未侵害立法機關之立法的『優先權』，而且造法的結果，還是停留在逐案嘗試的階段，與立法機關對『一般案件』制定『決定權』之法案者不同。」[10]

由此可見，實踐中的法院立法既不屬目前司法解釋制度下的形態表現，也不是司法政策的範疇，其在很大程度上毋寧是一種融合了兩者因子的畸形變體。

## 三、法院立法的合憲性分析

從目前的司法實踐來看，中國確實存在着以最高人民法院及最高人民檢察院為主體的司法解釋制度。從性質上來說，這些司法解釋一經作出並予以公佈，便具有僅次於法律的效力，本質上也是一種司法式立法。有的學者還認為最高人民法院的這種做法已經得到了最高權力機關的默許，甚至可以認為在這方面已經形成了一項明確的憲法慣例。[11]這種抽象司法解釋，在性質上無異於法院立法。那麼，雖然其他地方法院並沒有經過規範上的明確授權，是否可以由這種慣例進而在學理上推導出地方法院也在應然層面可以進行一定的法院立法呢？

---

10. 黃茂榮：《法學方法與現代民法》（北京：中國政法大學出版社，2001），第 87 頁。
11. 參見金振豹：〈論最高人民法院的抽象司法解釋權〉，《比較法研究》2010 年第 2 期，第 58 頁。

筆者認為，雖然最高法院享有一定的法律解釋權，但這並不能為地方法院的司法立法進行合憲性辯護。因為就連最高人民法院抽象性解釋的實踐已經超越了其自身享有解釋權的法定授權範圍。根據《全國人民代表大會常務委員會關於加強法律解釋工作的決議》和《人民法院組織法》的規定，最高人民法院有權進行法律解釋，而且一般學者也以此作為規範上的正當依據。[12] 但是對於這項授權，必須區分規範語境，因為《決議》明確區分了兩種解釋形態，即第 1 條規定的「凡關於法律、法令條文本身需要進一步明確界限或作補充規定的，由全國人民代表大會常務委員會進行解釋或用法令加以規定。」與第 2 條規定的「凡屬法院審判工作中具體應用法律、法令的問題，由最高人民法院進行解釋。凡屬檢察院檢察工作中具體應用法律、法令的問題，由最高人民檢察院進行解釋。最高人民法院和最高人民檢察院的解釋如果有原則性的分歧，報請全國人民代表大會常務委員會解釋或決定。」由此可見，全國人大常委會的授權決定明確區分了審判過程之外對法律進行抽象性解釋，以及在審判過程之中對具體應用法律問題的司法解釋。從學理上來說，前一種解釋屬立法性解釋，旨在明確立法本身的含義；而後一種解釋屬司法應用性解釋，旨在解決個案糾紛。同時從全國人大常委會制定的《人民法院組織法》第 33 條的授權規定來看，最高人民法院的解釋也僅限於「對於在審判過程中如何具體應用法律、法令的問題，進行解釋」，而並非授權在審判過程之外進行抽象性法律解釋。[13] 但是從最高人民法院自身制定頒佈的《關於司法解釋工作的規定》來看，其已經在內容上擴大了司法解釋的權限範圍，明確規定司法解釋具有法律效力（第 5 條），且人民法院必須作為裁判依據（第 27 條），因此這無疑已延伸至抽象法律解釋的領地。這種抽象性立法的性質通過司法解釋起草方法「民主化」的相關規定在一定程度上也

---

12. 周道鸞：〈論司法解釋及其規範化〉，《中國法學》1994 年第 1 期。

13. 對此，有少數觀點指出該條規定授予了法院的抽象解釋權。相關內容可參見金振豹：〈論最高人民法院的抽象司法解釋權〉，《比較法研究》2010 年第 2 期。但從《立法法》的具體規定來看，該法第二十四條已明確規定抽象的法律解釋權屬於法律的制定主體，如全國人民代表大會常務委員會，進而明顯已排除了法院作為抽象法律解釋主體的可能。否則，便會發生立法權與司法權的錯位與混淆。

得以體現，如該《規定》第 17 條規定：「起草司法解釋，應當深入調查研究……廣泛徵求意見」。相應地，近些年重大的司法解釋推出之前，例如《關於審理人身損害賠償案件適用法律若干問題的解釋》、《關於適用〈中華人民共和國婚姻法〉若干問題的解釋》，都在人民法院報和中國法院網上公佈解釋草案，廣泛徵求各界意見[14]，試圖體現「立法」程序上的民主性、社會性。但是從合法性角度來說，這種抽象性解釋權無疑違反了《決議》及《人民法院組織法》等法律的授權規定，而在很大程度上僅僅是一種越權的自我授權。

抽象性解釋權在性質上不具有憲法上的正當性，因為它在很大程度上超越了司法權能的範圍，而行使了相應的立法權能。比如 2002 年 4 月 1 日起施行的《最高人民法院關於民事訴訟證據的若干規定》第 7 條在舉證責任承擔上規定「在法律沒有具體規定，依本規定及其他司法解釋無法確定舉證責任承擔時，人民法院可以根據公平原則和信用原則，綜合當事人舉證能力等因素確定舉證責任的承擔。」該條明顯表明了，在法律沒有規定的情況下，要依據司法解釋進行裁判，然後才可以根據公平信用原則進行裁量，這便表現了司法解釋在審判中明顯扮演了制定法的功能角色。根據《憲法》第 123 條規定，人民法院是國家的審判機關，從而享有司法權。從司法權自身的性質來說，法院適用法律也蘊含着對法律享有一定的解釋權，但是這種解釋權截然區別於立法權。立法在性質上是彙集、整合民意的過程，而司法權是一種中立性權力，對執行、適用法律中發生的糾紛進行裁決，通過對法律的正確解釋和對案件的公正判決來實現法律所體現的人民意志和利益。司法權在很大程度上只對法律負責，通過對法律負責來對人民負責，通過忠實於法律來忠實於人民，因此司法權與人民的關係是一種間接關係。[15]

從現代司法的一般規律來看，司法是一種有限的國家權能，它不同於立法和行政，其運作具有被動、中立、法定和終局性等鮮明

---

14. 參見陳林林、許楊勇：〈司法解釋立法化問題三論〉，《浙江社會科學》2010 年第 6 期。

15. 參見李林：〈立法權與立法的民主化〉，《清華法治論衡》第 1 輯，（北京：清華大學出版社，2000）。

特徵。有鑒於此，司法權在實際運作中往往採取一種自我克制的立場，這種立場甚至在一般意義上被當作是司法權運作的常規形態，當作是司法權的一般性規律，要求司法權行使嚴格奉行被動司法的立場，以具體案件糾紛的存在為前提，以具體案件爭議為對象。只有糾紛存在並被訴諸於法院成為法院實際管轄的案件，法院才可以行使權力，對案件爭議依法進行裁判。[16] 對此，有學者指出：「立法性法律創制和司法性法律創制是有明顯區別的。立法者可以自由地依據自身理智啟示設定前提，並沿着自己認為是最好的路線進行。而法官不是從自身理智或合宜性出發去發現前提或判決依據，相反，他應當在法律體系內和司法程序中發現他們。」[17] 因此，如果法院的解釋超越了具體的司法活動，而在抽象解釋層面行使立法職權，無疑已不具有憲法上的正當性。即使在「人民滿意」等政策導向之下，法院在很大程度上也要基於司法權的自身特性來獲取社會效果，而不是直接主動地行使抽象解釋權，行使相應的立法功能。唯有如此，才能與《決議》及《人民法院組織法》中規定的「具體應用」及「審判過程」中的解釋權相對應。

可見，最高人民法院所行使的抽象性司法解釋權，在規範及學理上具有一定的違憲性。當然，這種學理上具有違憲性的最高法院的抽象性司法解釋（或司法式立法），可否借助於現實主義而獲得正當性呢？值得肯定的是，從現實主義的角度出發，最高人民法院的司法解釋確實曾經在社會主義法制建設中發揮過重要的作用。新中國成立之後，立法在相當長的一段時間裏，把粗略當作指導思想。當時的立法仍然處於起步階段，諸多領域的立法也都處於空白地帶，比如從 1949 年到 1997 年，30 年間沒有一部刑法典。因此，最高法院的抽象性司法解釋無疑可以填補大量的立法空白。同時，法官大多沒有經過專業素質的訓練，有的來自部隊，有的來自社會上招募的幹部，整體業務素質較低。法官依賴具體的司法解釋來判

---

16. 參見張志銘：〈中國司法的功能形態：能動司法還是積極司法？〉，《中國人民大學學報》2009 年第 6 期。
17. 陳林林、許楊勇：〈司法解釋立法化問題三論〉，《浙江社會科學》2010 年第 6 期。

案，也在一定程度上具有現實合理性。[18] 而且由於中國並不存在西方的判例制度，且作為立法主體的全國人民代表大會及其常務委員會受會期短等因素的局限而無法充分發揮立法權能，這更加固了司法解釋在這特殊轉型期所具有的現實正當性。

但是，隨着立法及社會的不斷發展，這些現實正當性及合理性已經不再具有之前的轉型正義。一方面，中國的法官隊伍不斷吐故納新，尤其是大批科班出身的政法院校畢業生陸續充實到法官隊伍之中，法官水平已經在整體上得到了很大的提高，甚至出現了許多學者型法官；另一方面，從 11 屆全國人民代表大會的工作目標來看，中國法律體系已進入「基本形成中國特色社會主義法律體系」階段；目前也已「形成中國特色社會主義法律體系」，此後的立法任務將是「完善中國特色社會主義法律體系」。[19] 由此可見，當初最高人民法院進行抽象司法解釋的社會基礎已經不復存在。

相反，這種抽象解釋權在立法相對完善、司法制度相對專業化的社會背景下反而具有諸多弊端。其一，具有立法性質的抽象司法解釋在很大程度上侵犯了立法權，在一定程度上虛置了立法機關及其制定法；其二，抽象性司法解釋使得法院集制定權與審判權於一身，容易造成司法專斷，因為抽象司法解釋權的邏輯是自己制定規則，並且自己運用該規則進行審判；其三，抽象性司法解釋在很大程度上會影響司法獨立及司法裁量權的合理行使。在現代法治狀態下，司法裁量權的行使本屬常態，即使裁量權行使可能會存在效果上的不一致，但是將大量立法性的司法解釋作為法官審判的具體標準，成為法官審判案件的依靠，這無疑會影響司法審判本該具有的獨立性，並且會限制自由裁量權的合理空間；其四，司法機關由全國人民代表大會產生並對其負責，而抽象性司法解釋充當立法者角色所產生的權限越位，在一定程度上與人民代表大會制度的邏輯不

---

18. 參見陳興良：〈司法解釋功過之議〉，《法學》2003 年第 8 期，第 52–53 頁。
19 李林：〈中國立法未來發展的主要任務〉，《北京日報》2009 年 3 月 4 日。

相一致。雖然法官主要由人民代表大會制度產生，但其並不具有立法所要求的民意代表性，因此不能直接享有立法性質的司法解釋權。

## 四、法院立法的替代性制度選擇

雖然目前司法式立法在很大程度上已經脫離了制度現實，並且具有一定的違憲性，但是並非要完全否定法院的抽象規制權。在現代司法制度之下，基於實踐統一性等需要，法院行使一定的抽象規制權也具有自身的必要性。但是問題關鍵在於，這些抽象規制權的範圍一般僅限於司法機關本身的程序性內容，而在性質上區別於目前中國存在的司法式立法。法治狀態下最高法院抽象規制權的存在，一方面以尊重立法權為前提，在範圍上一般限於司法程序等司法領域的內容；另一方面以現代司法權的專業性為基礎，因為司法權對於這些自身具有內部經驗性和專業性的領域，與立法權相比具有進行自身抽象規制的優勢條件。

當然，立法並不是完美的，也存在犯錯的可能。從《勞動合同法》的實施可以明顯感知立法可能存在的缺陷。這種立法空隙帶來的司法裁量權當然可能產生司法判決的不統一、不一致甚至不公正的情形，因此必然要求一種制度能夠進行調和，進而達到司法實踐的統一。有學者明確指出，如果缺少一種統一和協調機制，不同的法院將會對同樣情況的案件作出不同的判決，甚至同一個法院或同一個法官都可能朝判夕改。這樣，法律的空隙最終導致法治的破裂。如果同一條法律在全國各地甚至同一地區存在着截然相反的解釋，這種情況究竟比完全沒有法律的狀態好多少呢？進而指出，美國的經驗表明，最高法院最好是通過具體的判決而不是抽象的司法解釋來統一法律的意義。這是因為抽象解釋和成文立法都同樣難免有掛一漏萬之虞，且本身在適用過程中就需要「解釋」，因而往往對判決的最終統一無濟於事。[20] 那麼問題在於在國外卓有成效的判例制

---

20. 張千帆：〈「先例」是什麼？再論司法判例制度的性質、作用和過程〉，《河南社會科學》2004 年第 4 期。

度是否在中國也有其生成的土壤呢？筆者認為，判例指導制度可以在中國成為司法式立法廢棄之後的一種制度選擇，理由如下：

第一，從歷史及經驗的角度來看，中國的案例指導制度由來已久。自最高人民法院 1985 年 5 月開始公佈指導性案件以來至今，已有二十多年的歷史。《最高人民法院公報》上選登的案件都具有典型性和代表性，先由《公報》編輯部提出初步意見；然後送有關審判庭徵求意見；有關審判庭同意後，再送主管院長審查；主管院長審查同意後即可在《公報》發佈。這些案例除了來自最高人民法院自身的判決、裁定外，還可以從地方各級人民法院已審結的案件中篩選。[21] 公佈案例的主要目的當然是讓其能作為各級法院審判時的指導。比如 1985 年《公報》第 1 期刊登的樊明、劉希龍故意殺人案，專門表達了指導性的審判意見，即「最高人民法院審判委員會 1985 年 4 月 25 日第 225 次會議，根據《中華人民共和國人民法院組織法》第 11 條第 1 款的規定，在總結審判經驗時，認為北京市中級人民法院對該案的一審判決和北京市高級人民法院的二審裁定，適用法律正確，定罪量刑適當，審判程序合法，可供各級人民法院借鑒。」[22] 同時一些地方法院也通過公佈一定的案例來指導具體的審判工作，比如天津市高級人民法院《關於在民商事審判中實行判例指導的若干意見（試行）》（津高法民二 [2002] 7 號），江蘇省高級人民法院《關於建立典型案件發佈制度加強案例指導工作的意見》（蘇高法 [2003] 174 號）等。這都在一定程度上體現了法院對於指導性案例的實際需求。由此，具體的案例制度在實踐一直存在，雖然並沒有充分發揮其實效。

之所以如此，主要原因在於立法性司法解釋在很大程度上夭折了案例指導制度的功能發揮。從數據來看，截至 2005 年，最高人民法院以《公報》形式公佈的案例僅五百多例，但最高人民法院發佈

---

21. 周道鸞：〈中國案例制度的歷史發展〉，《法律適用》2004 年第 5 期。
22. 參見《中華人民共和國最高人民法院公報》1985 年第 1 期。

的迄今仍然有效的司法解釋多達 1,256 件。[23] 因此，案例指導制度的萌芽並沒有在實踐中逐漸得到健康的發展。從目前案例公佈的形式來看，也呈現多樣化且沒有統一性，如除了《公報》，還有國家法官學院與中國人民大學法學院合編的《中國審判案例要覽》、最高人民法院中國應用法學研究所於 1992 年編輯出版的《人民法院案例選》、最高人民法院各審判庭編寫的《刑事審判參考》、《審判監督指導與研究》、《行政執法與行政審判》等。當然，這些歷史性經驗無疑為中國判例指導制度的進一步發展奠定了基礎。

第二、判例的約束力具有一定的彈性，在性質上區別於制定法。從法官行為的一般規律來看，他們非常注重裁判效果，追求判決結果能夠被上級法院認可，這在一定程度上也是由審級監督制度所決定的。「即使法律存在多種解釋並存之狀況，也不能否定受到廣泛支持的一般通說和先例的存在，這種通行解釋使法官在理解法律的時候，潛在地面臨着一種壓力和風險，特別是上訴法院持有通說的時候尤甚。」[24] 判例在一般情形下當然會約束下級法院的司法審判活動，這在效果上與制定法的約束力無異。但是在判例制度下，並不排除在特定情形之下，法院在諸多方法中選擇一種雖偏離先例但具有個案合理性的方法可能。成文法的普遍約束力一般具有持久性，除非該成文法被廢止。因此，判例的約束力相對於制定法而言具有一定的彈性和靈活性。

第三，判例指導是一種在司法職能範圍之內達到統一司法效果的制度。判例基於個案而形成，區別於抽象性司法解釋脱離了個案糾紛，因此判例制度是由司法職能內在衍生出來的，具有制度上的合理性，而不會逾越至抽象立法的範圍。

第四，判例指導制度以尊重司法獨立及司法裁量權為基礎，可以擺脱目前立法性司法解釋的弊端。長期存在的抽象司法解釋為法

23. 董皞：〈邁出案例通向判例的困惑之門：我國實現法律統一適用合法有效之途徑〉，《法律適用》2007 年第 1 期。
24. 丁壽興主編：《庭審中的審判長》（上海：三聯書店，2006），第 275 頁。

院量身訂造了審判的具體標準，在很大程度上侵涉了司法裁量權的行使空間；另一方面也使得法院的審判工作越來越依靠司法解釋，逐步潛在地喪失了法院自身的司法獨立性，雖然在形式上表現為獨立審判。通過判例的性質可知，判例指導並不具有這些弊病。

第五，判例指導制度符合司法權運作的內在規律，有利於調動法官的積極性，充分發揮法官的經驗智慧，也符合能動司法的運行規律。美國大法官霍姆斯有一句至理名言：「法律的生命不在於邏輯，而在於經驗。」在大陸法系國家也是如此，法官在具體審判工作中，必定要依據自身的司法裁量權經驗性且合理地運用相應的法律方法進行裁判。對於法律方法的選擇、權衡及取捨在一定程度上可以體現司法權具有一定的能動空間。但是能動空間的前提是以案件糾紛為基礎，並且在司法職權的範圍之內。其實最初被視為能動司法學習典型的「陳燕萍工作法」，在本質上符合司法權的本質屬性。如江蘇省高級人民法院前院長公丕祥所言，法官陳燕萍在長期的基層司法審判實踐中，切實遵循能動司法的理念，不斷增強司法行為的主動性、服務性和高效性，充分展示了一名社會信任、人民信服的平民法官的良好司法形象，有力地詮釋了新時期人民法官的司法職業追求。通過長期的司法審判實踐，陳燕萍法官形成了一套行之有效的工作法，即：用群眾認同的態度傾聽訴求，用群眾認可的方式查清事實，用群眾接收的語言詮釋法理，用群眾信服的方式化解糾紛。[25] 可見，這種能動司法的經驗模式在很大程度上以案件糾紛解決為基礎，並沒有超越司法權的職能範圍。但是以能動司法為基礎的抽象性司法解釋則與此不同：一方面已經在一定程度上逾越了司法職權的界限，另一方面這些抽象性司法解釋為法院設定的審判標準也壓制了法官本來具有的能動空間。判例制度在本質上尊重法官在司法裁判實踐中的經驗性智慧，並不排斥法官在糾紛解決中的能動空間。

---

25. 參見公丕祥：〈能動司法與社會公信：人民法官司法方式的時代選擇——「陳燕萍工作法」的理論思考〉，《法律適用》2010 年第 4 期，第 2 頁。

第六、判例指導制度可以與立法形成制度上的有機銜接，擺脫目前立法主體多元衝突的局面。抽象司法解釋在性質上是對制定法的再次立法，難免在實踐中出現與立法的直接衝突，造成制度層面的邏輯混亂。而判例指導制度在制定法的框架下，結合司法實踐，充分運用司法專業自身的經驗智慧，提煉出在方法上具有指導性的司法判例，其在本質上並不與制定法相衝突。而且如果積累到一定程度上，可以將判例指導的內容在必要的時候上升為制定法，從而可以形成立法與司法的良性互動。

由上可知，判例制度可以擺脫抽象司法解釋的違憲性困境，同時有效替代並發揮抽象性司法解釋所具有的統一司法效果，符合司法權的內在運行規律，具有制度上的合理性和正當性。

# 五、結語

雖然判例指導制度在學理上具有制度合理性與正當性，但是具體的踐行仍然需要探索符合中國實際的制度模式。對於西方的判例法制度，英國法學家克羅斯（R. Cross）認為，其作為法律制度的一種形式，它要有三個前提條件：一是及時、準確和全面的判決報告制度；二是嚴格的法院等級制度；三是法官尤其是高級法院法官高度權威的樹立。[26] 雖然這些條件不一定完全適用於中國，但對於制度的建構具有重要的啟示意義：

首先，判例指導制度離不開判決報告制度的建立。由於法院的判決應該公開，因此這也使得判例報告制度具有相應的法理基礎。具有代表性、典型性、指導性等特點的最高法院判例可能來自最高法院自己的審判實踐，也有可能選自地方法院的判例。由於中國實行兩審終審，最高法院很少參與具體的司法審判工作，因此必須建立各級法院判例上報制度，才可以使得最高人民法院通過司法判例來統一全國的司法成為可能，同時也使上級法院監督下級法院具

---

26. 參見潘華仿：《英美法論》（北京：中國政法大學出版社，1997），第 32-33 頁。

有制度上的可操作性。在網絡信息化時代，各地法院在作出判決之後，迅速快捷地上報案例也具有技術上的可行性。

其次，判例指導制度須以審判監督制度為保障。判例雖然不具有制定法的普遍強制約束力，但是從制度層面來說，也應該保證制度上的威懾力。這種指導制度的效力發揮在一定程度上以審判監督制度為保障，如上級法院可以通過上訴程序監督下級法院，或者上級法院可以通過特殊的審判監督程序進行再審，等等。當然，審判監督制度的前提在於保障當事人的上訴權及實體性權利，且也應以尊重法院的獨立審判為基礎。同時，也可以考慮建立判例背離報告等其他相應制度來促進判例指導制度的效能發揮。[27] 當然，這些制度都須以尊重司法獨立為前提。

再者，基於判例對於案件審理的指導性作用，判例的產生應該具有高度的權威性和專業性。從目前中國司法制度的運作來看，可以嘗試建立最高人民法院和省級人民法院兩級判例指導制度，因為這兩級法院在司法制度中具有高度的專業性和權威性，這樣一方面可以保證判例的指導性功能在法治軌道內有效發揮，另一方面也給地方司法實踐存在的差異性保留了制度上的空間。當然，省級人民法院的判例不得與最高人民法院的判例相抵觸，在很大程度上應發揮在最高人民法院出現「判例漏洞」時的補充功能。至於最高人民法院和省級人民法院內部如何建立有效的案例遴選機制，如最高人民法院副院長蘇澤林指出的，有必要建立專門的案例委員會作為工作機構，負責指導性案件的遴選、審核、發佈等工作，從而科學合理地設計指導性案件的遴選程序，這樣才能確保該項工作高效、有序的進行。[28]

---

27. 也有學者論及了背離判例報告制度。參見李擁軍：〈判例法在中國的「可行」與「緩行」〉，《政治與法律》2006 年第 6 期。

28. 蘇澤林、李軒：〈論司法統一與案件指導制度的完善〉，《中國司法》2009 年第 12 期，第 16 頁。

不論在理論上還是實踐中，建立具有中國特色的案例指導制度的呼聲越來越強。最高人民法院已於 2010 年 11 月 26 日發佈了《關於案例指導工作的規定》，從而使得案例指導制度進一步邁入了法治化的軌道。[29] 總之，隨着中國社會主義法治進程的不斷推進，法院的抽象司法解釋制度在規範及學理上不具有憲法上的正當性，應該予以廢棄，取而代之的是具有制度合理性的判例指導制度，並通過不斷發展完善這一制度來推進中國的司法改革進程。

---

29. 關於中國指導案例制度及其他司法案例的相關討論，可參見 Shucheng Wang, "Guiding Cases and Bureaucratization of Judicial Precedents in China," *University of Pennsylvania Asian Law Review*, vol. 14, no. 4, 2019, pp. 96–134; Shucheng Wang, "Guiding Cases as a Form of Statutory Interpretation," *Hong Kong Law Journal*, vol. 48, no. 3, 2018, pp. 1067–1096.

# 第九章

# 和諧社會與行政調解<sup>*</sup>

　　「構建社會主義和諧社會」這一命題是在黨的十六屆四中全會中首次完整提出來的。在推進依法行政、建設法治國家的背景下，構建和諧社會給中國調解制度的完善帶來了諸多啟迪。因矛盾無處不在，衝突在所難免，如何妥善處理已經發生的糾紛？如何化消極因素為積極因素？在構建和諧社會的今天，我們需要認真地思考。行政調解作為調解的一種，是指由行政機關主持，以國家法律、法規及政策為依據，以自願為原則，通過說服與勸導爭議雙方，促使雙方當事人互讓互諒、平等協商、達成協議，以解決有關爭議的活動。它與和諧社會有着內在的契合性。在中國現行法律、法規中，對行政調解有一些零散的規定，但從整體上看，行政調解制度還存在許多缺陷，難以適應構建和諧社會的需要，亟待加以重視和完善，以充分發揮其功能與作用。

## 一、尚調解：和諧社會的矛盾治理理念

　　「和諧社會」是人們追求的理想狀態，有着深厚的文化底蘊。和諧理念一直伴隨着人類社會發展的始終。中國傳統文化中就存在以「仁」為本、立「德」為先及「天人和諧」、「人際和諧」、「情理和諧」的全方位和諧精神。儒家對「仁」的強調，對「禮」的推崇及「和為貴」的主張，都是為了協調、規範和平衡人際關係。孔子主張「禮之用，和為貴。先王之道，斯為美，小大由之。有所不行，知和而

---

　　* 本章內容以〈和諧社會視野下行政調解制度的構建〉為題，刊載於《中南民族大學學報》（社會科學版）2006 年第 4 期（與殷修林合作）。

和，不以禮節之，亦不可行也。」[1] 這是強調以禮為標準的和諧，是一種「貴和須息爭，息爭以護和」的和諧論。道家與法家亦強調和諧，有人説法家與道家殊途而同歸，最後都是要達到一個「大家共同生活於和平與和諧之中，而不必訴諸法律之外在約束」的境地。[2] 在西方，同樣有崇尚和諧的理念，如古埃及人觀念中最關鍵的也是尋求和諧。指導古埃及人社會生活的手冊「教渝」[3] 中，充分表達了和諧理念所蘊涵的謹慎、精明、謙虛等。總之，追求和諧乃是人類共通的性格。

中國在依法治國、建設社會主義法治國家的歷程中，提出了構建和諧社會的目標，和諧社會與法治有着內在的聯繫，法治是和諧社會的內在要求，中國所要建設的社會主義和諧社會，包含着「民主法治、公平正義、誠信友愛、充滿活力、安定有序、人與自然和諧相處」六大特徵。而這六大特徵，無一不與法治有着密切的聯繫，需要有法治作為其堅實的基礎和強大的支柱。法治的精神與和諧社會的理念在很大程度上是吻合的。推進法治，要以建構和諧的社會秩序為價值目標，如果推進法治，未能增進社會的和諧，反而使整個社會的和諧度有所降低，那就表明法治扭曲了，沒有得到提升。有學者提出：「和諧社會必須以法治為基礎，但法治社會本身並不等於已經建成了和諧社會，和諧社會是法治社會的昇華，是法治社會的更高發展階段。」[4] 和諧社會之「和諧」包括很多理念，如人本、安全、誠信、穩定、正義等，從政治、經濟、文化等各種角度都會有不同的理解與闡釋。但從法治發展的文化視角來看，崇尚調解是和諧社會中應有之義。

---

1. 《論語・學而》。

2. 轉引自梁治平：《尋求自然秩序中的和諧》(北京：中國政法大學出版社，1997)，第 192 頁。

3. 參見顏海英：《守望和諧——古埃及文明探秘》(昆明：雲南人民出版社，1999)，第 29 頁。

4. 何勤華：〈從法治社會到和諧社會〉，《法學》2005 年第 5 期。

在社會關係領域，中國人固有的和諧觀念表現為「以和為貴」、「息訟」、「厭訴」等。通過學者們的社會實證調查，目前在廣大農村，對於解決糾紛，在「打官司、幹部解決、私了」三個選擇項中，664 人中有 297 人（均佔 44.73%）選擇「幹部解決」和「私了」，選擇「打官司」的僅佔 10.39%。[5] 從社會最基層的資料顯示出，在依法治國闊步前行的進程中，中國人仍然不習慣直接通過作為公正象徵的法院來解決糾紛。選擇「幹部解決」、「私了」等方式反映人們對調解這種方式所抱持的獨特價值觀。從和諧的理念來看，調解優於訴訟，其目的直奔「息訟」、「止爭」之主題。如果通過調解的方式就能夠解決糾紛，則無需採用訴訟的方式，調解應處於訴訟的前位，訴訟只是實現社會公平、保障社會正義的最後一道屏障。「天人合一」、「無訟」、「重義輕利」、「德主刑輔」等所有傳統文化都表明一個立場，即「理想的社會一定是人民無爭的社會；爭論乃是絕對無益之事」[6] 但這畢竟是一種理想，事實上，在人類社會中，沒有矛盾是絕對不可能的，至於減少矛盾的發生則是可能的。任何秩序都是建立在矛盾被解決的基礎之上的。

秩序不會一勞永逸，一個良好的秩序不是指沒有矛盾的秩序，而是一個有良好解決矛盾機制的秩序。和諧社會正是這樣的秩序狀態。作為目標來構建的和諧社會，並不是一種暫時的狀態，它是社會發展到一定程度後富有活力而又穩定持久的社會模式。和諧社會之維持，需要有一套解決社會矛盾的有效機制，這種機制能夠使社會長期處於和諧狀態，即使發生了影響和諧的問題，它也能夠迅速地解決，使社會歸於和諧。訴訟儘管是解決社會矛盾的一種機制，但它只是解決糾紛的最後選擇，而不是最優選擇。

調查表明，導致公民不選擇訴訟的主要原因在於：其一，打官司要先繳納一定的訴訟費，如果要請律師代理，還要交付一筆費用；其二，到司法機關去解決糾紛，所需的路費、誤工費等開支，加在

---

5. 參見鄭永流、劉茂林等：《農民法律意識與農村法律發展》（北京：中國政法大學出版社，2004），第 19 頁。

6. 梁治平：《尋求自然秩序中的和諧》（北京：中國政法大學出版社，1997），第 217 頁。

一起後其數額也不少。其三，訴訟程序繁瑣，費時費力，剛性的判決有時並不利於徹底解決糾紛等。對於糾紛的解決，調解有着訴訟無法比擬的特殊優勢，從法治的角度觀察，設立調解制度，在自願、合法的前提下調解有關糾紛，也體現了「當事人自治為主、國家干預為輔」的原則，這不僅有助於迅速解決糾紛，而且有助於促使雙方握手言和，符合「以和為貴」的傳統觀念。與對抗性很強的訴訟和冷酷的判決相比，調解更富人性化，更有人情味，「成則雙贏，不成也無輸方」，因此，頗受當事人的青睞。由此也可以理解，具有靈活、高效、便捷、成本低廉等特點的調解制度，何以被譽為是根植於中國傳統法律文化沃土上的奇葩，而有「東方經驗」之美稱。

## 二、法治體系中調解機制的缺失

從歷史和實證的角度分析，中國人對於糾紛的解決有明顯的「厭訴」傾向，更願意通過「私了」的方式來化解糾紛。私了並不是一個法律概念。一般的法律詞典或法學教材並沒有「私了」一詞。《現代漢語詞典》對「私了」的解釋是「不經過司法手續而私下了結」。（與「公了」相對）。[7] 一般理解，私了是指公民、法人或其他經濟組織在遇到矛盾衝突、利益糾紛時，雙方通過擺事實、講道理的方式解決矛盾，平等、自願、公平、合理地私下解決問題。這種方式簡便、及時又不傷和氣，有着悠久的歷史傳統和深厚的群眾基礎。在古代中國，在大多數告到衙門的案件中，縣令都會反覆敦促原告和被告私了。但在當今處理糾紛的方式中，私了並不被看重。中國目前的法律法規庫中甚至查不到「私了」一詞。「前些年，人們常用一些當事人私下協商解決糾紛釀苦果的典型事例，來說明遇事不能『私了』，要嚴格按照法律規定辦事，即『公了』。這種宣傳的出發點無疑是好的，但多年的實踐證明，凡事都『公了』了，既違背有關的法律精神，也不符合我國的國情。」[8]

---

7. 參見中國社會科學院語言研究所詞典編輯室：《現代漢語詞典》（北京：商務印書館，2002），第 1192 頁。

8. 熊健珩、唐鳳陽：〈漫談「私了」〉，《中國工商報》2001 年 8 月 30 日。

調解包含有「私了」的因素，吸收了「私了」的長處。選擇調解的方式解決糾紛，有助於消除雙方當事人之間的對立情緒，當事人本着「和為貴」的理念，通過互諒互讓、平等協商，促成雙方握手言和，化干戈為玉帛，從而使糾紛得到徹底解決，這有利於維護社會的穩定和增進社會關係的和諧。從某種意義上講，「厭訴」的心理並不與法治的精神相違背，「私了」並非與法治不相融，實行法治並不意味着凡事都要上法庭。從現實中法院受理案件的數量來看，訴訟案件幾乎一直處於上升的趨勢。「從 1986 年以來的統計數據看，人民法院審理案件的數量一直飆升，從前訴訟時代到訴訟時代，不僅訴訟解決糾紛的數量在增長，訴訟與人民調解在糾紛解決體系中的結構比例也發生了很大的變化。1990 年，人民調解糾紛總量為 740.92 萬件，同年民事一審案件數量為 291.6774 萬件，而 1998 年，民事一審案件數量達到 336 萬件，訴訟案件的數量已經相當於調解案件的 63.80%。強訴訟，弱調解的糾紛解決體系機構特徵已經形成。」[9] 以北京市為例，1993 年全市法院系統一年審判案件 70,000 件，到 2004 年已經突破 300,000 件。一線法官的年均審判案件由 31 件增加到 167 件。但這 11 年來，全市法官只增加了 99 名。人員編制不足、辦公場所不夠和審判案件數量激增的矛盾突顯，成為制約司法工作發展的瓶頸。出現這種狀況的不僅是北京市，全國各地法院都面臨着類似的「訴訟爆炸」的形勢。[10] 從某種意義上講，這種現象的出現反映了法治機制運行不和諧的一面，不能與社會現實完全吻合。按照社會公眾的意願，如果各種救濟渠道都是暢通的，如果調解制度較為完善，那麼公民更願意採取調解的方式來解決糾紛。很多糾紛之所以被訴求於法院這個最後救濟的途徑，是因為公眾處於維護自身利益的無奈，難於尋求成本更低廉、更為便捷的方式解決糾紛。

在推進法治與構建和諧社會這一互動共進的社會實踐中，重視法治的同時也要防止走向法治的極端化，混淆目的與手段的關係。

---

9. 韓波：〈人民調解：後訴訟時代的回歸〉，《法學》2002 年第 12 期。

10. 《法院「減負」互換糾紛解決多元》，載新華網 2005 年 4 月 25 日。

訴訟不是萬能的，剛性的判決有時並不利於徹底解決糾紛，還可能形成雙方當事人之間的尖銳對立。最高人民法院院長肖揚於 2004 年 12 月 16 日在全國高級法院院長會議上講道：「如果不講法律效果和社會效果的統一而一判了之，贏的未必高興，輸的怨氣沖天，當事人申訴不止，矛盾糾紛仍舊處於沒有解決的狀態，甚至可能進一步激化。」有學者認為，中國法治水平低下的一個重要原因就是「厭訴」觀念的存在。中國文化中「厭訴」觀念的存在已成為法治進程的障礙幾乎成了通說。對此，我們應該反思，訴訟確實對於法治至關重要，但是過分強調便是極端化的表現。近些年來，由於過多地強調訴訟的作用與判決的功能，而忽視了對於法治建設同樣具有奠基性功用的調解制度的構建與完善。由此導致了調解案件的數量急劇下滑，相對於明顯處於強勢地位的訴訟制度而言，調解制度堪稱糾紛解決體系中頗受冷落的「弱勢制度」。「訴訟爆炸」可能在一定程度上影響審判的質量、效率乃至公正，訴訟案件數量激增不僅使基層法院超負荷工作而不堪重負，而且容易在客觀上滋生久審不決、久拖不執、積案數量居高不下等綜合證，進而影響法院的司法信用和審判的公信力。

總之，我們要法治，但不要法治極端主義，我們在強調法治的同時，也要防止陷入法治形式主義的泥團。法治極端主義與形式主義會使調解的生存空間萎縮。看似各種糾紛都能通過法院的訴訟救濟途徑得到解決。但從成本與收益來看，訴訟卻不是人們首選的救濟方式。農村社會實證調查的情況表明，人們更願意選擇成本低廉、靈活、便捷、高效的調解方式解決糾紛。訴訟只是解決爭議的一種手段，不能片面地將「訴訟」與法治聯繫起來，認為訴訟越多，法治就越發達，這是對法治的一種誤解。在利益多元化的社會，協調各種關係，建構多元的、便捷的化解社會矛盾和糾紛的機制是現實而理性的選擇，在堅持司法最終原則的基礎上，暢通各種救濟的渠道，及時有效地解決各種糾紛，是和諧社會的內在需求，也是推進法治的明智之舉。最高人民法院院長肖揚指出：要充分調動各方面的積極因素，探索和推動各種訴訟替代解決方式，進一步健全社會矛盾糾紛的多元處理機制。

## 三、行政調解對和諧社會建設的作用

調解是和諧社會中不可或缺的一道音符，行政調解是整個調解中的一個重要組成部分，在中國社會轉型時期可以煥發出新的生機與活力，發揮應有的作用。

(1) 行政調解有利於快捷地解決糾紛，降低解決糾紛的社會成本。現實生活中，當人們出現糾紛時，首選的途徑並非法院訴訟的方式。「從問卷和訪談中可以看出，當前農民在解決糾紛上倚重幹部。」統計數據顯示，當農村農民和本村人發生經濟糾紛時，首先想到找鄉村幹部的佔 89.46%；想到法庭、法律事務所的佔 5.72%；想到親朋好友的佔 4.07%。[11] 這反映了政府在農民等法律主體之中的威信。政府介入糾紛的解決方式與其他解決糾紛的方式相比，有如下特點：(1) 解決糾紛的主持者是國家行政機關，具有極大的權威性，易於使糾紛各方信服；(2) 糾紛的解決過程既有嚴肅性又有自律性，行政調解要遵循一定的程序，但不同於嚴格意義上的訴訟程序，這樣做既體現了行政機關處理糾紛的公正性的必然要求，又體現了當事人相對平和的互諒互讓精神；(3) 糾紛的解決既有國家的強制力作為後盾，又充分體現了「和為貴」的傳統觀念和現代意義的自治原則。因此，在社會轉型時期，面對多樣化和複雜化的社會糾紛，需要發揮行政調解機制的作用，降低解決糾紛的社會成本。

(2) 行政調解有利於維護當事人之間關係的穩定，增進社會和諧。儘管現在訴訟制度已經越來越完善，但現實中訴訟往往是爭議雙方矛盾不可調和的體現，而訴訟程序的推進及可能出現的強制執行，將可能導致雙方矛盾的尖銳化和關係的徹底破裂。在調解中，沒有原告和被告，只有申請

---

11. 鄭永流、劉茂林等：《農民法律意識與農村法律發展》(北京：中國政法大學出版社，2004)，第 209 頁。

人和被申請人，且雙方是在調解機構的主持下協商解決糾紛，所以，被申請的一方既不會感到丟面子，也不會感到屈辱和憤怒。[12] 在中國絕大多數的農村地區，人們往往生活在費孝通先生筆下的熟人社會之中。當某人選擇訴訟作為解決糾紛方式時，隨之而來的，可能是街頭巷尾的斥責和抨擊所構成的巨大輿論壓力，甚至是絕大部分人對他或明或暗的敵視。可見，熟人社會中選擇訴訟可能陷入兩難絕境：一方面，熟人關係一旦失去，幾乎無挽回的可能，這使選擇訴訟的當事人在原來的熟人圈子裏的生活受到一定的影響；另一方面，新的熟人關係又很難在短期內有建立的可能，這種結局不是人們希望看到的。因此，對於一般人來說，在熟人社會中提起訴訟所付出的代價是難以承受的。[13] 而完善的調解制度有利於擺脫這種困境。

(3) 行政調解與訴訟相比具有成本低廉的優點，更容易為公民所接受。法院的訴訟途徑固然可以解決糾紛，維護正義，但這往往要公民付出較高的成本。儘管各國關於訴訟收費制度各不相同，但是收取一定的訴訟費用則幾乎是共通的規則。由於律師代理費、訴訟費過於高昂，致使普通百姓一般難以也不願接受這種解決糾紛的方式。而行政調解作為政府服務職能的一種體現，不收取費用，因此，選擇行政調解的總體花費比訴訟低廉得多。從成本與收益上考慮，當事人自然更願意選擇成本低廉的行政調解方式解決糾紛。

(4) 行政調解具有開放性，有利於較為徹底地解決糾紛，有利於減輕法院的負擔。訴訟一般只對原告的訴訟請求作出判決，而不解決訴訟請求以外的事項，因此，其具有一定的

---

12. 參見李浩：〈調解的比較優勢與法院調解制度的改革〉，《南京師範大學學報》（社會科學版）2002 年第 4 期

13. 莫智源：〈探析調解在「陌生人社會」名實結合的必然性〉，《政治與法律》2003 年第 3 期。

封閉性。由於行政調解實行自願原則，在調解過程中可以一併解決與爭議有關的各種問題，從而在整體上具有開放性。「所謂通過訴訟達到的判決使糾紛得到解決，指的是以既判力為基礎的強制性解決。這裏所説的『解決』並不一定意味着糾紛在社會和心理的意義上也得到了真正解決。由於敗訴的當事者不滿判決是一般現象，表面上像是解決了的糾紛又有可能在其他方面表現出來。」[14] 調解是當事人在平等、自願的基礎上互諒互讓解決糾紛，具有糾紛解決徹底性的優點。這可以從實踐中得到印證，「據調查，鄒城市太平鎮 2002 年共排查出各類糾紛 413 起，其中村委會調處 317 起，成功率 98%；管區司法站調處 29 起，成功率 98.5%；鎮司法調解中心調處重大疑難糾紛 67 起，調處率 98%，只有兩起糾紛由當事人訴至法院。看莊鎮 2002 年共調處各類矛盾糾紛 107 起，其中重大糾紛 9 起，三級聯動（鎮、管區、村的聯合行動調處 53 起，避免了 3 起民轉刑案件的發生。基本上做到了『小事不出村，大事不出鎮』。」[15] 這表明調解對於緩解社會（特別是鄉鎮基層）各種矛盾具有極為重要的作用。這種被譽為「東方經驗」的方式，得到眾多國家的學習與借鑒。美國最高法院前任首席大法官 Warren Barger 對中國的調解機制大加讚許，並且倡議西方國家在這方面應向中國學習。

(5)　行政調解有利於政府職能的轉變，塑造服務型政府理念，增強公民的權利意識。在精神層面上，行政調解體現了服務政府的理念，政府有責任為社會公眾提供服務，幫助當事人在資源有限的情況下用便捷、成本低廉的方式解決糾紛。這與中國推行的建設法治政府與服務政府的目標相吻合。同時，行政調解也有利於打破行政機關以行政命令等

---

14. ［日］谷口安平，王亞新、劉榮軍譯：《程序正義與訴訟》（北京：中國政法大學出版社，1996），第 48 頁。

15. 劉士國等：〈農村人民調解制度的現狀與完善──山東省鄒城市村鎮人民調解制度調查報告〉，《山東大學學報》（哲學社會科學版）2003 年第 6 期。

手段解決糾紛的服從式管理模式，弱化了「管理」，強化了協調，體現出來的是政府的服務精神。這有利於促進公眾對政府的認同，增強政府的親和力，提升政府的威信。從公民的角度看，行政調解有利公民法律意識的提高。在行政調解的過程中，當事人在法律規定的範圍內做自己的主人，自主、自願地處分其權利，不必聽命於行政機關，公民在政府面前可以更充分地展示其自治意識，有助於增強其權利意識。

當然，需要警惕的是，強調調解在實踐中可能淪為政府變相以強權迫使當事人單方面接受「調解」，而在實際上並沒有尊重並保障當事人的自治意願和權利訴求。如果這樣，便無疑與法治背道而馳。

## 四、行政調解制度的完善

從中國的情況來看，設定行政調解的相關法律規範主要集中在公安行政、醫療衛生行政、勞動行政、自然資源行政、環境保護行政、公共交通行政、商業行政、計量行政、郵政行政、民政行政等領域。但是各種法律規範對行政調解的規定都很分散，不統一、不具體，操作性不強，導致在實踐中行政調解應有的功能沒有發揮出來。為適應構建和諧社會的需要，應積極完善行政調解制度。為此，筆者提出以下幾點設想：

(1) 在規範層面為行政調解制度設定統一的法律依據。目前中國行政調解制度並沒有統一的法律規定，對於行政調解的相關內容只是零散地規定在一些法律文件之中。這便導致中國的行政調解制度在法律規範上缺乏統一性。在遵循制定法傳統的中國，要有效發揮行政調解的作用，應完善立法，增強行政調解在法律規範上的統一性。2002 年，中國就有許祖雄等 33 名人大代表向全國人大提出了關於制定「行政調解法」的議案。制定「行政調解法」，對行政調解的原則、範圍、方式、程序、效力與法律責任等規定下

來，這有利於緩解法院和各級政府信訪部門的工作壓力，可以彌補國家行政法制建設中的立法空缺，保障行政調解工作有效運行。

(2) 確立行政調解的原則。行政調解應該遵循以下原則：（1）合法原則。行政調解必須遵循法律、法規的規定，要受到法的理念與精神的支配，公平、公正地化解糾紛，有效地保護各方當事人的合法權益。（2）自願原則。其內容包括：一是當事人申請調解自願；二是當事人是否達成協議及達成何種協議自願；三是行政機關在行政調解程序中不能介入任何強權的因素，必須完全尊重當事人的意識自治，為當事人自願達成調解提供最大限度的便利。（3）效益原則。設立行政調解的一個重要目的就是解決糾紛具有高效益的優點。因此，在行政調解中，必須避免產生調而不解等「和稀泥」現象。

(3) 明確行政調解的範圍。行政調解的範圍應該具有廣泛性，包括與人身、財產有關的民事糾紛、部分行政糾紛（如內部行政糾紛、行政賠償與補償糾紛、非強制性行政行為引起的糾紛、行政自由裁量行為引起的糾紛），以及一些小型的刑事糾紛等，盡可能通過調解的方式有效地解決多種糾紛。從美國的經驗來看，其調解發展非常迅速，適用範圍也在逐步擴大。近年來，調解解決爭議範圍進一步擴大，對於有關消費者權益保護，租佃關係的民事爭議和小型的刑事案件等諸多糾紛均納入到調解的範圍之中。[16]當然，行政調解不是萬能的，行政調解的範圍也不是無限的，對於法律有專門規定的某些刑事爭議和行政爭議等，則不應納入行政調解的範圍，而應當按照專門的法律程序解決。

---

16. 沈松、郭明磊：〈論美國替代性爭議解決方式中的調解〉，《武漢大學學報》（哲學社會科學版）2004 年第 6 期。

(4) 設置專門的行政調解機構。雖然人們在遇到糾紛時，許多情形下會優先考慮請求行政機關的解決，但由於糾紛類別的不同，人們所訴求的行政機關也千差萬別，有的糾紛主體可能訴求於工商行政部門，有的糾紛主體可能訴求於土地行政部門等。構建一種制度必須具有社會基礎，而不能脫離現有的制度現實。因此，筆者主張在行政系統設置專門的行政調解機構，配備專門的行政調解人員。行政調解機構的工作人員必須具有專門的法律知識或較為豐富的社會經驗，這樣有利於提高行政調解運作的效率，推進行政調解向專門化、職業化的方向發展。此外，在行政調解的機構設置和案件管轄上，應堅持以基層為主的原則，以體現出便民的要求。

(5) 規範行政調解的運作程序。調解具有靈活性的特點，但靈活性並不代表不需要程序。如果沒有程序的適當規制，缺乏最低限度要求的正當程序的保障，當事人也難於達到完全自由的合意的理想狀態，就不可能有公正與合法的調解結果，並可能出現有學者所說的「合意的貧困化」現象。[17]對於行政調解程序的規定，一般認為主要包括以下幾方面：一是當事人的申請；二是受理；三是當面協商；四是達成協議；五是製作調解協議書。筆者認為，除了上述程序外，還應引入行政告知程序和聽證程序。所謂行政告知，是指當糾紛當事人向行政機關訴請行政調解時，該行政機關必須向糾紛主體說明行政調解必須注意的事項和正確途徑，不得置之不理和隨意拒絕。通過行政告知，使相對人明確行政調解的有關要求，幫助當事人正確地行使自己的權利，從而有效地保護當事人的權益。聽證程序是指行政機關在製作調解協議之前，聽取雙方當事人的陳述、申辯和質證，據此對當事人進行說服、勸告以引導其達成

---

17. 參見〔日〕棚瀨孝雄，王亞新譯：《對「合意的貧困化」的分析》（北京：中國政法大學出版社，1994），第 69–73 頁。

調解協議的一種程序。聽證程序的目的在於弄清事實、發現真相，給予當事人就爭議的事實表明意見的機會。另外，當事人還有權利聘請代理人參與調解。

(6) 規定調解時限，明確行政調解機構及其工作人員的法律責任。規定調解的時限，有助於保障調解的效率，結合中國的實際情況，可以將調解的期限規定為兩個月為宜。逾期不能達成調解的，行政調解機構可以終結調解，這樣有利於督促當事人合理地利用行政調解這種救濟方式，有利於消除久調不解而浪費資源的現象發生。責任是規範實施的保障，缺少了責任，程序、制度都不再牢靠。因此，應規定行政調解機構及其工作人員在行政調解中應該履行的義務及違背義務應該承擔的責任，並建立相應的追究責任的機制，以保障責任追究到位，促使行政調解機構及其工作人員真正服務於民，促進行政調解活動在人們所期盼的和諧社會的軌道上健康、有序地運行。

# 第十章

# 謙抑主義與香港基本法的理論追尋[*]

感謝主持人鄭宏泰博士，並感謝會議主辦方及于興中教授和習超教授給我提供這樣一次的學習機會，讓我可以談談最近對《香港基本法》的一點思考。發言的題目也與自己即將出版的一本小書《謙抑主義與香港憲制轉型》有關。

在收到會議邀請的時候，會議的標題「比較憲法視野下的香港基本法」着實讓自己眼睛一亮。就比較憲法學而言，這些年在國際學術界有很多討論。而且，在亞洲崛起的背景下，比較政治學的討論似乎越來越多。從學術圖景來看，這有別於長時期一直從自由主義角度所進行的學術討論及其所形成的相關概念及理論。目前比較憲法學討論的重點整體上似乎仍然是以普通法系的法域為主，如澳洲、美國、英國、加拿大，等等。而中國作為一個大國，近來的發展已經在規模上對世界秩序產生了很大的影響，由此理應成為比較憲法學關注的重點之一。但是，比較憲法學裏面的討論其實相對較少。當然，這其中會有很多原因。不過，中國體制的獨特性及其與其他法域的巨大差異性應該是一個重要的原因。

就屬中國版圖的香港而言，在「一國兩制」的獨特安排之下，其基本法獨具特色。香港在「一國兩制」之下仍然實行普通法制度。但是，《香港基本法》截然區別其他的合同法等普通法，因為其中加入了諸多「中國元素」，由此而產生的問題便頗為複雜。《香港基本法》中的許多問題之前在經驗層面是沒有發生過的，在實踐中往往

---

[*]　本章根據作者於 2018 年 6 月 15 日在香港中文大學香港亞太研究所舉辦的「比較憲法視野下的香港基本法」研討會上的發言整理而成。《謙抑主義與香港憲制轉型》一書已於 2018 年 12 月由香港三聯書店出版。

爭論不休。當然，公法都具有政治屬性，而「一國兩制」之下《香港基本法》也具有獨特的政治屬性。其中「一國」屬仍然實行社會主義制度並堅持共產黨領導的單一制國家，而「兩制」則是實行資本主義制度且具有自由傳統的普通法區域。這兩者之間在內部難免會存在一定的張力，且在實踐中也會出現一些不協調乃至摩擦的地方。因此，如何堅持並有效地實施「一國兩制」應該是《香港基本法》在理論層面的一個重點。

基於制度上的差異，人們對於「一國兩制」也會在不同的社會形態下存在着不同的想像。在實施「一國兩制」政策時，由於存在着這些不同的想像，所以會出現一定的話語張力。比如說，最近香港終審法院任命了兩位外籍法官，一位是加拿大最高法院前大法官，而另一位是英國最高法院的前大法官。從法律專業性的角度來說，兩位資深大法官的加入對於香港司法制度的專業化及國際化無疑具有正面的積極作用。但是，內地對此的想像可能會有所不同。

為了能夠尋找到一條能夠有效實施「一國兩制」的道路，我的這本小書對此作了一些思考，試圖在理論上有所突破，從而可以在學理上解決目前實踐中所出現的諸多張力。構建理論對於學者來說本來就具有一定的挑戰性。從學理上來說，理論一般由兩部分組成：一是前提，二是預測。最好的情形當然是，前提盡量少，而預測的範圍盡量大，並且解釋力要足夠強。自己在書中對謙抑主義理論所提出的一點想法，主要是希望學術界能夠更多地在學理上關注並探討乃至爭論其中的某些重要問題。

就前提而言，《香港基本法》的討論首先應該是以忠實地堅持「一國兩制」為前提，也就是內地實行共產黨領導的社會主義制度，但在香港實行截然不同的普通法及資本主義制度；而第二個前提就是堅持香港的法治制度，尤其是其可以堪稱為法治典範的司法獨立制度。這兩個前提是討論謙抑主義的前提。如果這兩個前提不存在的話，那麼就沒有必然再去討論那些具體的問題了。

隨着社會條件變化，作為前提的「一國兩制」原則也有可能發生相應的變化。那麼，大家自然會問道：「為何要堅持一國兩制呢？」

「為何不可以將一國兩制慢慢給改掉呢？」其實，這是很現實的問題。雖然在現實中，很多人可能睜一隻眼、閉一隻眼，並不會認真思考這樣的根本問題。然後便要追問，如果要堅持「一國兩制」，那麼它的支點在哪裏呢？這是一個非常複雜的問題。如果非要加以概括的話，我認為，這一定要在「一國兩制」下找到中國內地或中央與香港兩者之間的互惠性（reciprocity），不管這是哪一種意義上的互惠性。如果這種互惠性出現問題或者不復存在，那麼就會動搖雙方或者其中一方對於「一國兩制」的堅持，進而雙方或單方有可能有意識地通過政治、經濟乃至憲法等方式變相地改變「一國兩制」的內容。這種改變的主要考慮之一便是要消除「一國兩制」實施過程中那些對自身「不利」的因素。那麼，是否能夠在目前的情境下找到「一國兩制」下的互惠性？當然，一國兩制的實施過程中一定會存在很多挑戰，不過樂觀點看，如果內地和香港可以保持制度上的差異，即內地實行共產黨領導的社會主義制度，而香港實行一種自由市場秩序下的資本主義法治制度，那麼，兩者還是會存在很多互惠性的空間。相反，如果兩者的差異性減弱了，反而可能會大大縮減互惠性的空間。

第二個前提——即香港的法治制度——也至關重要。可以說，對香港法治的堅持和維護已經在社會中形成了廣泛的共識，毋庸爭論。如果這點共識都沒有，那麼可能連討論的必要都不復存在了。用一句流行的話說，就是「可以回家洗洗睡了！」可以說，在「一國兩制」之下，香港的法治制度對香港及整個中國都具有重要而廣泛的意義。比如就「佔中」這個事件來說，大家便可以看到香港法治的力量所在。在「佔中」運動前期，政府試圖調動更多警力來阻止運動的進一步發展。但是，效果似乎並不理想。而當有團體提起訴訟，法院宣佈其違法並下達禁制令之後，整個運動很快就收場了。這裏無疑可見法治的力量所在。

在這兩個前提之下，就謙抑主義的內容而言，在中央與地方的關係上，簡單地說，就是中央和香港在這個框架下應該在整體上保持一種彼此尊重、互相謙抑的態度。雖然中國內地和香港的關係是一種獨特的中央與地方關係，但是這並不代表前者可以完全取代後

者。就如同父子關係，雖然兩者也許在身份或位階上存在文化等方面的差異，但這並不影響為了維護更好的關係而採取一種有利於兩者關係的健康發展而彼此尊重的原則。

謙抑主義的第二維度是香港權力機關之間的關係。從目前中央在香港的治理模式來看，主要表現在兩個方面。一個是政治層面，一個是法律維度。在政治層面，中國政治運作的一個重要內容就是「統一戰線」。從法律的維度來看，其表現為全國人大常委會對《香港基本法》的解釋，因為該解釋對香港具有法定的約束力。就「統一戰線」而言，其本身屬政治的範疇，並不存在任何問題。況且，每個國家的政治生態都具有自身的獨特之處。當然，在「一國兩制」之下，需要思考的問題是如何處理這兩者之間的關係。從目前的情況來看，每次全國人大常委會釋法之後，都難免會在香港引起諸多不同乃至反對的聲音，認為其釋法會對香港的法治制度造成負面影響。其中一個重要的原因就是，全國人大常委會不是一個採取西方自由民主模式的審議機關，其釋法也完全區別於法治社會裏議會所作出的審議決定，或者具有相對獨立政治地位的法院所作出的有嚴格推理的司法決定。當然，基於國家主權，其釋法具有直接的政治決斷性。由此可見，在法治社會，釋法難免會在法律的維度上帶來一些爭議甚至憂慮。那麼，如何處理？其實，在法治社會裏，由於任何人都不能凌駕於法律之上，那麼，首先在法治的框架下通過政治的方法來解決問題，反而是一種比較溫和的手段。這樣在很大程度上可以使得政治逐漸契合香港的法治生態，而不是相反。那麼，就兩種治理方式而言，邏輯上應該首先尋求由政府通過政治或者政策等手段來解決問題。除非確有必要，如涉及《香港基本法》所規定的國防或外交等國家事務，再通過人大釋法的方式來解決問題。比如，具體而言，對於香港立法會的選舉，在符合香港法治的前提下，完全可以運用統一戰線這樣的政治手段。即使在西方民主國家，各黨派也會使用五花八門的政治手段來獲取政治上的主導性。但是，前提一定是尊重法治，尤其是其中的司法獨立。在法治制度的安排上，司法機關區別於政治機關，原則上必須帶着一副公正且正義的面具完全忠實於法律，而不去干涉棘手的政治問題。其實，

香港的法官完全有智慧在法律的面具下去處理很多也許具有一定政治性但又必須予以裁判的社會爭議。這一點，回歸後的香港法院在「一國兩制」之下其實已經在逐漸調適並走向成熟。如果與台灣的司法相比，香港法院在處理相關憲法案件上所運用的司法方法已經有所不同。比如，與在台灣發生的類似案件相比，法院在處理香港「佔中」案中所運用的裁判方法已經有所不同。

可以說，這種在法治架構下讓政治歸政治的安排，在很大程度上可以緩解香港普通法與中國大陸法在法律層面的張力。那麼，在整體上，如果能夠秉持謙抑主義原則，香港仍然可以是一個在政治和經濟上非常自由的政治體。很多由於制度差異而產生的不必要衝突也可以在謙抑主義的理論架構下在很大程度上得以緩解。比如說在香港一直有追問正當性的問題，即，雖然有合法性，但是正當性何在？而「一國兩制」下的謙抑主義理論可以在很大程度上緩解乃至消除這些質問。因為如果雙方秉持彼此謙抑的原則，這完全符合香港自由體的特質，同時也可以讓香港繼續成為一個高度國際化的城市，並有高度的自由度來在公共空間裏討論社會上所面臨的各類問題。整體上而言，雖然香港的特首最終由中央政府任命，但其仍然對社會公眾負責。從目前的情況來看，香港的政治對公眾仍然具有一定程度的回應性（responsiveness）。由於時間關係，以上只是自己的一點淺顯想法，供大家批評。如果大家想了解更多的內容，可以參閱《謙抑主義與香港憲制轉型》這本小書。謝謝！

# 第三部分

# 改革創新

# 第十一章

# 改革開放、前海示範區與 粵港澳大灣區的法治圖景*

　　中國目前之所以能夠在較短的時間內一躍成為世界第二大經濟體，毋庸置疑，這在很大程度上取決於「文革」之後，鄧小平推行了與過往截然有別的改革開放政策。改革開放的號角首先在深圳吹響，進而推及全國，並逐漸讓中國經濟融入了世界發展的大局當中。當然，時至今日，國際經濟及政治環境錯綜複雜，比如中美貿易戰，等等。改革開放的進一步深化也遇到了一些挑戰。在這樣的背景下，如何進一步鞏固改革開放的成果並深化改革，從而使中國可以避開「中等收入陷阱」這個命題，可以說是一個極具挑戰性的現實課題。粵港澳大灣區作為國家發展戰略藍圖中一項新的重大舉措，旨在推進包括廣東九個城市與港澳經濟的深度融合及同步發展，最終發展成為與舊金山等世界級灣區相媲美的世界一流城市群。可想而知，這一戰略部署的具體實施無疑需要粵港澳三地在經濟乃至社會、政治等諸多層面的深化改革及突破。同時，由於粵港澳三地在制度設計上具有較大的差異，如何在原則層面勾畫出一個能夠滿足不同制度下經濟發展內在要求的法治圖景，可以說是一個無法迴避且涉及經濟、政治等多層面的學術命題。

　　首先，基於「一國兩制」之下粵港澳三地在制度上的差異性，勾畫粵港澳大灣區法治圖景的破解機制何在？其實，仍然要回到改革開放！無疑，「粵港澳大灣區」概念及戰略的提出顯然不是簡單地理意義上的拼圖或異地合作，而是要在推進規模經濟發展的同時，

*　　本章內容以〈改革開放、前海示範區與粵港澳大灣區的法治圖景〉為題，刊載於深圳市律師協會、深圳市前海深港現代服務業合作區管理局編：《粵港澳大灣區的法律體系構建》（北京：法律出版社，2019）。

實現具有實質性融合的城市群，並在經濟發展上實現質的飛躍。對此，改革開放顯然是題中之意。一個擺在眼前的事實是，廣東處於中國改革開放的最前沿，而且深圳在改革開放上已經在諸多領域具備了豐富的經驗。但是，接下來，深入的改革將不會再沿着過去的老路走下去，而要在原有經濟改革的基礎上更深層次地在社會乃至政治等多層面進行相應的改革，從而符合粵港澳大灣區經濟發展的內在要求。

　　眾所周知，一個運行良好的市場秩序離不開相對穩定的法治環境，從而可以對自由經濟體的產權給予法律上的有效保護。而中國目前實行的是社會主義市場經濟，其中一個根本前提便是建設有中國特色的社會主義制度。由此，在建設粵港澳大灣區的戰略背景下，如何在堅持社會主義制度的前提下，能夠在原有改革的基礎上進一步推進社會其他領域的深層次改革，是一個需要探索且無法繞開的現實命題。其實，中央目前在深圳特區範圍又將前海單獨劃為一種「特區」，試圖將其建成基礎設施完備、聚集具有世界影響力的現代服務業企業，並最終成為亞太地區重要的生產性服務業中心、世界服務貿易重要基地。這種試驗其實已經在戰略高度認識到了改革過程中可能遇到的深層次問題。「前海試驗區」建設中所提出的諸多設想，比如如何將其發展成為一個高度自由的國際金融中心，如何引進與香港法治並駕齊驅的國際仲裁及司法制度，等等，都試圖在深層次進一步推進改革開放。其實，在改革開放的主旋律下，「建設社會主義制度」、「堅持黨的領導」等，並不是一種教條，否則就可能不是真正意義上的改革開放，甚至可能阻礙大灣區戰略中廣東城市群的開放和發展進程。自改革開放以來，在建設社會主義制度的過程中，即使執政黨自身也將自己定位為是「學習型政黨」，其領導模式和方式可說是一直在學習摸索中不斷創新和發展。因此，如果大灣區經濟發展融合到一定程度而內在地要求城市群在社會乃至治理結構上進行相應的深層次改革，那麼便應該順着改革開放的思路向前推進。順着這樣的邏輯，隨着改革的進一步推進，完全可能出現大灣區的城市群所實行的治理模式與大灣區之外的其他省份或城市具有一些差異性。其實，改革開放的應有之義便是允許那些深

化改革的地方可以採行較為獨特的實驗型治理模式。相反，如果秉持「天下大同」的單一格調，反而會在一定程度上遏制改革的活力及發展的動力。鄧小平先生曾説，「不管黑貓白貓，能捉老鼠的就是好貓。」同理，在建設粵港澳大灣區的背景下，不管改革涉及到哪個層次，只要改革能夠最大限度地推進大灣區經濟的融合與發展，就應該大膽創新、先行先試。

當然，改革並非一蹴而就，而是一個按照經濟發展及社會變遷規律有序向前推進的過程。基於大灣區各城市在經濟規模、社會結構等方面的差異性，大灣區戰略在實踐中可以採取「局部試驗、逐步推廣」的改革路徑，這具有較強的可行性。目前的「前海示範區」便是局部試驗的一個範例。這樣的改革路徑，一方面可以減低改革過程中的試驗成本，另一方面可以較為集中地突現改革在試驗區的成效。整體上而言，最後可以逐步形成一種多格局、多層次、且改革中有「改革」的局面。當然，這種改革路徑並非空穴來風，而是以目前已經形成的多元化城市格局為基礎的。首先，廣東一直是國家實行改革開放的排頭兵，本身具有繼續深化改革開放的諸多優勢和條件。其次，深圳與香港比鄰，是中國改革開放的試驗田和橋頭堡，且目前已經是一個高度國際化的開放型城市，具有在改革基礎上進行深層次改革的諸多社會條件。同時，廣東城市群借鑒香港的經驗也具有得天獨厚的便利條件。再次，由於大灣區建設是一項國家戰略，那麼，廣東城市群在黨委的統一領導之下，完全可以在中央授權的基礎上在很多領域大膽地改革和創新，從而大力推動大灣區經濟的實質性融合和發展。當然，就中央的授權而言，一方面是在條件較為成熟時，通過全國人大常委會通過法定授權的方式授權廣東省或大灣區城市群，可以根據大灣區經濟發展的內在需要，在相關領域進行「先行先試」。另一方面，就某些領域的政治改革而言，也可以通過中央對地方黨委在政治改革上進行相應的授權，允許地方黨委根據經濟發展的實際需要，在一些有必要實行政治改革的地方，可在徵求公眾及專家等意見之後採取「先行先試」的做法，從而使政治及社會結構更符合地方經濟發展的內在需求。當然，在積累一定的成熟經驗之後，「先行先試」的經驗做法便可以在城市群

內予以推廣，甚至可以推及至其他省份或城市群（如海南、珠三角地區等），甚至在經濟發展等方面探索出一條更符合中國實際的發展路徑。

誠然，在改革開放的主旋律下，如何讓香港、澳門和大灣區廣東城市群可以有效地對接與融合，也是一個具有挑戰性的現實命題。雖然在「一國兩制」之下，香港和澳門實行不同於內地的資本主義制度；但是，在中國崛起並成為世界第二大經濟體的背景下，基於地緣政治的影響，香港及澳門無疑會在很大程度上依賴於內地經濟，並且在其他諸多方面受其影響。不過，香港作為一個高度國際化的國際金融中心，有明顯的制度優勢。首先，香港仍然是一個高度自由的經濟體，且多次在世界經濟自由度排名中位居全球第一。其次，香港已經具備完善的司法獨立及法治制度，這可以為其自由經濟體提供有力的制度保障。因此，雖然香港會在經濟上依賴於內地，但這並不意味着香港的經濟及其他制度會被逐漸同化成為內地的制度。相反，「一國兩制」的要義恰恰是要維持香港的高度自由經濟體及其法治制度，從而讓香港繼續發揮其作為國際金融中心在國家戰略層面為其他城市所不可替代的絕對優勢。這種通過「一國兩制」來維持香港具有獨特優勢的制度，在一定程度上可以對廣東城市群的經濟發展起到重要的刺激和借鑒作用。由此，在大灣區戰略推進的過程中，如果在經濟等方面出現了一些障礙性因素，在原則上應該以尊重香港的資本主義制度為原則，然後可以通過兩地協調及其他改革等措施，使兩地在經濟等方面更有效地實現對接，從而在整體上推進大灣區的深入發展。也就是說，改革開放的本意並非要消除兩地的差異性，而恰恰是在遵守「一國兩制」原則的前提下維護兩地的差異性，並由此來激發大灣區各城市群的錯位發展。對於法治而言，基於香港法治乃是香港制度及發展的優勢及根本所在，在大灣區戰略中，整體上應該以尊重香港的法治制度為原則。如果在現實中出現不協調甚至相互摩擦衝突的地方，則可以通過相關改革措施來去除廣東城市群中那些尚沒有規範化的非法治因素。由此，對於因制度上的差異性而難免在現實中出現的一些不協調乃至有衝突的地方，基於香港相對成熟的法治制度，較為現實

的做法是採取一種以香港法治為中心而逐漸向外輻散的模式，進而在一定程度上可以逐步提升廣東城市群的法治化程度，從而為經濟發展創造更良好的法治環境，甚至可能使「一國兩制」下大灣區的經濟發展模式成為一種較為獨特的範例。而在現實操作層面，比如要解決跨境糾紛，如果在大灣區層面尚沒有形成較為完備的解決機制，那麼在目前制度允許的範圍內，可以先依託香港或者以其成熟的法治經驗作為參照來解決相關的糾紛。這種整體上以香港為中心的模式，在一定程度上可以緩解現實中可能出現的「群龍無首」或彼此爭競的情形。當然，如果通過大灣區城市群之間的協調溝通仍無法解決問題，則可以將其提交到最高的議事決策機構——即粵港澳大灣區建設領導小組——來統籌協調解決。

改革開放並非中國內地的專利，也同樣適用於其他國家，因為從本質上來講，任何國家的發展都需要根據社會和經濟發展的內在要求進行適當的調整及改革。因此，在大灣區戰略中，內地的改革開放並不意味着香港就可以故步自封。同樣，香港也需要對內地實行進一步的開放政策，並在自身法治架構所許可的範圍內，根據大灣區經濟發展的內在要求在政策等方面進行適當的調整和改革，從而有效地排除那些妨礙甚至排斥大灣區經濟深入發展的因素，並與內地城市群在經濟及社會等諸多層面實現有效的對接和融合。同理，在「一國兩制」之下，對於澳門而言，大灣區戰略中同樣應以尊重澳門獨特的資本主義制度為原則，進而保護澳門傳統的優勢產業，維護大灣區經濟體的多樣性。當然，澳門自身也應該持有一種改革開放的態度，通過有效的政策來實現與廣東城市群更為深入的對接和融合。

此外，從更廣闊的國際視野來看，粵港澳大灣區建設及香港在此中的中心地位同樣具有重要的戰略意義。目前，在中國形成了龐大的經濟體之後，中國正在積極推進「一帶一路」戰略，從而試圖在經濟等諸多方面與亞洲等地區的國家進行更深層次的融合與發展。中國作為社會主義國家，無疑與其他國家存在制度上的差異，而選擇香港作為一個橋頭堡，並以此來推進大灣區建設，這一方面可以充分利用香港所獨具的文化包容性及國際優勢，使得香港可以

作為橋樑與亞洲等其他區域的國家進行更為有效的連接和貫通；另一方面，這也可以積極地推進中國所倡議的「一帶一路」戰略，從而可以吸引更多國家通過香港及大灣區來共同參與「一帶一路」建設，這在很大程度上會使大灣區的經濟發展更具活力，也會由此推動大灣區在各方面的建設，並且有利於推動國家經濟的發展和繁榮。

除了以上所論及的經濟、法治、國際戰略等層面，政治層面的溝通與協調在粵港澳大灣區戰略逐步推進的過程中也是不可避免的。基於三地之間的地緣關係，三地不同的政治生態之間難免會有相互作用和影響。不過，這種相互作用和影響與「一國兩制」對港澳資本主義制度的保護並不衝突。大灣區戰略的藍圖其實恰恰是讓不同的政治生態之間可以在「求同存異」中彼此尊重、相互融合，進而形成一幅和諧但卻錯落有致的法治圖景。顯然，中央在內地和香港及澳門所施行的政策及政治措施也不盡相同。廣東城市群在大灣區建設發展過程中無疑要在原則上堅持社會主義制度，且這也是深化改革的根本前提。而對於境外的香港和澳門而言，在「一國兩制」之下，中央政府主要是通過統一戰線等方式來團結一切可以團結的愛國愛港（澳）人士。當然，這種政治差異性的存在是「一國兩制」的應有之意。隨着政治形態的進一步發展及實踐經驗的積累，香港在「一國兩制」之下的政治形態會逐漸適應這種政治差異性。比如，回歸之後不久，由於「一國兩制」還處於探索階段，從而難免在現實中出現了一些與「一國兩制」不相適應的「極端」思潮，比如「港獨」等。但從目前香港的情形來看，香港的政治形態在很多方面已經在慢慢地適應「一國兩制」的內在要求，即在維護國家主權的前提下，維護香港獨特的制度優勢，並在中國崛起的大背景下，積極融入到國家發展的戰略規劃當中。之前走偏激民主路線的泛民政黨在數次選舉中的挫敗其實已經表明了「一國兩制」下香港政治形態的內在變化。

可見，在大灣區戰略中，經濟和政治雖然彼此不可分離，但卻具有不同的社會面向。整體上而言，經濟發展應該是大灣區戰略的主旋律，而政治及社會層面的深度改革及發展則在一定程度上依賴

經濟發展的實際需要，而不是相反，否則很可能會出現政治上的僵化，反而會阻礙經濟的發展。

　　總而言之，繼續深化改革仍是粵港澳大灣區戰略中的主旋律。而粵港澳大灣區經濟的發展不僅在國家戰略層面將成為香港、澳門及廣東經濟的發展動力，也將成為推動國家經濟向前發展的重要引擎。而且，在國際戰略層面，隨着粵港澳大灣區的發展，其可以通過以香港為中心的大灣區經濟來進一步推進中國「一帶一路」戰略的實施，使中國與亞洲等地區的經濟體更加融合，從而進一步擴大中國的國際影響力。誠然，在釐清粵港澳大灣區的法治圖景及基本原則之後，如何進一步深化改革，仍然需要一定的魄力及相當的智慧，這無疑是一個富挑戰但必須勇於探索的現實課題！

# 第十二章

# 信息公開推定原則及其意義 *

　　政府作為民意的執行者，將其所掌握的信息公之於眾，是法治的要素之一。諸多法治國家均通過相關的法律等規範來對政府信息公開予以規範化，如美國制定了《信息自由法》、中國制定了《政府信息公開條例》等。政府信息公開對於建設透明政府、公開政府、民主政府具有重要的意義。但是相關法律規範的存在，並非可以理所當然地使規範所蘊含的價值淋漓盡致地發揮出來。從方法論的角度來看，信息公開如欲達到建設透明政府、防止權力腐敗等目的，必須具有完備的方法論體系，使得信息公開規範的價值能夠在司法實踐的層面得以實現，否則仍然無濟於事。可以說，如果沒有相應的方法論，即使國務院及地方已經頒佈及施行了相關的政府信息公開規範，仍將會「事倍功半」，收效甚微。

　　從美國的經驗來看，從當初制定《信息自由法》，到數次修改和其他法律的制定等，其也經歷了從規範適用的困境，到逐步擺脫，而逐漸使得政府信息公開制度與其民主、憲政、人權制度相適應，走出了一條方法論逐步完善之路。2009 年，以奧巴馬為首的美國政府重新對以往政府信息公開的解釋方法進行了方法論上的變革，從以往的限制性解釋方法轉變為推定方法（presumption of disclosure），將政府信息公開制度推向了一個新時期，帶來了政府信息公開制度的範式更新。

　　所謂公開推定，意旨在執行《信息自由法》時，「對相關信息是否公開存有疑慮時，應優先適用公開原則。政府不應僅僅因為一旦

---

* 本章內容以〈美國信息公開推定原則及方法啟示〉為題，刊載於《南京大學學報》 2009 年第 6 期。（與胡錦光合作）

信息披露將令政府官員尷尬，或可能會暴露政府的錯誤和疏失，或因為一些假設或抽象的顧慮，而不公開信息。各行政部門不得出於保護政府官員利益的考慮，而以犧牲公眾利益為代價不公開信息。」信息公開的推定應適用於涉及《信息自由法》的所有決定。而在布殊執政時期，政府卻被要求捍衛隱瞞政府信息的任何決定，除非這種決定缺乏有效的法律基礎。[1] 規範的適用離不開實踐性的方法，因此，對屬「原則」（principle）層面的公開推定原則進行方法論上的梳理和研究，可以更深入地把握美國政府信息公開在新範式下的方法精髓，同時對於中國政府信息公開在方法上的完善具有重要價值。

## 一、美國信息公開的方法演進

雖然在理念上，麥迪遜指出，「一個民治政府必須是一個民享信息的政府，否則毋寧只是一幕喜劇的序言，或直接就是悲劇，或兩者皆是。知識將永遠壓到無知。人民作為自己的統治者，必須利用知識所給予的權力去武裝他們自己。」[2] 政府作為人民的代言人，其公開、透明、有效是任何社會追求的目標。然而具體到信息公開制度，美國是一個具有相對漫長歷史和豐富經驗的典型國家。從美國信息公開制度的歷史脈絡來看，它並非始終完美無缺，而是面臨不斷的挑戰而一直處於完善的過程之中。不過從信息公開制度發達的美國的歷史脈絡，仍然可以窺見信息公開制度發展中始終面臨的規範難題。

雖然美國信息公開制度規範的體系化是以 1966 年的《信息自由法》為主體，迄今已經過 1974、1976、1978、1984、1986、1996 年等多次修改，但從信息公開制度的起源來看，最早的規範表現形式為美國的《管家法》（*Housekeeping Act*），其授權行政機關長官控

---

1. See Memorandum from John Ashcroft, Attorney General, to Heads of all Federal Departments and Agencies re: The Freedom of Information Act (Oct. 12, 2001).

2. "The Letter from James Madison to W. T. Barry, Aug. 4, 1822," in *The Complete Madison*, Saul Padover ed. (New York: Harper & Brothers, 1953), p. 337.

制其所主管機關的文件的散佈。行政文件是否公開，在沒有其他法律規定時，由行政機關長官自由決定。行政機關長官可以主張行政特權拒絕提供大量的行政文件。[3] 這種信息公開的模式，完全是一種行政權主導，明顯與民治政府的理念不相吻合，因為民治政府的基本要求是要求政府將其所掌握的人民信息公之於眾。然後隨着民主的進步發展，美國於 1946 年制定了《行政程序法》，規定公眾可以得到政府文件，但同時規定了廣泛的限制。例如規定了因「公共利益」、有「正當理由」等都可以拒絕。[4] 從規範的角度來看，從《管家法》到《行政程序法》的轉變，信息公開制度在規範上實現了理念上的突破。因為《管家法》完全是由行政權控制的一種非民主的理念模式，而《行政程序法》則是一種信息排除模式，即公眾有權得到政府文件，這是原則，而政府同時可以採取諸如「公共利益」、「國家安全」等理由而拒絕公開文件。從理念的層面來看，《行政程序法》的模式已經採取信息應該公開的原則，與現代民主、法治的理念相互吻合。但是從規範的角度來看，《行政程序法》的規範並不具有規範向度，因缺乏方法論而不具有可操作性與適用性，因為從法教義學的角度上來說「公共利益」、「國家安全」等概念，只是一種口號式的宏大敘事，對於何為「公共利益」等，這一涉及信息公開制度操作的環節，最終仍然操控在政府手中。這些模糊的概念反而有助於行政機關為其掌握信息在方法論上提供理由，而與當初制定該法律所要達到的目的背道而馳。[5] 由於信息公開與否的最終決定權仍然掌握在政府手中，理念性的信息公開原則，並不能發揮應有的法律效果。從本質上說，從《管家法》到《行政程序法》，很大程度上是從完全的行政權管制模式到理念上公開但效果上由行政權管制的模式，只是兩者規範形式上存在差別而已。

由於規範上的不可操作性，公開政府理念在《行政程序法》下只是徒有公開之「名」。而 1966 年制定的《信息自由法》則在規

---

3. 參見劉杰：《知情權與信息公開》（北京：清華大學出版社，2005），第 95 頁。

4. 參見劉杰：《知情權與信息公開》（北京：清華大學出版社，2005），第 95 頁。

5. See "The Freedom of Information Act: A Critical Review," *Geo. Wash. L. Rev.* 38 (1969), p. 150.

範上有了質的突破，除了明確政府信息以公開為原則，不公開為例外，同時列舉了九項免除公開的情形，取消了《行政程序法》中規定的諸如「公共利益」、「正當理由」等模糊概念。除了國防和外交政策信息等九項明確列舉的不公開情形之外[6]，其他的均應當公開。這九項的明確列舉，給公開原則提供了操作性，因為這九項明確列舉的排除情形，自身也有規範上的細化，如對於第（3）項「其他法律明文規定不予公開的事項」必須符合兩個條件：一是對於免於公開的事項規定得十分具體，不留任何自由裁量餘地；二是規定不予公開的明確標準或列舉不予公開事項的具體種類。

儘管從規範的結構形式上看，《信息自由法》規定的九項免除公開事項很大程度上已經具有可操作性，但從方法論的角度看，其仍然存在一定的規範難題。因為法律規範不可能對諸如「國家安全」、「國家外交政策」等概念進行客觀化、標準化的「數學式」界定。法律規範雖然具有操作性，其永遠無法達到科學意義上的標準化，因為由法律規範自身所決定，其在操作中必定在一定範圍內存在局限性和模糊性。而對於這些「模糊地帶」仍然可能成為行政機關操控的「黑色地帶」，不過，相比之下，《信息自由法》已較《行政程序法》進步了，大大縮減了這塊「黑色地帶」的空間。

「公開為原則，不公開為例外」是現代信息公開制度普遍的理念，也即信息公開的範圍是所有的信息，除非那些免除公開的例外。從方法論的角度來説，這一理念的落實，必須解決好「不公開為例外」這一後者。如果作為例外的不公開信息的範圍「模糊不清」，則「公開為原則」很大程度上將受制於飄忽不定的「不公開為例外」，而無法具有操作性和時效性。從方法論的角度看，「不公

---

6. 這九項分別為：（1）國防和外交政策的某些信息；（2）純屬於行政機關內部人事規則和習慣的文件；（3）其他法律明文規定的不予公開的事項；（4）貿易秘密以及由個人提供並且具有特許性或機密性的商業或金融信息；（5）在行政機關作為一方當事人的訴訟中，法律規定不得向非機關當事人公開的機關內部的或機關之間的備忘錄或信件；（6）人事和醫療檔案，以及其他公開會侵犯隱私權的檔案；（7）執行法律的記錄和信息；（8）關於金融機構的信息；（9）地質和地球物理信息、資料、包括有關礦井的地圖。

開為例外」的範圍界定，由於法律規範自身的局限性等，也不可能完全地客觀化、標準化。因此，即使對於不公開為例外這一範圍界定，仍然要通過指導性的「原則」和操作性的「規則」這一對基本方法範疇來進行架構。由公開推定原則可知，在無法知曉信息是否應當公開時，推定其應當公開，則便屬解決「不公開為例外」這一規範難題時所採用的方法。

## 二、信息公開推定原則的定位

從方法論的角度來看，信息公開的司法操作，必定離不開體系化的方法論。美國信息公開制度的發展變遷，也是方法論不斷完善和變化的過程。從當下中國信息公開的方法論來看，仍缺少體系化的方法論，對於公開推定原則仍缺少方法論上的認識。有學者指出，中國信息公開是以「以公開為原則，以不公開為例外」為原則，並針對「敏感信息」等概念在方法論上也認識到，「對於可能危及國家安全、公共安全、經濟安全和社會穩定的敏感信息的界定，具有主觀和客觀相結合的特徵。除客觀信息外，還有一定的主觀特徵，它是一種預先的人為判斷。比如對『可能危及』，不是必然危及，更不是已經危及。因此，行政機關對敏感信息的判斷實際上具有一定的自由裁量權餘地。」進而指出，「行政機關根據什麼樣或然程度作出的判斷才是合理適度的」並沒有作出規定。[7] 以上的論述只是對問題進行了描述，卻體現了目前對信息公開在方法論認識上的貧乏。因為從美國信息公開方法論的演進可見，「公開為原則、不公開為例外」並非是方法論上的原則，而是一種公開政府的理念，在方法論上並不具有規範向度和可操作性。同樣，對於行政機關的裁量權並不能通過制定具體的規範來進行客觀化、標準化的約束，也就是說對「行政機關根據什麼樣或然程度作出的判斷才是合理適度的」沒有作出規定，其本身並不是一個規範「問題」，也無法在規範上徹底

---

7. 參見楊小軍：〈政府信息公開範圍若干法律問題〉，《江蘇行政學院學報》2009 年第 4 期。

地解決。最終解決之道得尋求方法論；而公開推定則是解決這種由規範無法解決的「問題」的一種解決方法。

法治價值的實現離不開規範作為載體。信息公開制度的實現也需要通過規範來落實，其中最核心的規範環節便是信息公開範圍的確定。根據「公開為原則、不公開為例外」的理念，政府信息公開的範圍是所有的政府信息，並沒有任何原則性的限制。在這個「所有信息」的範圍前提下，才在其中存在一些涉及國家安全、外交政策等例外。因此從方法論的角度可知，政府信息公開的範圍的確定，取決於對於信息免除公開情形的確定。這些免除信息的排除必須通過明確列舉的方式來進行，而不能採取概括的方式，否則便會與「所有信息都公開」這一前提性原則產生規範邏輯上的衝突，因為在規範邏輯上，原則中的排除必須是明確具體的。如果免除信息沒有方法論的約束，則可能出現政府通過免除事項來無限擴大不公開信息的範圍，如在布殊政府時期，布殊政府備忘錄便是通過利用《信息自由法》的免除事項來擴大免除信息的範圍，鼓勵對敏感信息等進行保護。[8]

從規範語義的角度來看，規範語義包括兩種可能：明確規範、模糊規範。免除性規範也存在着兩種可能：即明確性和模糊性，雖然在規範向度上要求免除規範必須明確、具體、可直接操作。明確性規範的可操作性也是相對的，而對於不可避免的部分模糊性規範，則操作具有一定合理的彈性。這種規範上客觀存在的彈性，則必定要尋求方法上的解決之道。公開推定原則，便是這一層面的方法，即在對免除信息界定時，出現規範等方面的困難而無法確定時，推定這些信息都屬於必須公開的範圍。這樣，借助公開推定方法，便可在方法上完全確定例外信息的範圍，進而可以使得政府信息公開的範圍得以確定，可以在司法層面予以操作。具體可圖示如圖 12.1。

---

8. See Memorandum from Laura L. S. Kimberly, Acting Director, Information Security Oversight Office, to Departments and Agencies re: Safeguarding Information Regarding Weapons of Mass Destruction and Other Sensitive Records Related to Homeland Security (March. 19, 2002)。

圖 12.1 公開推定原則的方法定位

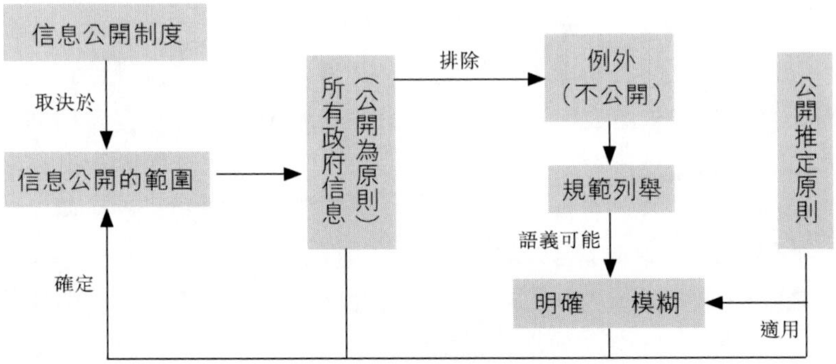

從圖 12.1 可見，「公開為原則、不公開為例外」只是信息公開的一種理念，它本身並不具有方法論上的操作可能性。公開推定原則才是在方法層次上針對例外信息確定時出現「模糊」困難時的一種方法。

## 三、信息公開推定原則下舉證責任的分配

從《行政程序法》到《信息自由法》，舉證責任已經發生了理念上的轉變。《行政程序法》在舉證責任上，公眾有責任承擔舉證證明他享有信息公開的權利，否則政府則可以不公開該信息。而《信息自由法》的舉證理念則不同，其在明確授予公眾有知情權的前提下，要求政府機關必須舉證證明他有拒絕公開政府信息的理由，這與《行政程序法》的舉證邏輯截然相反。[9]《信息自由法》對於舉證責任分配作出了明確的原則性規定，即所有人都享有獲得行政信息的權利。政府的各種文件具有公共財產的性質，公民都享有同等的權利，沒有申請人資格的限制。個人申請得到文件，不需要任何說明理由，只要能指明辨別文件的標誌以便行政機關查找，並且按行政機關規定履行一定的手續、繳納一定的費用，就可以得到所要求的文件。

---

9. See Kristen Elizabeth Uhl, "The Freedom of Information Act Post-9/11: Balancing the Public's Right to Know, Critical Infrastructure Protection, and Homeland Security," *Am. U. L. Rev*. 53, no. 1 (October 2003): 261.

行政機關拒絕提供文件要說明理由，負有舉證責任。例如，行政機關證明該文件屬免除公開的情形。如果行政機關不能證明拒絕提供文件時，必須按申請人的要求提供文件。[10]

雖然《信息自由法》為信息公開提供了方法論的框架，但在不同的方法之下，則會產生完全不同的法律效果。在列根政府時期，對於規範無法解決的自由裁量性公開（discretionary disclosure），其採取了「實質性法律基礎」（substantial legal basis）作為方法。在實質性法律基礎的標準下，只要政府能夠為自己不公開信息找到實質性的依據、理由，便可以不公開政府信息。如果要公開這些無法確定的信息，除非公眾能夠舉證證明行政機關的「實質性」法律基礎不成立。這種由公眾舉證反駁的舉證邏輯，在本質上是對政府不公開信息的一種保護。從規範的角度看，由於對「實質性」進行判斷的最終主導權仍然掌握在行政機關，公眾承擔了舉證的負重，因而在很大程度上使得無法確定是否公開的裁量性政府信息被排除於公開的範圍之外，大大縮小了政府信息公開的範圍，令透明政府大打折扣。

1993 年，克林頓總統簽發的信息公開備忘錄，重申了自由和開放社會的價值。[11] 在克林頓政府時期，便始終堅守公開推定原則作為解決裁量性政府信息的方法，而此時舉證責任則由政府機關來承擔，即由政府機關來證明其不公開的信息是完全屬例外排除情形。如果政府不能證明，則必須公開這些裁量性的政府信息。司法部長 Reno 進一步通過備忘錄發展了具體的實現政府公開的原則方法，改變了之前列根政府為行政機關設定的「實質性法律依據」標準，而採用了「合理預見」（reasonably foreseen）的標準。[12] 所謂合理預見，是要求政府如果不公開政府信息，必須是屬能夠完全合理預見公開

10. 參見劉杰：《知情權與信息公開》（北京：清華大學出版社，2005），第 95 頁。

11. Memorandum from William J. Clinton, President of the United States, to Heads of Departments and Agencies re: The Freedom of Information Act (Oct. 4, 1993).

12. Memorandum from Janet Reno, Attorney General, to Heads of All Federal Departments and Agencies re: The Freedom of Information Act (Oct. 4, 1993).

信息之後將會對排除事項（exemption）保護的政府和私人利益造成損害。如果一個信息僅僅是技術上的，或者僅僅有理由在排除的事項範圍內，則不能作為不公開信息的理由。[13] 這樣，在舉證責任上，政府必須舉證證明它對於信息的不公開，是基於信息公開會可預見地對免除事項所保護的政府或個人利益造成損害。如果屬信息公開僅僅可能對政府或個人利益造成損害的情形，便不能成為不公開的理由而必須公開信息。

但是在布殊政府時期，經歷了 9·11 事件之後，其對於信息公開所採取的方法則轉變為「合理說明」的方法，與公開推定的方法截然不同。總檢察長 Ashcroft 授權司法部（Department of Justice）只要發現了「合理性基礎」，便可以證明行政機關行為的合理性。[14] 這樣的「合理說明」方法賦予了行政機關極大的自由空間，進而擴大了排除事項的範圍。

Ashcroft 強調，司法部只要發現了行政機關推理中的合理性法律基礎（sound legal basis），便可以維護其行為的合理性。依這樣的邏輯，如果公眾認為存在不充足的行政救濟，則聯邦法院面對行政機關的「合理性」也將無能為力。司法部的官員認為，司法部長 Reno 的備忘錄提高了政府拒絕信息的門檻，而 Ashcroft 的備忘錄採取的是與之前克林頓政府截然相反的標準。[15] 由此可見，布殊政府所採取的標準，很大程度上在舉證責任分配的標準上，又重新將重擔分配給了公眾，使行政機關的行政權在信息公開案件的舉證中處於支配地位。因為，對於何謂「合理基礎」，行政機關具有信息上的支配權，而公眾必須反駁政府所提出的「合理性基礎」不具有合理性，才能夠獲得政府公開的信息。從方法論的角度可知，對於雙方都無法舉證

---

13. Memorandum from Janet Reno, Attorney General, to Heads of All Federal Departments and Agencies re: The Freedom of Information Act (Oct. 4, 1993).

14. See Memorandum from John Ashcroft, Attorney General, to Heads of all Federal Departments and Agencies re: The Freedom of Information Act (Oct. 12, 2001).

15. See Kristen Elizabeth Uhl, "The Freedom of Information Act Post-9/11: Balancing the Public's Right to Know, Critical Infrastructure Protection, and Homeland Security," *Am. U. L. Rev.* 53, no. 1 (October 2003): 261.

**圖 12.2 合理説明的舉證邏輯**

完成的裁量性政府信息，則將不被公開，因為對於裁量性的信息，行政機關的「合理説明」明顯較承擔舉證負擔的公眾的「反駁」有優勢。這樣的舉證分配邏輯在方法論上，本質上是一種對於裁量性政府信息的不公開推定。同樣，對於合理性基礎，行政機關可以輕易地通過借助「公共利益」、「國家安全」等理由來辯護，這些理由往往令公眾因缺少信息來源渠道等而在客觀上無法反駁，因為相關信息資料均由政府機關主導和掌控。合理説明的舉證邏輯可見圖 12.2。

由圖 12.2 可知，在「合理説明」方法之下，政府可以通過「國家安全」、「外交政策」等概念來作出「合理説明」，而由於政府在信息掌控上居於主導地位，這在邏輯上便推定了這些「國家安全」等理由的合理性，除非公眾可以舉證反駁之，因此，「合理説明」方法本質上就是借助於「國家安全」等概念來推定政府信息不公開，除非公眾可以反駁這種不公開推定。因此，「合理説明」方法很大程度上免除了政府公開信息的義務和責任，其實質上是一種與「所有政府信息都應該公開」的公開政府理念相悖的。而且對於保護國家安全，打擊恐怖活動，並非僅僅通過保護所有政府信息才可以達到目的。對於保護國家安全的任務，需要通過外交、國家政治等多種手段來完成。[16] 如果對於所有的政府信息都在方法上極端地採取「合理説明」這種不公開推定的方法，則有過之而不及。[17]

---

16. See "Obama's Speech on National Security," *New York Times*, May 21, 2009.

17. See Kristen Elizabeth Uhl, "The Freedom of Information Act Post-9/11: Balancing the Public's Right to Know, Critical Infrastructure Protection, and Homeland Security," *Am. U. L. Rev.* 53, no. 1 (October 2003): 261.

進入奧巴馬政府時期，2009 年初，奧巴馬政府命令美國總檢察長頒佈《信息自由法》新的解釋方法，即公開推定方法。其包含三個核心要素：[18]（1）如果基於公共目的（public purpose）的排除而不予以公開，則必須有明確的排除（exemption）規定；（2）存在可能的時候，不能將整個文件不公開，而是要對信息進行編輯；（3）不能聲稱一項排除事項僅僅是為了隱藏錯誤或者因為抽象性考慮。這樣，對於裁量性政府信息，則基於公眾原則都要公開。如果政府不公開信息，必須負上舉證責任來證明公開信息將會產生危害，而不能僅僅因為公共官員可能由於公開而陷入尷尬等而不公開政府信息。

在 2009 年發佈新備忘錄後，美國一些州的法律也進行了修改而採納了公開推定原則，如南達科他州。[19]華盛頓州的法律也啟用了公開推定原則，其通過《公共記錄法案》中的兩個條款對推定進行了具體規定：其中一條 RCW 42.56.550（1）規定，舉證責任應該由行政機關來承擔，證明它拒絕允許公眾進行檢查和複製是與法律關於禁止或者免除部分或全部信息公開的規定相一致的。另一條 RCW 42.56.030 則提高了政府機關持有記錄的舉證責任，從而在解釋方法上採取對法案可以自由解釋，而對於免除事項則要進行限縮解釋，從而實現法案允許公眾知情政府的目的。[20]這兩個條款表明，政府必須公開任何公共記錄，除非它能夠證明，通過限縮解釋方法之後，記錄仍然可以免於公開。

由此可見，在公開推定方法下，對於免除事項的解釋是信息公開制度實踐中的關鍵。其應該採取一種限縮解釋方法來進行，即嚴格限制政府機關不公開信息，從而將舉證負擔都分配給政府機關，由其說明不公開的理由。如果政府機關在限縮解釋方法下無法舉證證明所不公開的信息會預見性地產生危害，則根據公開推定方法，必須公開信息。

---

18. See Ramsey Ramerman, "The Presumption of Openness," posted on May 31, 2009, www.localopengovernment.com

19. See Chet Brokaw, "Governor Signs open Records Law," *The Seattle Times*, March 19, 2009.

20. See RCW 42.56.550(1) and RCW 42.56.030, *Public Records Act*, Washington State.

# 四、信息公開推定原則下的司法方法

從方法論的角度來說，對於信息公開制度的實踐，如果最終沒有法院進行司法性的審查，則最終仍然無法發揮公開推定原則的方法價值。美國《信息自由法》最初並沒有明確可以對信息分類提出挑戰的主體，不管是行政主體還是司法主體。此時，免除事項很大程度上便成為了政府機關不公開信息的「正當」理由，而使得政府信息處於完全由行政機關掌控的「任意不公開」狀態之中。1966年的修改法案首次包含了私人主體可以通過司法審查的方法來對行政機關有關文件分類的決定提出審查要求。訴訟當事人可以通過訴訟的方式來檢查行政權在文件分類上的裁量範圍是否恰當，而希冀法院能夠擴大他們對於分類決定（classification decisions）的審查。然而法院往往讓他們失望。[21] 當法院對行政機關的分類決定進行審查，信息公開制度進入司法實踐之時，那麼司法權在審查信息分類是否恰當時，便要面臨司法審查的基準與限度問題，即處理司法權與其他公權力之間的關係。美國的 *Epstein v. Resor* 案，[22] 便是第一起涉及在《信息自由法》排除規範下，對於行政機關所掌握信息的決定進行司法審查的恰當範圍的問題。該案中，一位歷史教授要求公開二戰後強制遣返那些反共產主義的俄羅斯人的相關文件，但是這部分文件被分類為「最高機密」，原告認為這種分類是沒有根據的，因此法院應當審查文件的內容，從而對於分類的適當性進行判斷而作出自己的決定。然而法院拒絕審查對這些文件進行分類的決定。法院認為，如果行政機關即使在免除條款下也要負擔證明他們的行為是恰當的，那麼將導致這些免除條款失去意義。如果法院重新對陸軍司令部的分類決定進行判斷是恰當的，而將舉證負擔分配給部長大臣去證成他的行為，那麼法院在對待由機關掌握的信息是否屬免除條款情形時，將給予同樣的處理。通過這種推理可以看出，法院實際上已經使《信息自由法》賦予法院對於機關決定的重新審查權失

---

21. See "National Security and the Public's Right to Know: A New Role for the Courts Under the Freedom of Information Act," *U. Pa. L. Rev.* 123, (1975).

22. See *Epstein v. Resor*, 421 F2d 930 (1970).

去了意義。這樣就使得九種法定的免除情形的任何一種都會解除了機關所負的責任。也有學者認為，法院應該積極地進行審查。1974年，美國《信息自由法》的修正案授權法院可以對分類的秘密文件依照審查行政命令的方式進行審查。法院被允許對於被要求進行審查的機關所作出的決定進行重新審查。修正案的歷史背景表明國會的目的確定無疑地是鼓勵法院積極地審查各項分類的決定。[23]

法院的司法審查是政府信息公開的實踐保障，那麼法院應該採取積極還是消極的方法來審查呢？筆者認為，法院須採取一種消極中積極的方法來審查。法院如果一味地採取消極的態度進行司法審查，則會使政府輕易將信息分類為免除事項，從而將諸多本來應該公開的信息無法予以公開，公開推定也無法發揮功效。如果法院一味採取積極的姿態，則會出現司法權侵涉政府權力的可能。從司法實踐來看，法院已經認識到行政機關在外交領域具有一種特殊的專業職能，因而傾向於尊重這些較為敏感的行政決定。而行政機關對一個文件進行分類則傾向於在國防或全面的外交政策這樣寬廣的語境下理解。[24]這樣，法院在訴訟中只能利用極少數的數據。然而這樣一味地依賴行政機關的決定是不科學的。1973 年政府住房委員會的報告則將標準定為「相當程度的濫用」（considerable abuse）。[25]

由此可見，法院在審查的時候一方面需要基於對行政權專業性的考量，在一定程度上尊重行政權機關對於文件的分類，這種尊重的前提必定是屬行政機關自己專業職能領域內的事項。對此，行政機關必須舉證證明其屬免除事項的範圍，法院才會予以尊重。同樣，雖然「被授權能夠對文件進行分類的行政機關的數量是不可計算的。據估計有 55,000 個聯邦僱員有權將一個文件標貼為「機密」（confidential）。18,000 之多僱員有權使用「秘密」（secret）這一標籤。

---

23. See "National Security and the Public's Right to Know: A New Role for the Courts Under the Freedom of Information Act," *U. Pa. L. Rev.* 123, (1975): 1439.

24. See *U.S. v. Marchetti*, 466 F.2d 1309, 1318 (4th Cir.), cert. denied, 409 U.S. 1063 (1972).

25. See "National Security and the Public's Right to Know: A New Role for the Courts Under the Freedom of Information Act," *U. Pa. L. Rev.* 123, (1975): 1439.

有近 3,000 個機關可以將一個文件分類為「頭等秘密」（top secret）。數以千計的政府僱員，雖然只熟悉其中一小部分範圍的國家安全或政策，都有權對文件進行分類，從而免除公眾的監督。雖然聯邦法官不能像政府僱員那樣對某個方面的問題進行專門性的工作，但至少法官可以要求政府提交其對於分類決定的解釋。」[26] 如果政府不能作出令人信服的解釋，則公開推定原則仍將適用，並須將這些無法確定公開標準的信息予以公開。另一方面，對於政府的裁量性信息，法院應該積極地運用公開推定原則進行審查，如果政府不能充分舉證，則將裁量性信息予以公開。

因此，法院的消極審查和積極審查，在公開推定原則之下，通過舉證責任倒置於政府機關，兩者相通相容，並不衝突。

## 五、結語

從美國政府信息公開的過程可以看到，政府信息公開經歷了由政府主導控制而排除司法審查模式到有限司法審查模式的轉變，每種模式下的方法論體系都具有截然不同的內容，雖然規範的目的具有一致性，都是致力於構建民主、透明政府。目前中國政府的信息公開建設還處於摸索階段。雖然已經構建了以建設透明政府為目標的相關法律規範，如《政府信息公開條例》，但是從方法論的角度來看，仍有許多未盡的課題有待進一步深入研究。從以上的美國經驗可以看出，未來中國政府信息公開制度的「司法化」，必須探求符合中國本土的方法論體系。借鑒美國的發達經驗，筆者認為從方法論的角度而言，必須着力以下兩點：

首先，必須對政府信息公開的範圍進行規範上的分類、界定，且對每一類免除信息進行詳細地規範界定。目前中國的政府信息公開制度整體上仍然是司法操作性不強、方法論欠缺。這很大程度上

---

26. See "National Security and the Public's Right to Know: A New Role for the Courts Under the Freedom of Information Act," *U. Pa. L. Rev.* 123 (1975): 1439.

和規範的規範性弱具有直接的關係。有學者指出，從政府信息公開的制定法規範來看，無論是《廣州市政府信息公開規定》、《上海市政府信息公開規定》等地方政府行政規章，還是國務院《政府信息公開條例》，對政府的信息公開規定還是比較粗疏，特別是對免除公開的政府信息範圍仍停留在已經被學術界公認為落後於國家經濟、社會和法治發展的、早在 1988 年 9 月制定的《國家保密法》層面。[27]《政府信息公開條例》強調「行政機關公開政府信息，不得危及國家安全、公共安全、經濟安全和社會穩定」和「行政機關不得公開涉及國家秘密、商業秘密、個人隱私的政府信息。」這些規定偏於籠統，從美國的歷史經驗來看，這容易使行政機關作出擴張解釋，從而在實際上大大擴張不公開的範圍，與政府信息公開法制追求的信息公開的基本價值目標不相吻合。因此，應在規範上細化各類排除不得公開的信息，使其具有可操作性，這樣才能使公開為原則具有規範效能。

其次，在規範分類的前提下，須形成以「原則」為指導的司法方法體系。雖然規範上的分類，對於免除事項的詳細規定，可以在規範層面解決政府信息的公開範圍，但是當政府信息公開制度進入司法實踐的時候，便須具備體系化的方法論體系。從上面美國的經驗可見，缺乏方法論的信息公開制度，最終仍然會在本質上演變成一種行政主導的非公開信息制度，而這種方法論的建構，應該以「公開推定」、「舉證責任倒置」等與公開政府理念相一致的方法為主線，而不能僅僅採取形式性的「合理說明」、「實質性基礎」等本質效果上與公開政府相悖的方法。

從美國相對成熟的信息公開制度的發展歷史來看，所有的總統都會宣誓致力於建設一個自由和開放的政府，但是這些宣誓從來都沒有絕對化。每位總統都會理解他們基於國家利益的需要而有保衛

---

27. 趙正群、崔麗穎：〈判例對免除公開條款的適用——對美國信息公開訴訟判例的初步研究〉，《南京大學學報》（哲學・人文科學・社會科學版）2008 年第 6 期。

信息的義務。[28] 雖然有學者統計目前已有七十多個國家制定了全國性的信息公開法[29]，但是這些公開信息法律對於政府信息的公開都存在排除公開的情形，基於國家利益、公共利益等考量。如戴維斯（Davis）教授深刻地指出，應該恰當地尋求信息需求方與受信息公開影響的利益方之間的平衡。[30] 這種平衡的尋求，必須在方法論的指導才有章可循。從以上美國的經驗分析可知，公開推定應該成為一種原則性的方法，適用於信息公開制度之中，這與公開政府的理念相一致。「判斷一部法律是良法還是惡法的一個方法就是，良法的邏輯起點是推定所有的信息都是公開的，然後才存在排除情況。而惡法恰恰作相反的推定，然後去界定哪些是應當公開的。」[31] 公開推定原則應該成為中國政府信息公開制度實踐過程中的原則性方法！

---

28. See Elias Clarkt, "Holding Government Accountable: The Amended Freedom of Information Act," *Yale L. J.* 84 (1975): 745.

29. 莫于川、肖竹：〈公開法制的巨大力量〉，《行政法學研究》2008 年第 2 期。

30. Davis, "The Information Act: A Preliminary Analysis," *U. Cnt. L. Rav.* 34 (1967): 761, 765–766.

31. See Ramsey Ramerman, "The Presumption of Openness," posted on May 31, 2009, www.localopengovernment.com

# 第十三章

# 人大常委會「特別委員」的反思[*]

　　2003 年 2 月 20 日，《南方周末》記者致電全國人大常委會一位重要官員時獲悉，作為全國人大常委會即將推出的重要舉措之一，第十屆全國人大常委會將新增 20 名左右「特別成員」。特別之處在於此 20 名成員的普遍特點是從中央國家機關現職中選出的，具有豐富工作經驗和法律、經濟等專業知識，都具有本科以上學歷，年齡都在 40 歲左右。這與「原來的常委會組成人員相當一部分是當完省委書記、省長、部長之後，再到全國人大工作，幹完一屆就差不多 70 歲了，所以來人大工作經常被認為是退居二線，或者是帶有安排性」[1] 的情形截然相反。據悉，「這次新增的特別成員不是退了才過來，而是幹得正火才過來的，匯合了有政治能力和立法能力的人。」[2] 因此，在 150 餘名人大常委會委員中，20 名「特別委員」的作用不可低估。

　　2003 年 3 月 15 日，第十屆全國人大一次會議表決通過了新一屆常務委員會委員名單，19 名備受矚目的人大常委會「特別委員」（由於實行差額選舉，最終當選為 19 名）終於從幕後走向前台。這一改革舉措，被普遍認為是中國政治文明建設的一個「利好」。原來人大常委會組成人員均被視為「退居二線之人療養院」，而現在的「特別委員」大多是原來單位裏很有發展前途的後備幹部，這能否使「特別委員」的才能在人大得以充分發揮？在人大工作五年後，這些年輕有為的「特別委員」將來又如何？他們的工作積極性是否得到保

*　本章內容曾以〈人大常委會「特別委員」產生的反思〉為題，《人大研究》2004 年第 7 期。

1.《南方周末》2003 年 2 月 27 日 A3 版。

2.《南方周末》2003 年 2 月 27 日 A3 版。

障？究竟應該先「議員」即先人大常委會組成人員再官員，還是應先官員後「議員」？

以前的常規做法是先官員後「議員」，即先在政府擔任要職，到了一定的年齡，再到人大常委會來擔任「議員」，即人大常委會組成人員。程序影響結果，中國人大工作的諸多弊端與先官員後「議員」的程序密不可分。先官員後「議員」給人大職能造成的弊端表現在：

（1）人大常委會組成人員的老齡化，影響人大工作的效率。到達一定的年齡再到人大工作，其思想、體力等均有嚴重的局限性，從而嚴重影響了人大工作的效率，阻礙人大職能的正常發揮。

（2）先官員後「議員」使得政府成為權力的核心，人大的權力核心地位僅是一種擺設，人大工作出現形式化趨勢，工作實質上從屬政府。人大工作表面化、形式化，使得人民民主體制受到影響。

（3）先官員後「議員」削弱了憲法、法律的權威。法治實現必須要樹立憲法、法律的權威。只有樹立憲法、法律的權威才能使憲法、法律滲透於社會生活各個領域，推進國家的法治建設。而人大作為國家立法的中心，憲法、法律權威的樹立與其崇高的地位是分不開的。「議員」作為人大重要的組成元素，對人大功能的發揮、地位的確立等具有不可估量的作用。先官員後「議員」的做法使得人大成為政府的「後院」，議員成為官員的「養老身份證」，大大削弱了人大獨立、主動的地位，影響了憲法、法律的權威。

（4）先官員後「議員」影響了人大工作的主動性。退居二線的政府官員，在經歷了幾十年的政治生活後，對人大的工作在心理上大多持被動的心態，這是情理之中的事。反正幹一屆就退休了，工作熱情受到嚴重的影響。這也是人大工作一直處於被動的位置，人大成為一個象徵性機構的原因之一。人大的立法、決定重大事項、監督等職能都無法充分地體現。

（5）先官員後「議員」影響了監督體制的健全。監督體制是權力合法行使的體制保障。「一切有權力的人都容易濫用權力，這是萬

古不易的一條經驗。」³ 沒有監督的權力必將走向腐敗。人大監督作為人民監督的主體，其職能的發揮對政府行政的民主化、法治化有着十分重要的作用。先官員後「議員」程序下產生的監督實際上是政府監督政府的同體監督，違背監督的權力制衡原則。只有改變先官員後「議員」的狀況，實施異體監督，才能保證政府行政的法治化。

「很早就有人提出先『議員』後官員。先做人大常委會委員，養成按照法律辦事的習慣，再做部長，就會尊重人大，尊重程序。」⁴ 19 名「特別委員」的產生給予先「議員」後官員程序一個很大的希望。在一定程度上，先「議員」後官員程序的運行有利於中國人民代表大會制度的健全和完善，有利於發揮人大的立法、決定重大事項、監督等各方面的職能。

第一，先「議員」後官員有利於鞏固人大的權力核心地位。人民代表大會制度是社會主義民主政治的重要體現。「社會主義實行人民主權原則。」「在無產階級專政國家裏，一切權力屬人民。」⁵ 人民代表大會作為人民間接行使權力的機構，其組成人員的素質、能力、地位等各方面的優化是人大自身建設的關鍵。先「議員」後官員，人大的地位和作用得以突出，從而形成以人大為核心的權力運行機制，有利於促進人民代表大會制度的發展。

第二，先「議員」後官員有利於樹立憲法、法律的權威。「議員」地位的提高決定法律地位的提高，從而使法律在社會生活中具有權威性。社會各方面運作都嚴格依照法律進行，從而有力推動中國的法治進程。

第三，先「議員」後官員有利於行政法治建設的完善。人大的工作具有嚴格的程序性，因此先「議員」後官員有利於培養官員正

3. ［法］孟德斯鳩，張雁深譯：《論法的精神》（上冊）（北京：商務印書館，1961），第 154 頁
4. 《南方周末》2003 年 2 月 27 日 A3 版。
5. 周葉中：《代議制度比較研究》（武昌：武漢大學出版社，1995），第 39 頁。

確的法律意識、程序意識，從而使其在做官員實施行政行為過程中能嚴格依照法律所規定的程序進行。

第四，先「議員」後官員有利於監督機制的完善。先「議員」後官員，樹立了人大的優先地位，體現了政府來源於人大的現代法治精神。這種人大高於政府，政府產生於人大的權力運行體制使人大的監督得到有力的保障，從而有效監督政府行為的合法性，有利於政府工作的公開化、透明化、民主化，從而推進民主政治建設。

第五，先「議員」後官員有利於消除「議員」的工作顧慮，優化人大常委會組成人員結構，有力保證「議員」工作的順利進行。有的人說，「在人大工作五年之後，原來的職位已經沒有了，將來怎麼辦又是未知，這是很現實的問題。」[6]這種心理上的顧慮很容易「壓制」人才流向人大，導致人大工作的被動局面。但先「議員」後官員則相反。它使得人大工作人員消除顧慮，切實代表人民的利益積極地工作，也有利於高素質專業人才進入人大，從而優化人大的工作機制，使得人大工作充分體現人民的利益要求。

中國實行的是人民當家作主的人民代表大會制度。針對目前中國人大存在的弊端，筆者提出以下幾點構想，以期進一步改善中國人大的工作現狀。

首先，啟動先「議員」後官員程序。從先官員後「議員」轉變為先「議員」後官員，打破過去將人大作為官員養老院的慣例，以人大作為鍛煉年輕官員的平台，充實人大工作隊伍，提高人大工作能力。

其次，推動人大常委會組成人員年輕化、專業化。只有樹立人大的權威，確立人大的崇高地位，才能真正體現人民代表大會制度的價值和功能，體現人民的切身利益。社會主義國家的法治建設離不開人民代表大會制度的健全和完善。人大常委會組成人員作為人

---

6. 《南方周末》2003 年 2 月 27 日 A3 版。

大的重要元素，必須實行年輕化、專業化。這樣才能充分發揮人大的立法、監督等各方面的職能。

再者，實行人大代表專職化。中國人大代表機制運行中有個悖論情形，即被選為人大代表者大多都有繁重的工作和突出的工作成績，被選為人大代表後，因其工作精力、時間的限制，很難發揮人大代表的職能。而工作輕鬆，有足夠的時間者卻不可能被選為人大代表。因此，人大代表的應有作用在現實生活中很難得到體現。要改變這一狀況，筆者認為應採用人大代表專職制，即一旦被選為人大代表，成為人大組成人員，必須脫離原來所有職務，從而成為專職人大代表。當然，人大代表專職制應以先「議員」後官員程序的實施為前提，否則仍會出現「五年以後，工作得不到落實的現實問題」的情形。

最後，制定相關法律。通過修訂《代表法》等相關法律，確定人大代表的職位待遇、職權範圍、工作懲獎制度、專職代表以後的工作安排方案，確立嚴格的人大組成人員的任職條件，保證人大組成人員的年輕化、專業化等，從而改變目前人大代表及人大常委會組成人員專業素質低下、法律意識淡薄的現狀。通過完善相關法律使人大代表的各個方面都得到憲法、法律的保障，從而確立人大代表崇高的社會地位，調動人大代表工作的積極性，發揮人大代表應有的作用。

# 第十四章

# 前海「基本法」
## 如何先行先試？*

　　2012 年，深圳前海一時成為社會關注的熱點。因為國務院批復了前海深港現代服務業合作區開發開放有關政策，支持深圳前海實行比經濟特區更加特殊的先行先試政策。上個世紀 80 年代設立的經濟特區對於中國經濟的騰飛所作出的貢獻有目共睹，前海作為十八大之後習近平南巡的第一站寓意深遠。前海所定位的「特區中的特區」，是中國的又一次改革試驗。並且，與上個世紀的經濟特區制度相比，國家在前海進行戰略性「先行先試」，目標範圍更為廣泛，包括創新現代服務業、創新機制體制、甚至創新司法運作機制等諸多方面。可以說，前海在很大程度上就如同國家轉型進程中的又一塊試金石。在這裏，通過與國際金融中心香港的深度合作，透明政府、公民參與、現代服務、財務公開等諸多閃耀理念及治理經驗將得以踐行。

　　中國 30 年的發展經驗已經告訴人們，中國經濟騰飛的歷史奇跡暗示了一種正為中外學者所關注的「中國模式」。然而，面對前海，如何又在似乎隱藏於背後的「中國模式」中，試驗一種更能推動中國轉型發展進程的「前海模式」，這無疑是一種歷史性契機，也更是一種挑戰。從公法的角度來說，前海的試驗離不開作為法治基礎的前海「基本法」，即《深圳經濟特區前海深港現代服務業合作區條例》。先行先試之前，唯有對前海基本法有一個清晰的認識和準確的定位，方可運籌帷幄。

---

\* 本章內容原載於《法人》2011 年第 3 期。

## 一、前海「基本法」的目標定位

在現代法治社會，任何一個社會共同體的構建都離不開引領該社會的基本法，如國家層面的憲法、特殊地區層面的基本法等。對於地區或某個特定區域的發展而言，勾畫符合社會共同體內在發展需要的基本法，對於其穩定發展及自主創新同樣至關重要。前海是在國家主權內部及地區管轄的引導下，充分賦予該特殊區域自主性、試驗性、創新性，從而探索出一種更優化的發展模式。

從國家對前海的戰略定位來看，它是要充分發揮香港國際金融中心的地位和優勢，利用前海粵港合作平台，推進與香港的緊密合作和融合發展，逐步把前海建設成為粵港現代服務業創新合作示範區。故而，「現代服務業」無疑是貫穿前海基本法的關鍵詞，這也將使得前海基本法的架構截然區別於一般概念意義上的基本法，如香港特區基本法、澳門特區基本法，等等。正是因為前海基本法在地域、戰略、定位等方面的獨特性，且目前沒有一個既定模式可循，使得勾畫前海基本法成了發展前海的開局棋盤。

因此，前海作為「特區中的特區」，需要一部規範的基本法。這部基本法註定將具有獨特的結構和內容，不可能在整體上採取一般基本法（或憲法）的二元架構，即包括權力配置和權利保護部分，而毋寧要在整體上採取一種包括權力配置與「現代服務業」這一特殊經濟部分的二元架構。在整體思路上，前海以現代服務業的創新發展為目標，並配以高效的現代權力運作機制。對於前海基本法而言，「現代服務業」的發展當為目的，而權力的配置則為手段。權力的特殊配置模式在某種程度上都是為了極大地創新「現代服務業」的發展需要，甚至最終達到社會所期望的把前海建成亞洲「曼克頓」，乃至又一個世界性的「曼哈頓」。

## 二、前海「基本法」的規範基礎

從前海基本法制定權的來源看，其依託於全國人大對於經濟特區立法的單獨授權。2000 年《立法法》第 65 條規定「經濟特區所在

地的省、市的人民代表大會及其常務委員會根據全國人民代表大會的授權決定，制定法規，在經濟特區範圍內實施。」同時，第81條第2款規定「經濟特區法規根據授權對法律、行政法規、地方性法規作變通規定的，在本經濟特區適用經濟特區法規的規定。」這種授權立法可以說是一個立法「試驗田」，對國家決策發揮先行先試的作用是非常必要的。授權立法所獨具的變通性及優先適用效力，構成了制定前海基本法的規範基礎。但是在落實全國人大授權立法及構建前海基本法的過程中，必須以遵循憲法的規定、法律和行政法規的基本原則為前提，雖然可以對法律等規範的內容作出變通且優先適用。

從規範的角度來說，前海基本法的制定主體為深圳市人大及其常委會，但是這並不代表它是一種隸屬於深圳地區的立法體系，否則將無法達到國家戰略的高度。從戰略思路上來說，在深圳市根據全國人大的授權立法制定了前海基本法之後，其他各個環節的立法調控應該遵循一種從前海到深圳這種自下至上的立法進路，而非自上而下的授權邏輯。這種進路類同於歐盟法中的輔助性原則，即只有在前海無法很好地自我完成共同體內的任務，深圳市乃至更高權威才可以輔助性地介入，進而協助前海進一步發展。誠然，從實踐層面來看，前海整個立法體系起初也許並不完善，而毋寧是一種不斷發現、不斷推進的立法完善過程，進而最終形成具有特色且符合前海現代服務業需要的立法體系。

《深圳經濟特區前海深港現代服務業合作區條例》（徵求意見稿）規定，深圳市人民代表大會常務委員會頒佈的法規和深圳市人民政府頒佈的行政規章，不適用於前海合作區，但明文規定適用於前海合作區的除外。這一條在很大程度上體現了要構建以前海基本法為基礎，並符合前海內生性需要的立法體系，而非簡單地將既有的法律或者法規進行移植或者摘抄，否則無疑會扼殺前海的創新性可能。

## 三、前海「基本法」的權力架構

任何特區模式都避不開創新性的權力架構。通過前海以全國人大授權立法為基礎及深圳市人大及常委享有前海基本法制定權可見，前海現代服務業的打造在一定程度上要保證一種靈活性及高效性，從而突現前海的多維優勢。從權力的特性來說，行政權是經濟推動和發展的主動力，具有相應的靈活性特點；而立法權與司法權對於經濟發展而言，其所具有的靈活性在很大程度上可謂行政權的「左膀右臂」而已。從目前前海管理局的成立來看，這一權力機制將是前海各方面運轉的中樞，而其中的關鍵在於如何在細節層面設計出高效、廉潔、公正的前海管理模式，包括人員配備組成、機構的組成、職能的劃分，等等。這也是一個有待於在實踐中不斷摸索的過程。

從權力配置的角度來說，為了保證現代服務業的模式創新及高端發展，傳統三權分立或者議會主權等模式下立法權的功能模式在很大程度上已很難施行於前海，而毋寧須採行在前海基本法之下兼具穩定性和一定靈活性的行政立法方式，並配以深圳市人大及其常委會的輔助性職能來全面構建獨特的前海立法權體系。對於司法權，同樣需要結合前海現代服務業的內在需求，如設立獨特的商事法庭或仲裁機構，同時也要結合深港兩地的司法體系來綜合為前海的法治環境服務。可見，在先行先試的過程中，前海特區必然會探尋適合自身發展的權力結構模式。

## 四、前海「基本法」：借鑒還是創新？

很多學者認為，前海深港合作區的開發建設應該充分借鑒吸納香港的經驗；但從國家戰略的高度來說，雖然前海可以有效借鑒香港的經驗，比如高薪、廉潔、政務公開，等等，但其重點在很大程度上更在於創新，因為前海的定位及特殊的權力架構等特點已經截然區別於香港，乃至任何一個國家或地區。就香港的經驗來看，它也存在優劣之別，比如在法治環境下某些環節存在着效率低下、司

法成本高昂等弊端。因此，前海模式的試驗更應在借鑒的基礎上以創新為重點，方能展現活力和生機。創新的關鍵在於：一方面要吸納目前所有國家和地區的先進經驗，佔據高點，為我所用；另一方面也要勇於探索創新性機制，如獨具特色的司法運作、行政規制、公民參與、區域合作等。

## 五、經濟與政治：如何先行？

前海在一定程度上讓人們對政治改革也寄予了試驗的厚望；但是對於經濟創新與政治改革的關係，必須妥當處置。從當今世界各國的實踐來看，並不存在一種無可挑剔的政治制度。美國、英國等國家及香港、台灣等地區的民主、法治等制度實踐都存在着一定的局限性。中國制度本身也正處於一種不斷轉型的過程之中。對於各國政治制度，孰優孰劣，難以定論。但是，對於經濟與政治的關係擺位，筆者認為，應該首先着力以經濟發展為主線，政治改革在很大程度上當為更好地促進經濟發展、解放生產力為己任。中國經濟30 年的發展已經啟示世界，「中國模式」自身也具有不可忽視的制度優勢。因此，如果一味地強調西方的制度價值，很可能在政治試驗中又一次陷入西方優勢論，而達不到試驗的預期效果，從而阻礙前海實現現代化服務業及機制體制創新等諸多宏偉目標。當然，與前海現代服務業發展相匹配的機制體制，必將區別於現有的模式而具有一定改革性與突破性，只是不能混淆主次，這種循着發展現代服務業所摸索出的創新性機制體制才是政治改革試驗的成功之處。

# 第十五章

# 繁榮市場背後的法治困局<sup></sup>*

市場看上去不管有多麼繁榮，如果偏離了法治，就會導致商人失信造假，為所欲為，因為其已不須考慮所謂的規則乃至法律，結果就是讓人民對整個市場乃至社會逐漸失去信心。

面對「達芬奇家具門」事件[1]，人們在讚揚媒體立了大功的同時，都在強烈譴責經濟領域的欺詐或唯利是圖等現象。這類事件對於當今中國早已不是個別現象，之前報道出來的如毒奶粉、瘦肉精、黑心棉等類似事件，就已經暴露出中國的市場經濟運作中存在的諸多問題。從道德的角度來說，這些商家固然違背了基本的道德底線，視消費者的生命健康於不顧，只想着往自己的腰包裹賺取黑心錢。但是藉着我們自己一直鼓呼的「市場經濟」這面旗幟，切換到這個角度來看，這些商家似乎並沒有違背自由市場的基本規律，即追求利潤的最大化。

如果不是新聞媒體在一個偶然的機會暴露了其中的醜象，說不定達芬奇家居公司很快就在一片鮮花和掌聲中上市了。正所謂「無商不奸」，即使換成你，如果你是一位徹頭徹尾的商人，只要你還算得上是一個比較精明的商人，還算懂得從商的基本命律，一般也會抓住機會幹上一票。也許事發之後，一些商界同行甚至還在感嘆達芬奇家居公司在商業策略上的高明乃至可學習之處，畢竟其在短短

---

\* 本章內容原載於《法人》2011 年第 8 期。

1. 「達芬奇家具門」事件源於在 2011 年 7 月 10 日，央視曝光了達芬奇家居在家具品質和產地上存在欺詐消費者行為，使得達芬奇家居陷入了「造假門」而在社會上飽受爭議。具體報道可以參見財新網報道：https://photos.caixin.com/2012-01-05/100345799.html

的 13 年裏就發展成了現在的規模，這在商界至少算得上是一個成功的「典範」，可能商界同時也在惋惜它在事發後所遭遇的「厄運」。

從自由市場的角度，達芬奇家居公司作為一個理性的經濟人，其所採取的諸多卑鄙手法都是為了追求利潤最大化。但從正常人的理解來看，這些手法違背了基本的道德底線，應該受到譴責或懲罰，這樣方可消解消費者心中的怒火。這似乎存在一種現象上的悖論，即一個商業主體在市場機制中努力追求利潤最大化，到頭來卻落得如此下場。也許有人會說，你不該貼假國際標籤、不該假冒「進口」云云；但是反過來，你不貼，不追求利潤最大化，但別的商家發現了竅門就會搶先一步去「貼」或「進口」等，那豈不是把自己可以搶佔的「商機」拱手讓給別人，等着淘汰的命運嘛！

「達芬奇家具門」事件在一定程度上讓我們看到了繁榮市場背後的法治困局。雖然追尋法治對於掌權者來說也許是自尋煩惱，因為法治要求權力必須馴服於憲法和法律，但是離開了法治，讓我們心存擔憂甚至恐懼的是下一個可能馬上發生的「食品門」或「家具門」之類的事件，而所有人都難逃其中。

在實行計劃經濟的時候，作為市場個體，無疑不具有真正的經濟自由，因為資源主要都是依靠國家調配。雖然彼時的市場井然有序，但缺乏生機與活力。在鄧小平提出改革開放實行市場經濟之後，市場逐漸呈現出一片欣欣向榮的景象。這 30 年在某種程度上也是市場不斷繁榮活躍的 30 年。目前中國在經濟指標上所取得的巨大成就在很大程度上都歸功於市場的逐步開放。

但是，讓人困惑的是，香港、美國等發達地區或國家實行的也是自由開放的市場政策，為何就不會接二連三地出現中國大陸目前所呈現的諸多有違良心道德的商業門事件呢？當然不是說香港、美國等地的商人都沒有遵循「利潤最大化」原則而只管去做慈善家，他們同樣會在制度的架構下費盡心機去蓬勃發展自身的事業。問題的關鍵在於，這些國家和地區的市場是一種「遵循規則、踐行法治」的市場，而中國目前的市場還遠未達到踐行法治的狀態，因為我們在很大程度上還處於實現社會主義法治國家的過程之中。

如果說法律是道德的最低標準，那麼「遵循規則、踐行法治」無疑就已經為市場提供了基本的道德底線，從而可以防止並杜絕類似「達芬奇家具門」事件的發生。

　　首先，在法治狀態下，諸如香港的《貨品售賣條例》等規定都已經明確地對消費品的市場流通設定了標準和規則，商家須嚴格按照這些規定來進行商業運作，如正確地標明產地等。商家可以預見政府監管部門會嚴格執法，因為監管稍有懈怠便要承擔在一般人看來也許難以「忍受」的法律責任。如果商家不遵守規則，一旦被發現，便會面臨可能讓其傾家蕩產的後果。即使在消費品進入市場之後，在法治狀態之下，如果在正常的範圍內發現了瑕疵產品，消費者也可以如實地獲得利益上的賠償，對此不存在任何討價還價的空間，就如同俗語所說的「殺人必須償命」。由此，怎麼可能會出現那麼多的食品門事件呢？

　　回望達芬奇家具門事件可以發現，中國的法治還存在諸多缺漏，比如這些家具竟然可以在政府監管之下「出口」至保稅區，然後又「進口」到市場，「一日遊」之後就變成國外原產。商家在東窗事發之後，竟然首先想方設法進行可謂「睜眼說瞎話」式的辯護，企圖逃避責任。所有這些都足見作為法治精髓的規則意識，早已被商家乃至政府部門踐踏於腳下！

　　比較來看，發達國家或地區的自由市場在很大程度上與法治是相互契合的，而中國市場的自由發展卻在一定程度上偏離了法治的軌道。正是由於市場偏離了法治，才導致了商人可以自由地為所欲為，因為其不須去考慮所謂的規則乃至法律。規則所內含的基本道德早已蕩然無存。這種後果的嚴重性也十分明顯，那就讓人民對整個市場乃至社會逐漸失去了信心，對政府的執法也慢慢地失去了應有的信任。但是歷史經驗告訴我們，一旦真正觸怒了人民，輸家必定是腐朽的政府乃至整個國家。

　　從經驗的層面來看，發達國家或地區都形塑了一種誠信社會。在誠信社會裏，公民一般都自覺地遵紀守法。

反觀中國大陸，社會在一定程度上已經逐漸偏離了誠信的軌道。就自己的個人體驗來說，如果在大陸購物，經常遇到的問題首先就是侃價，因為有些小商販報的價格一般來說都是虛高的。如果你不侃價，估計要被人譏諷為傻子。但是在香港，絕大多數（不排除極少數地方）購物區都根本不存在討價還價這回事，因為在一個講究誠信的社會裏，何必首先以一種騙人的姿態標個假的虛價，然後雙方再 PK 彼此侃價的功力呢？個人曾試圖侃價了兩回，得到的卻是商家「鄙視」的眼神，甚是無地自容，也讓人反思許久。雖然這是一個很小的細節，但也可以在一定程度上說明市場誠信的構建程度。

　　同樣，現在內地很多人士選購物品時，首先會對同類產品進行比較，並時常通過自己的嗅覺、聽覺、味覺等功能來對產品質量進行經驗性「檢測」，以防上當受騙，而產品所標識的說明或承諾在一定程度上已失去了消費者的信任。這種現象現在可謂俯拾皆是。但殊不知，這些質量檢驗等諸多事宜本來都應該由政府監管部門來嚴格把關，現在卻在很多情形下由人民自己來「檢測」。可見，這種失去誠信的社會現象在很大程度上歸結於法治的缺位，即權力部門沒有身體力行應當履行的法律責任，從而使得人民對政府所監管的社會逐漸失去了信任，當然難有誠信可言了。

　　市場繁榮了，經濟騰飛了，這是改革開放實行市場經濟之後，大家有目共睹的。但是市場開放之後，我們所面臨的不是沾沾自喜於市場的開放，因為這只是極度封閉及大幅落後之後走出的一小步而已。在現代社會，強調開放可以說已經顯得有點多餘，因為發達國家或地區的市場早就開放了。同樣，如果一味地強調市場經濟本身所帶來的成就，在現代化的背景下，反而顯示了一種落後的愚昧，因為歷史上與其相對的計劃經濟體制早已不再適應現代的需求。

　　在經濟話語霸權的現代中國，也許我們應該認真思考「依法治國」這一法律話語。1999 年，「依法治國，建設社會主義法治國家」正式莊重地載入憲法；時至今日，我們仍然正處於建設社會主義法治國家的過程之中。如何將市場經濟建設成為法治經濟依然任重道遠。

第四部分

# 法治隨想

# 第十六章

# 美國憲法爭議及其解決之道[*]

　　美國是世界上第一個成文憲法國家。它的憲法在政治、經濟、文化等社會領域都發揮着不可估量的作用。當然,雖然憲法調整近乎所有的社會領域,但它也有自己獨特的功能與定位,並非包治百病的仙丹妙藥。在很大程度上,美國憲法史毋寧是一部憲法案例史。美國最高法院大法官通過憲法判決,推動了美國憲政不斷向前發展。可以説,憲法案例是美國憲法煥發生命的必備素材。這些具有社會影響力的憲法案件,往往經歷歲月洗禮卻仍然炙熱有加,尤其是隨着社會環境的變化,很多憲法案件會被重新翻出來,對其中的憲法爭議得以重新佈局。2008 年美國總統大選,民主黨和共和黨在觀念上的分歧,使得如墮胎、同性戀、確權行動等歷史上的憲法爭議又被連番拷問了一番。當然,社會變遷也會帶來一些新的問題,如槍枝使用的合憲性、總統宣誓就任程序等憲法問題。通過揀選局部憲法爭議,雖然不能全面掌握美國憲政的面貌,但仍可以觀其精髓,領悟美國這個特殊社會制度背景下,憲法在運轉中與政治、政黨、權力、宗教、民眾等之間的勾連與糅合,進而學習美國解決憲法爭議的理念、制度與方法。

## 一、槍枝使用、憲法解釋與最高法院

　　2008 年的 *District of Columbia v. Heller* 案 [1],可以説是美國憲法上的一個標誌性案件。最高法院判決,美國憲法第二條修正案保護個

---

　* 本章內容原以〈美國憲法爭議及方法:2008 年述評〉為題,刊於《中國憲法年刊》
　　2008 年卷(北京:法律出版社,2009),第 235–244 頁。

　1. *District of Columbia v. Heller*, 554 U.S. (2008).

人擁有槍枝並可作為私人使用的權利。這是美國歷史上最高法院第一次直接表明持有槍枝是否是一項個人權利或僅僅適用於國家民兵的集體性權利。此案是美國歷史上繼 1939 年 *United States v. Miller* 案 [2] 後又一次直接對憲法第二條修正案作出解釋。

雖然根據第二條修正案，其賦予了個人有權擁有槍枝。但是對於華盛頓槍枝管理法（Washington's Gun Control Law）的合憲性卻是有爭議的，因為它禁止私人擁有手槍，且對於步槍和散彈獵槍的擁有也設置了條件。雖然憲法中的許多權利都有合理的界限，比如雖然第一條修正案賦予了言論自由，但政府也有權去限制言論的「時間、地點和方式」。在這個案件中，涉及的核心問題是如何在涉及公共安全的憲法權利上界定政府施加限制的憲法界限。

本案最初源於 2003 年，首都華盛頓的六位居民 [3] 向哥倫比亞特區法院提起訴訟，認為 1975 年的輕武器控制規制法的相關條款，以及根據哥倫比亞特區規則制定的相關地方法律（哥倫比亞地區法典的部分內容）違反了憲法，因為這項法律限制了公民持有手槍的權利。特區法院未受理該訴訟，然後該案上訴到聯邦上訴法院。上訴法院認為，第二條修正案保護每個人持有武器的權利。這項權利的前提是私有性的擁有武器來從事相關活動，比如打獵和自我防衛。自我防衛被理解為抵制私人的違法入侵，以及暴政的掠奪（或國外的威脅）。同樣，持有武器也可以保護公民的民兵組織。法院認為手槍屬武器，進而認為他們不能被哥倫比亞特區所禁止。但上訴法院也強調了第二條修正案的權利有一定的合理界限。其實，本案中在持有槍枝應該具有一定的界限上基本是不存在分歧的，而是對於究竟應該在何種程度上來限制槍枝的持有，以及當涉及到自我防禦的時候，法律應該如何被解釋等問題上存在較大爭議。因此，被告請求最高法院審理此案。

---

2. *United States v. Miller*, 307 U.S. 174 (1939).

3. 分別為 Shelly Parker, Tom Palmer, Gillian St. Lawrence, Tracey Ambeau, George Lyon and Dick Heller.

2008 年 6 月 26 日，最高法院維持了華盛頓地區巡迴上訴法院 2007 年在 *Parker v. District of Columbia* 案中的判決內容 [4]。之前，華盛頓地區巡迴上訴法院推翻了《1975 年輕武器控制規制法》（*Firearms Control Regulations Act of 1975*）的相關條款，認為其違反了憲法，進而決定手槍作為武器不能被哥倫比亞特區禁止作為私人使用，從而對於要求所有輕武器包括步槍、散彈獵槍都必須卸掉子彈、分解開或裝上扳機鎖的相關法律部分也被推翻。其中法院判決的理由是：第二條修正案的條款：「人民擁有武器的權利不得受到侵犯」是個人擁有與攜帶武器進行自我防衛和防止暴政的固有的前提性權利。這是以憲法中其他地方對於「人民」（the people）的使用和這個條款原初的公眾理解的歷史素材為基礎。從序言條款來看，其宣稱了「作為自由國家安全必要條件的有效管理的民兵」的目的，也和這個條款的意思相一致，即指一個訓練有素、包括所有有能力防衛的男性民兵（citizen militia）。歷史素材也支持這種解釋，包括在州的憲法中同時規定有類似持有武器的權利，以及第二條修正案草案的相關史料，還有學者、法院及立法者在 19 世紀末對於第二條修正案的解釋也對此持支持的觀點。且任何最高法院的先例都沒有排除法院的這種解釋 [5]，如 *United States v. Cruikshank* 案 [6]，*Presser v. Illinois* 案 [7]，*United States v. Miller* 案 [8] 也沒有。

從槍枝案的發展過程來看，其激烈的辯論可見美國憲法解釋方法等核心議題，因為對於如何解釋憲法第二條修正案，各個大法官之間存在着不同的意見。如大法官肯尼迪（Anthony M. Kennedy）認為，第二條修正案保證了每個人有擁有槍枝的權利，而不是簡單如對修正案所解釋的那樣——作為民兵來擁有槍枝。肯尼迪大法官作為關鍵性的一票，認為第二條修正案的第一款中提及的民兵的目的很

---

4. *Parker v. District of Columbia*, 478 F.3d 370 (D.C. Cir. 2007).

5. *District of Columbia v. Heller*, 554 U.S. (2008).

6. *United States v. Cruikshank*, 92 U.S. 542 (1875).

7. *Presser v. Illinois,* 116 U.S. 252 (1886).

8. *United States v. Miller*, 307 U.S. 174 (1939).

明顯地是確認擁有民兵組織的權利，而第二款明顯是確認個人擁有槍枝的權利，進而認為這項權利對於保護個人及家庭免受敵對的印第安人部落、逃犯、狼群、熊等的侵害是非常必要的。由此可見，肯尼迪的基點在於這項權利具有一種自我防禦性功能。而大法官斯卡利亞（Antonin Scalia）則對於第二條修正案有不同的解釋，他認為其中的兩個條款可謂完美結合，保證了民兵組織不能被暴君所破壞，而既然我們需要一個民兵組織，那麼人民擁有武器的權利當然就不能被侵犯的。布雷耶（Stephen G. Breyer）大法官則試圖通過歷史分析來挽救被挑戰的法律。他指出，輕武器在國家的早期階段是用來安全防衛的，並描述了馬塞諸塞州的一項禁止在家中持有裝滿子彈的武器的法律，是因為有走火的危險。同樣，今天我們可以禁止在城市裏持有手槍，是因為有犯罪的危險。情形發生了變化，憲法的解釋同樣要隨之變化。[9]

由此可見，即使是最高法院的大法官，他們對於憲法第二條修正案也存在着不同的理解，而他們恰恰是美國憲法的權威性司法解釋主體。饒有趣味的是，最高法院最後以 5 比 4 作出了判決。[10] 斯卡利亞法官、聯合大法官羅伯茨（John G. Roberts, Jr.）及法官肯尼迪、托馬斯（Clarence Thomas）和阿利托（Samuel A. Alito Jr）發表了法院的觀點。這在一定程度上反映了美國司法審查正當性的歷史性爭議，因為某種程度上可以說，影響美國憲法的最高法院的判決有時候往往是由一位「搖擺」法官所決定的。

學者等對此也是爭論不休，各持己見。即使結論一致，其所持理由也各不相同。憲法學者沃爾特·迪林格（Walter Dellinger）認為，從語言分析來看，第二條修正案是：「管理良好的民兵是保障自由州的安全之所必需，因此人民持有和攜帶武器的權利不得侵犯。」因此可以說在某種意義上，該修正案的前部分確認的是與民兵相關的權利。在當時，起草的第二條修正案中的「人民」和「民兵」在

---

9. See Linda Greenhouse, "High Court Considers Right to Bear Arms," *New York Times*, March 18, 2008.

10. *District of Columbia v. Heller Sup. Ct. Decision*, 554 U.S. (2008).

本質上是同義的，因而認為，第二條修正案的兩個條款可解釋為賦予了每個人擁有武器的權利，只要是與民兵服務相關的。[11] 而卻伯（Tribe）認為，第二條修正案保護個人的權利，但是他也認為哥倫比亞特區對於某些武器的禁止，從個人權利保護的觀點來看並不違反憲法第二條修正案。[12]

波斯納則認為，Heller 案創造了一項新的以前不存在的基本權利，和 *Roe v. Wade* 案相比，他認為斯卡利亞所堅持的原旨主義方法所得出的結果與多數觀點是相反的。進而認為，修正案的內容，不管是單獨來看還是從他制定的背景來看，都沒有創造私人擁有槍枝來打獵或其他運動，或進行人身財產防衛的權利。把修正案理解成州的民兵成員被允許在家中持有槍枝，這也是有疑問的，因為那樣將減低民兵的效能性。設想國家的部分民兵正在進行戰鬥而且需要增援武器，難道民兵司令要去收集沒有被動員的民兵們藏在家中的武器，還是從武器儲備間獲得呢？第二條修正案的目的，從其語言和背景來看是保證民兵的效能，如果阻止州有效地安排民兵武器的收藏與分發，而破壞了民兵的效能，這樣的解釋是不合理的。[13]

本案之所以能夠在全國引起如此軒然性的憲法爭論，關鍵在於其撩起了憲法解釋理論的內核，即對於憲法解釋究竟應該採取何種方法，並使其與民主理論、制憲權、司法審查正當性等命題相契合。從槍枝案的爭論來看，有的法官使用實用主義的憲法解釋方法，活的憲法（living constitution）解釋方法等；有的法官則使用歷史解釋方法、原旨主義解釋方法、文本解釋方法，這也很大程度上體現了保守派與自由派之間在意識形態上的分歧。同時槍枝案在一定程度上與羅伊案相近，它創設了一項新的憲法權利，而對於最高法院司法審查的正當性一直是美國憲法理論爭論的焦點，因而本

---

11. See Linda Greenhouse, "High Court Considers Right to Bear Arms," *New York Times*, March 18, 2008.

12. Laurence H. Tribe, "Sanity and the Second Amendment," *The Wall Street Journal*, March 4, 2008.

13. Richard A. Posner, "In Defense of Looseness," *The New Republic*, August 27, 2008.

案也必然使得最高法院究竟應該如何在憲法審查、民主制度中扮演角色等問題再次被提上了案頭。正是因為憲法解釋，由於主體的不同，往往會出現不同的解釋結果，所以美國當今憲法理論中，以拉里·克雷默（Larry Kramer）、馬克·圖施耐特（Mark Tushnet）等為代表的人民憲政主義（Popular Constitutionalism）所提倡的人民解釋憲法等相關理論，以及非一元化的憲法解釋觀，也是與美國社會獨特的制度相契合的。甚至傑米·沃爾德倫（Jeremy Waldron）的反司法審查理論等，都是建立在人民民主的理論之上。

## 二、同性婚姻、司法審查與民主

在 2000 年的時候，加州通過一項投票，認定只有異性婚姻是有效的。但是逐漸地，公眾越來越接受婚姻平等的觀念。為此，加州的立法機關在 2005 年通過了一項措施讓同性可以結婚，在 2007 年又通過了另一項措施。然而，這兩部法案都被共和黨人州長阿諾·舒華辛力加（Arnold Schwarzenegger）給否決了。阿諾·舒華辛力加認為只有法院或者通過創制式的投票（ballot initiative）才可以改變婚姻的相關規定。2008 年 5 月，加州最高法院在 *In re Marriage Cases* 案中推翻了州法律關於禁止同性結婚的規定。[14] 2004 年，舊金山市長作出決定允許簽發同性結婚證，2008 年，隨着判決的作出，加州成了又一個可以簽發同性結婚證的州份。這引起社會一片譁然，引發了可謂激烈的憲法爭議，很快引出了公民創制的第 8 條提案（Proposition 8）。這樣，通過公民創制投票的方式，來決定同性婚姻（Same-Sex Marriage）的合憲性再次被提上日程。

其實，在 2004 年，馬薩諸塞州通過州最高法院對於州憲法的解釋首先確認同性婚姻的合法性。[15] 當然這種做法的考量因素有很多，

---

14. *In re Marriage Cases* 43 Cal. 4th 757(2008).

15. 在 *Goodridge v. Dept. of Public Health*, 798 N.E.2d 941 (Mass. 2003) 案中，馬薩諸塞州最高法院判決認為，在州憲法之下，僅僅允許異性結婚（heterosexual marriage）是違憲的。而馬薩諸塞州當時則變成了繼荷蘭、比利時、安大略湖、英屬哥倫比亞、魁北克等國家地區後世界上第六個合法化同性婚姻的地區。

但是平等保護條款及反對歧視無疑是其中的主導因素。這在當時引起了全國近乎爆炸性的爭論。這是因為美國是一個基督教文化濃厚的國家，而在基督教的文化中，同性婚姻是被禁止的。所以，當同性婚姻成為可能的時候，自然會在這個宗教文化濃厚的國度裏引起譁然。之後，也有一些州相繼承認了同性之間的「民事結合」（civil unions）關係，如新罕布什爾州、佛蒙特州、新澤西州和康涅狄格州。緬因州、華盛頓州、俄勒岡州和加州則允許同性之間登記為「家庭伴侶」（domestic partners）。當然在如何對待同性關係上，各州做法也不盡相同。如紐約州高等法院，以及新澤西州和華盛頓州判決認為，在他們的憲法之下，不承認同性婚姻是一種法定權利。而2008年加州最高法院以4比3表決宣稱禁止同性婚姻的州法（state law）構成非法歧視，因為家庭伴侶關係並不足以替代同性婚姻。認為婚姻是加州憲法第一條第七項規定的基本權利，因而認為以前存在的禁止同性婚姻權的兩部相關法律是違反憲法的，一部是1977年制定的，另一部是2000年通過創制（initiative）方式通過的。法院的判決基礎則是任何建立在性別歧視基礎的法律都具有違憲可疑性。[16] 除非承認同性婚姻，否則違反平等保護而構成非法歧視。但是，法院的判決把爭論引向了深處，因為法院並非民意機關。這種憲法審查的正當性問題在美國的憲法理論中本來就屬於一個持久的歷史爭議，從馬伯里訴麥迪遜案一直延續至今。為此，加州人民通過創制的方式，提出了加州第8條提案。[17]

第8條提案要求修改州憲法從而限制婚姻的定義為異性之間，藉此消滅同性之間的婚姻權利。支持者認為排他性的異性婚姻是社會的核心制度，如果憲法允許同性婚姻存在，便會教育孩子同性戀婚姻是可以的，這樣同性戀會為每個人重新定義婚姻，對社會倫

---

16. *In re Marriage Cases* 43 Cal.4th 757 (2008).

17. 加州選舉性提案（California ballot proposition）是一種通過發動公民創制（initiative）或複決（referendum）來修改加州法律和憲法的方法。州法可以直接由公眾提案，州憲法也可以通過公眾請願（public petition）或者立法機關來向選民提議憲法修正案的方式來修改。由公眾（public）提議立法或憲法修正案的過程就被稱為創制；而由州立法機關來提議憲法修正案的過程就被稱為複決。

理、道德秩序造成不良影響。同時在基督教文化中，同性婚姻是一種罪，被強烈反對。反對者認為，婚姻自由是社會的重要組成部分，加州憲法應該保證每個人相同的權利和自由。提案強制性地為同性戀設置一套規則，而為其他人又設置另一套規則。所以他們爭辯道：法律面前人人平等是重要的憲法原則！

這樣，通過公民創制投票的方式來決定是否讓同性婚姻合憲，是典型的以民主方式來解決憲法問題，即一切交給人民來處理。由於通過投票方式來創制式地修改加州憲法要求簡單多數（simple majority）的通過。然而，最終的投票結果是 52.30% 支持第 8 條提案，47.70% 反對第 8 條提案。這結果當然使得那些相信法律面前人人平等的群體大為失望。這樣，洛杉磯、聖迭哥、舊金山、薩克拉曼多等諸多加州城市都停止了給同性戀者簽發婚姻證（marriage license）。

憲法案件與政治是緊密不可分的。在同性婚姻的合憲性上，共和黨與民主黨有明顯分歧。共和黨整體上贊成第 8 條提案，而民主黨則反對。在 2008 年的奧巴馬和麥凱恩競爭性的總統選舉中，他們也明顯地表露出各自的政治傾向。這項提案在共和黨和民主黨之間也存在分歧，麥凱恩作為共和黨被提名人，試圖恢復婚姻歧視，即只承認異性婚姻；而奧巴馬則贊成創制，加州的民主黨參議員芭芭拉·鮑克瑟（Barbara Boxer）和迪安妮·菲因斯坦（Dianne Feinstein）當然也站在奧巴馬的陣營裏。從這裏可以看出，美國憲法案件一般也很難逃離政黨因素的影響，不管這種影響是主動的還是被動的。因此，一定程度上，美國的憲政是與政黨政治分不開的。

選舉結束後，由於禁止了同性戀婚姻，所以大量訴訟湧向了加州最高法院和政府部門，要求以前已經被確認的同性婚姻的有效性及其效力。但是憲法爭議不會因為最終的選舉結果而得以平息，相反可能引起更大的爭議。比如選舉以微弱的多數通過了第 8 條修正，這樣典型的使得民主的局限性、多數主義的暴政等問題得以顯現。本案也可以窺見美國社會制度中法院的司法、人民的民主實踐、多數決原則、國家權力之間的制衡、政黨政治與憲政等諸多實踐性命題。

## 三、墮胎、宗教與憲政

2009 年年初，七個州起訴聯邦政府頒佈的一個新規定，因為這個規定擴大保護了那些拒絕參與墮胎手術和其他由於宗教和道德反對而進行醫療程序的醫生和其他醫務工作者。[18] 康涅狄格州的檢察長理查德·布魯門薩爾（Richard Blumenthal），代表加州、伊利諾州、馬薩諸塞州、新澤西州、俄勒岡州、羅得島州，向聯邦法院提起訴訟。這些州試圖尋求法院推翻這項新的規則。他們認為布殊政府頒佈的這個規定將會影響州法對於婦女對生育的控制、婦女的生育醫療衛生服務及緊急避孕，進而認為該規定違反了憲法，因為其侵犯了婦女的健康保健權。

這又激起了美國對墮胎問題的又一波憲法討論。墮胎問題自從羅伊訴韋德（*Roe v. Wade*）案[19]後，一直在美國社會中爭論不休，此起彼伏，沒有定論，它往往受政黨政治等諸多因素影響。從圖 16.1 的調查可以顯示其爭論及變化程度。

**圖 16.1 關於羅伊訴韋德（*Roe v. Wade*）墮胎案的美國公眾民意調查表**[20]

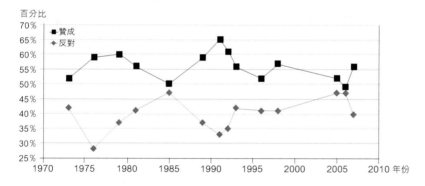

---

18. See "7 States Sue Government Over U.S. Abortion Rule," *New York Times*, January 15, 2009.

19. *Roe v. Wade*, 410 U.S. 113 (1973).

20. 圖表來自 wikipedia 網站。民意調查的問題是：你贊成還是反對美國最高法院關於達到三個月墮胎就一般是合法的決定？

在美國，墮胎同樣是一個涉及宗教、政治等諸多複雜社會問題的憲法爭議。從宗教的觀點來看，墮胎是錯誤的，因為它並不是去愛、感激及照顧屬於人類的嬰兒。它之所以是錯的，也因為它故意地殺害無辜的人類。當人們為墮胎辯護的時候，這樣的爭辯應該認識到嬰兒也是人類，獨立於母親的個體。因此，故意地殺害一個嬰兒無異於殺害無辜的人類。母親應該愛他們的孩子，不允許殺害他們[21]，即使是嬰兒也是如此。《聖經》啟示人們，母親不需要虛度剩餘的生活，如果有沒有被寬恕的罪惡負重。同時啟示人們，這一切將通過耶穌基督的血來獲得真正的寬恕。如果我們遵守耶穌，來到他的面前，上帝就會寬恕我們。[22]

然而，當奧巴馬政府執政後，又引起了新的爭論。因為布殊政府的保守性，整體上是反對墮胎的。而奧巴馬政府則不同，他並不反對墮胎。之前的政策是禁止美國機構在國外提供資金給任何國際性非政府組織來從事或推進作為家庭計劃的墮胎，禁止資助這些活動，包括提供建議、諮詢或關於墮胎的信息。當然這些限制不適用於由於強姦、亂倫或懷孕婦女有生命危險的情形。這項的政策，近乎已經被貼上了政治標籤，因為不同的政府往往有不同的態度，從列根到克林頓、奧巴馬等。[23]上任後的奧巴馬，取消了聯邦基金使用上對於推進和提供國外墮胎國際組織的限制，一反布殊政府的社會政策。同樣可以想像這引起了社會上已經超越法的範疇的社會性爭論。

同樣，在 2008 年大選中，墮胎問題也成為了選舉競選活動的重要價值標籤。天主教也因為墮胎問題而出現了選舉政治上的分歧。[24]當然，排除宗教上的因素，從世俗法學的觀點來看，其涉及的是婦女與嬰兒權利之間的衝突、生命權的保護、科學技術與憲法等諸多

---

21. See *Holy Bible*: Titus 2:4; I Cor. 13:4–7; Rom. 13:8–10.

22. See *Holy Bible*: Rom. 1:16; 6:3, 4; 10:9,10; Mark 16:16; Acts 17:30; 2:38; 22:16.

23. See "Obama Reverses Rules on U.S. Abortion Aid," *New York Times*, January 23, 2009.

24. See David D. Kirkpatrick, "Abortion Issue Again Dividing Catholic Votes," *New York Times*, September 16, 2008.

爭議性命題。由於墮胎案涉及到人類科技發展和認知的局限性，以及諸多尚未解決的未知因素，使得該案一直在美國爭論不休。如果回到羅伊訴韋德案，還會涉及到最高法院的憲政角色等爭議性命題。

## 四、述評：作為人民的憲法

現實中的憲法爭議並不僅僅局限以上的槍枝、墮胎、同性婚姻等議題，對於糾偏行動（affirmative action）[25] 與平等保護等問題，同樣在美國社會有持久的爭論。美國現實生活中的問題有很多，如果從憲法學的視域來看，似乎每個社會問題都是「憲法問題」，也都可能成為社會上討論的憲法問題。如奧巴馬當選總統是否合憲，也會存在一些討論。因為按照美國憲法規定：無論何人，除生為合眾國公民或在本憲法採用時已是合眾國公民者外，不得當選為總統。有人認為奧巴馬可能不是出生在美國，而可能是印尼或其他國家，從而推測其選舉總統可能違反了憲法。[26] 同樣，奧巴馬總統在宣誓的時候，由於首席大法官羅伯茨主持時，把憲法中規定的總統宣誓內容中的一個詞（faithfully）更換在句子中的位置，導致奧巴馬在宣誓時出現了比較古怪但很自然的一個停頓。雖然羅伯茨後來糾正了，但是奧巴馬仍然重複了羅伯茨原先對他說的宣誓詞，這卻和憲法上的語句順序不一致。對此，有學者便認為這是一個憲法問題，因為涉及到總統就任程序合憲性的問題，而主張奧巴馬應該重新宣誓，畢竟其宣誓的內容和憲法規定的不一致，可能存在程序違憲。[27] 2009 年 1 月 21 日，總統奧巴馬在大法官羅伯茨的主持下，在白宮進行了第二次宣誓。其實，從這些細節可以看出，美國憲法包羅萬象，體現了一種開放性、包容性，而這種開放包容的特性建基

---

25. Steven D. Levitt, "Is U.C.L.A. Illegally Using Race-Based Affirmative Action in Admissions?" *New York Times*, August 29, 2008.

26. See Jim Kouri, "Will the Next Us President be Unconstitutional?" NewsWithViews.com. October 30, 2008.

27. Carolyn Lochhead, "Experts Say Obama Should Retake the Oath," *San Francisco Chronicle*, page A–5.

於憲法的本質特徵——作為人民的憲法。但是在憲法方法的層面，憲法並不能調整所有社會問題，雖然每個社會問題尋根問底都可能與憲法有一定的關聯，也可能引起憲法上的些許討論，但這並不一定可以使其成為憲法案件，從而進入司法審查的視域範圍。最高法院所接受的憲法案件有其法定的條件，如美國憲法第三條所設定的案件性及爭議性原則（case or controversy），政治問題不審查原則（political questions），當事人適格（standing），成熟性（ripeness and mootness），等等。

因此，從結果取向來看，美國最高法院接受的憲法案件必定會在全國引起爭議及討論，這是憲法案件的正常表象。這種爭議可謂涉及政治、經濟、政黨、文化、宗教等各個環節。從以上加州發生的一些案件可以看出，法院雖然可以進行司法審查，但是法院的司法審查並非可以為所欲為而無所顧忌，其仍然受制於最根本的人民主權理論。其實憲法案件的全國爭議性特點也可以說明為何美國憲法理論中我們人民（We the people）可以通過各種不同的方式途徑對憲法的發展起到主導性的作用。人民可以通過創制性的選舉的方式來修改憲法，通過人民運動（如抗議等）來進行一定範圍內的憲法解釋等。人民雖然是個極其抽象的概念，但是在美國的制度設計下，人民這個抽象的概念確實可以成為一種推定憲法發展的現實動力。

美國憲法的爭議性與其所處的特定社會文化特點是分不開的，比如長期飽受爭議的平等保護問題，其重要原因之一就是美國是一個移民多元化的社會。在這樣的社會環境之下，平等保護便有了豐富的憲法內容，因為不同語境下平等保護的含義並非千篇一律，而究竟應該採取何種平等保護的標準及措施，便是一個持久性的爭議。同樣糾偏行動這一持久性的爭議也是與美國社會的多元性分不開的。黑人、白人雖然都是人，但是畢竟一個黑、一個白，這也是導致學說上分歧與爭論的重要因素。

美國憲法的爭議性也來自其強勢的宗教文化因素。雖然美國確立了政教分離原則，但是美國的宗教對於社會生活各個領域的影響

是不言自明的。從總統宣誓就職、到貨幣上的「上帝」等細節，可窺見宗教對於美國的影響。如果從宗教的觀點來看，美國社會法治的諸多環節都能夠在宗教上尋找到結合點。

　　儘管一直存在這些爭論，但是美國憲法爭議在制度上總能在一定的時候以一定的方式找到適當的平衡點。雖然這種平衡點會隨着時空發生變化，又會引來新環境下的憲法爭議，但其實憲政的發展本來就應是一個動態的歷史過程，而不是固定不變的機械教條。憲政某種程度上也是在這樣爭議的動態過程中不斷地向前發展。

# 第十七章
# 人、動物與法治<sup>*</sup>

　　不久前，香港一名工人因虐待一隻流浪貓並導致其死亡，被香港荃灣裁判法院判定構成虐畜罪，監禁三個月。此案也許給人的印象是，該男子虐待動物，缺失關愛心，罪該如此。不過，在一個道德衰敗乃至缺乏關愛的社會，或許會有另一種聲音：一隻流浪貓，至於嗎？

　　提起這些小動物，自然會讓人想到那些惹人喜愛的貓、狗、鳥等。牠們之所以會受寵，可能主要在於其一般可供消除孤寂或作娛樂之用。在法律層面，比如台灣的動物保護法，將寵物界定為：「犬、貓及其他供玩賞、伴侶之目的而飼養或管領之動物」。從定義來看，寵物之所以受寵，主要基於此物種的特殊性：「可供人玩賞乃至作為伴侶」。每每看到很多朋友痛失愛狗的那種悲慟，以及狗喜迎主人的那份殷勤，我們都有理由相信很多動物在滿足人類情感的同時，可以成為人類的朋友。既然可以成為朋友，那如何彼此相待，也許便是一個繞不開的話題。否則，或許會淪落至人類對很多動物一味貪婪索取乃至殘忍的地步，催化人性的醜惡，甚而讓社會充斥冷漠與無情。

　　雖然我們可能基於文化的差異，對「狗肉是否可食用」這一命題存在不同但均在理的答案。但是，當我們沉浸於把動物當做朋友的文化之中，我們完全可以理解「狗肉不可食用」的合理性，甚至在法律層面，食狗肉被定為違法之舉亦可謂合乎情理。與殺人罪有別，食狗肉之違法性的法理基礎或許暗含了愛的旋律。試想，如果

---

　　* 本章內容曾刊於《法學家茶座》2013 年 10 月，第 40 輯。

一個社會滿地是流浪貓無人領養，且時常出現高跟鞋踩貓、打狗、火燒貓等事件，這很難讓人相信這是一個充滿愛的文明社會。每天傍晚，當我們看到很多人在一天的忙碌工作之後，牽着自己的愛狗在公園溜走而其樂無窮時，我們的思緒裏若果出現某人在飯館「盡情享用」狗肉的情景，也許多少會讓人心中發怵。

雖然第一次在香港看到路邊的公共設施中竟然還有為狗專設的「洗手間」時，感覺頗為新奇，但很快便認識到此舉的意義也許已經上升至互愛、和諧等層面。後來再發現還有專供牠們在主人出差時寄宿的動物「旅館」、動物「玩具」、動物「零食」等，也就不足為奇了。從「洗手間」到「旅館」再到「零食」，這一切在使動物朋友擁有一個快樂世界的同時，或許也可以讓由人作為主體的社會更加充滿人性般的愛。

目前世界很多發達國家和地區均通過刑法或專門的反虐待動物法規定了虐待動物罪。如截至 2009 年，美國有 46 個州規定了相應的虐待動物罪。意大利、奧地利、俄羅斯、香港等國家和地區也有相關規定。不久前，網上瘋傳一段名為「溫嶺老虎打成貓」的視頻。其中，一名身穿制服的男子騎在虎背上，把老虎當成蹦床不斷彈壓，另一名男子則不時抽打老虎。威嚴的老虎儼然成了一隻病貓。雖然這或許只是個案，但難以想像一個擁有法治精神的社會會任憑這類事件發生。

記得數年前來香港工作時，一方面為中國在主權上收復了香港這塊資本主義領地並踐行偉大的「一國兩制」而自豪，另一方面也為香港人對動物的喜愛或者說是普遍友善的態度而印象深刻。反過來，在香港，很多動物即使遇見人，也不會驚慌逃離。我曾驚異於麻雀竟敢從我的腳旁歡快地跳過，河裏成群的魚兒竟可以在路人眼下悠然戲水……如今每每想起自己和同伴們一起出征搗鳥窩的童年時光，雖然美好，但都難免帶有幾分內疚。

由此，面對社會上屢屢不斷的虐待動物事件，我們在為法治吶喊的時候，該作何反思？雖然法治可能基於國別文化而具有自身的特殊性，但是在法治建設途中，如果人與動物的關係日趨冷漠，乃

至在社會中失去了愛的力量，那麼最終也許難以實現我們所追求乃至信仰的法治。前些年完成的《中華人民共和國動物保護法》（專家建議稿）擬增設「虐待動物罪」、「傳播虐待動物影像罪」和「遺棄動物罪」專條，以此用法治來推進社會道德建設。雖然有學者認為這是立法理念從「人本主義」向「動物本位主義」的飛躍，但也許在本質上乃是「人本主義」的道德昇華，因為人類如何善待自己的動物朋友，也可以從某種程度折射出人類如何對待自己。

雖然我堅持「人本主義」，反對極端的「動物本位主義」，也不贊成極端的「禁食主義」，即禁止食用一切動物等，但有時候，「人本主義」若走向極端，也許便與極端的「動物本位主義」無異。起初，當我得知在香港不能吃狗肉時，頗為不解，但隨着時間的推移，我慢慢接受並理解了。在很多地方不能吃狗肉的規定也許和法治有那麼一點點關聯。

如果換個出發點，「把動物當朋友看」與「把人當人看」或許在本質上相通且同理。我們如今所倡導的法治乃至着力的制度建設，可能也繞不開這對看似再簡單不過的命題。

# 第十八章

# 憲法學、法學院院長及其他*

　　法學院院長與憲法學似乎風馬牛不相及。2009 年，筆者在哈佛法學院訪問研究期間，可能源於自己是憲法學專業出生，一個偶然的機會觸及並打開了這個話匣子。

　　當曾為芝加哥大學法學院一名憲法學教員的奧巴馬上任美國總統之後，全球一片沸騰。奧巴馬鼓舞了美國人，也鼓舞了身在異國的遊子。記得當時我對我的指導老師邁克爾・佩里（Michael J. Perry）教授說，「每次聽奧巴馬總統演說，就如同在聽一堂精彩生動的憲法課。」。佩里則會意一笑，深表贊同。即使奧巴馬的演講主題不是憲法，也常使人切實地體會到這位總統果真是憲法學出身的。奧巴馬就職後，時任哈佛法學院院長的埃琳娜・卡根（Elena Kagan）教授被提名擔任美國檢察院檢察長（Solicitor General of the United States），這也使得哈佛法學院躁動一時，當時便有傳言此舉很可能就是為她提名聯邦最高法院大法官作鋪墊。當然遺憾的是，哈佛法學院的學生很難再有機會聽卡根教授講授憲法學、行政法學了。卡根教授憲法課的精彩也只能在學生的記憶中細細品味了。

　　這樣，哈佛法學院院長一職便暫時空缺了。對於誰來擔任這一要職，一時又成為熱門話題，因為畢竟這是哈佛法學院，需要管理或服務的是一群世界一流水平的哈佛法學教授。在這個地方「誰怕誰呢」！記得當時暫由財政法方面的教授豪威爾・傑克遜（Howell Jackson）作為執行院長（acting dean）來掌管法學院。傑克遜教授在財政、金融規制等領域卓有建樹，且具有睿智的管理經驗及多年主

---

　　*　本章內容曾刊於《法學家茶座》2012 年第 1 期，第 34 輯。

管哈佛法學院財政事務的副院長經歷。那麼，便自然可以理解大家對傑克遜教授擔任法學院院長一職的程序預期了。

但有點出人意料！哈佛大學校長德魯·福斯特（Drew Faust）於6月11宣佈哈佛法學院耶利米·史密斯講席教授（Jeremiah Smith, Jr. Professor）瑪撒·米諾（Martha Minow）於7月1日就任法學院院長。米諾作為一名女性教授，更作為一名憲法學教授，在憲法學領域頗有建樹，尤其集中在平等權、人權保護等領域，在法學院講授憲法學等課程，深受學生愛戴。2005年因出色教學表現被授予學院Sacks-Freund獎。

「米諾教授」、「憲法學」、「法學院院長」等詞匯着實使我產生了些許「中國式」質疑，也帶來了一些邏輯上的思考。哈佛法學院那麼多享譽全球的教授，憑什麼服你米諾呢？按照中國政治思維的慣性，她連副院長的經歷都欠缺，似乎就更讓人對此納悶了。至少傑克遜教授還有多年的副院長經歷，而且也是執行院長。難不成是因為哈佛大學校長福斯特教授，與米諾教授一樣，都是女性？在對全球數所頂尖法學院院長進行敘事之後，發現這種「出人意料」也許並非偶然。

在美國，與哈佛法學院難分高下的耶魯大學法學院，時任院長為羅伯特·C·珀斯特（Robert C. Post）教授，主要研究方向也是憲法學，包括第一憲法修正案、平等保護權和法律史。另外一所位處天堂、聲譽卓著的美國史丹福大學法學院，時任院長為拉里·克萊默（Larry Kramer）教授，也是主攻憲法學，雖然他也教授衝突法、民事訴訟等課程。其代表作《人民自己：人民憲政主義與司法審查》（*The People Themselves: Popular Constitutionalism and Judicial Review*），在美國憲法學界影響深遠。這便是當時美國三所世界一流法學院[1]的院長！

---

1. LawSchool100網站根據質量指標排列出的2009/10年度美國前三名法學院，分別為哈佛大學法學院，排位第一；耶魯大學法學院與史丹福大學法學院並列第二。

在英國，牛津大學法學院時任院長蒂莫西・恩迪科特（Timothy Endicott）教授，其研究領域也集中在憲法學，以及法哲學、行政法學等領域。劍橋大學法學院前院長大衛・菲爾德曼（David Feldman）教授同樣主攻憲法學。在 2009 年，雖然院長一職由主攻民法及法律史的大衛・伊比森（David Ibbetson）教授接替，但英國的法律史研究幾乎很難脫離對英國憲政的思索。伊比森教授撰寫的諸多論著也在一定程度上展現了其對於英國憲政的洞見。另外一所同樣負有盛名的世界一流法學院——倫敦政治經濟學院（LSE）法學院，時任院長為著名憲法學家馬丁・洛克林（Martin Loughlin）教授。最近幾十年，洛克林教授的憲法學說可以說一直引領着英國憲法學的動脈。其撰寫的《公法的基礎》[2]、《公法的理念》[3]、《劍與天平：法律與政治關係的檢驗》[4]、《公法與政治理論》[5] 等著作在法學界、政治學界掀起了一股強風，而且也吹到了中國。[6]

在韓國，盛名已久的一流法學院——國立首爾大學（SNU）法學院，時任院長為鄭宗燮（Jong-sup Chong）教授，也是主攻憲法學。

在香港，歷史悠久、名聲遠揚的香港大學法學院，前院長為大家所熟知的著名法學家陳弘毅教授，在憲法學上的造詣不必多言。時任院長陳文敏教授的研究旨趣也集中在憲法學，行政法學以及人權保護等領域。

在中國內地，雖然法治進程依然漫長，而且憲法曾經只淪為一種階級工具，並不具有最高法應有的價值功能。但是通過這些法學院院長的敘事，似乎也可以使我們對中國的法治充滿信心、對中國的憲政懷着希望。中國一流法學院的整體佈局主要集中在北京。中

---

2. See Martin Loughlin, *Foundations of Public Law* (Oxford: Oxford University Press, 2010).

3. See Martin Loughlin, *The Idea of Public Law* (Oxford: Oxford University Press, 2003).

4. See Martin Loughlin, *Sword and Scales: An Examination of the Relationship between Law and Politics* (Oxford: Hart, 2000).

5. See Martin Loughlin, *Public Law and Political Theory* (Oxford: Clarendon Press, 1992).

6. 目前國內對於政治憲政主義與司法憲政主義的探討，以及對於政治憲法的提倡，在一定程度上都受到了馬丁・洛克林政治憲法學說的影響。

國人民大學法學院一直以來素有中國法學教育的「工作母機」、「法學家、法律家的搖籃」之美譽，但是從人大法學院的院長史來看，直到 2009 年 4 月，中國人民大學任命著名憲法學家韓大元教授執掌法學院院長，之前一直沒有憲法學專業出生的法學院院長。接著，主攻憲法學尤其是港澳基本法的王振民教授繼位清華大學法學院院長，這更為京城法學增添了一道風景。人大法學院與清華法學院在兩位憲法學家的掌舵之下，發展態勢迅猛，可謂「百尺竿頭，更進一步」，取得了豐碩的戰績，也使得中國的法學教育逐漸走向了世界。兩所法學院在傑出海外人才引進、海外項目的開拓、學術期刊資源開發、與法院等實務部門的深度合作等，都使得教師與學生、理論與實踐等諸多層面逐漸融合，逐步達到了法學教育內在機理的有機平衡，一時引領法學教育風騷。

也許，這些碩果的背後蘊含着一種高雅的憲法智慧。

近來頗為人關注的幾所新興法學院，尤其是北京航空航天大學法學院、上海交通大學凱原法學院及首次中歐合作的中國政法大學中歐法學院，也是異軍突起，勢不可擋，在中國的法學教育競爭中佔有一席之地。北航法學院與上海交大凱原法學院相繼整合資源，設立了法學一級學科博士點，並採取了諸多得力改革措施，在中國特色指標的衡量上佔有絕對發展優勢。而中歐法學院所獨具的深度合作，在教學、科研等方面也走在全國前列。饒有趣味的是，這幾所法學院院長，都與憲法學有一定的親緣關係。上海交大凱原法學院前院長季衛東教授的研究集中在法理學、法社會學，在憲政理論方面成就斐然，其在《中國社會科學》發表了《合憲性審查與司法權的強化》等名作，並撰有《憲政新論》等著作。中歐法學院院長方流芳教授也在憲法學上造詣深厚，其於 1998 年撰寫的《羅伊判例：關於司法和政治分界的爭辯——墮胎和美國憲法第 14 修正案的司法解釋》，至今仍然是憲法學相關研究中無法繞開的名篇。而北航法學院院長龍衛球教授，多年研習美國、薰染於美國憲政，撰寫了諸如《公法與私法的關係》、《論物權法的合憲性》等佳作，毋庸贅言。

人們時常將某政法院校校內一蹲在憲法上放置地球的雕塑戲言為「憲法頂個球」。之後校方可能覺得該戲言不雅，便將地球取下，只留憲法，但此時又被調侃為「憲法連球都不頂」。雖為戲言，卻可感知憲法學在法學、法治中可能的尷尬。但是法學院院長的敘事，也許可以讓我們更深刻地認知憲法之「有用」與「無用」。一方面，由於法律的生命在於實踐，因此憲法相較於民法等部門法，很難在糾紛解決中被具體操作，從而也可以理解當憲法學遇到實用主義時的弱勢性。但另一方面，法學院院長背後的憲法「親緣」，又讓人若即若離地感知到憲法所具有的某種特殊功用。

從美國法學教育來看，憲法在實踐中同樣較少為律師所用，而且美國最高法院的憲法案件也屈指可數，但在法學院，憲法學卻是一門備受學生歡迎的科目，而且是一門可以讓憲法老師成為「明星教授」的學科，其他學科往往望塵莫及。憲法學之「有用」也許不在於民法的技藝，而更在於其中包含的高雅政治及憲法智慧。也許只有進入憲法知識的殿堂，方可領會其中的奧妙，而這對於殿堂之外的工匠也許毫無用處，毋寧是一種白紙，也不足為怪了！

以上只是對法學院院長進行的一種經驗性敘事，就如同在課堂上敘說美國總統大多數都是法律出身的一樣。從經驗的角度來說，當然不排除不是法律出身卻具有法律智慧的總統的存在可能，也不排除不是憲法學出身卻具有憲法智慧的法學院院長的存在可能。

在全球化及中國轉型的特殊時期，國內法學院為了生存及繁榮可謂絞盡腦汁。然而，從國內外名流法學院院長與憲法學的「親緣」關係，也許可以為大學校長們在如何治校方面提供些許思考。同樣，中國的法治建設，也許同樣可以由此獲得一些啟示。因為，憲法之「有用」截然區別於民法等部門法之「有用」。正所謂，此「用」非彼「用」！

# 第十九章

# 洗手間裏的法治<sup>*</sup>

　　記得在美國的時候，第一次進大學的公共洗手間，「稍頓」片刻，便讓我體悟到了美國的法治。抽拿衛生紙的時候，發現桶裏裝了兩大卷：一卷用完，第二卷就自動補上。不過，我的第一反應是「完全多此一舉，哪用得了那麼多！」況且，每天還有清潔工定時打掃。但後來一想，萬一節假日放假，清潔工休息呢，或者由於學生組織活動等原因造成訪客量陡增，也可能出現「天氣不好」、一些人「身體不適」……這樣一來，說不定兩大卷都不夠！雖然這些可能性都極為渺小，但這並不代表不可能。這就如同中國北方很少會出現長時間下暴雨的情形，但這並不代表不可能。這讓我在一定程度上更為深刻地理解了「應急法治」的內涵。

　　後來到香港工作，第一次進大學裏的洗手間，又讓我頗為驚嘆。這一次，不再是和美國一樣具有應急功能的那兩大卷衛生紙，而是公共洗手間的環境簡直比有些廚房還要乾淨。這在國外也許不足為奇，因為國外的國情一般都是「地廣人稀」，故而可以理解中外洗手間在使用頻率、衛生狀況等方面的差異。但香港絕對算是「地少人多」之地，那為何也能讓洗手間近乎一塵不染呢。由此，也引發了我對一些「國情論」的懷疑。

　　為此，帶着一顆好奇心，我請教了在香港工作多年的同事「阿康」君：為何在人口稠密的香港，洗手間可以保持得如此乾淨舒適？「阿康」君從理論的高度將此中緣由概括為「定點打掃簽章與監督投訴制度」。所謂「定點打掃簽章」意指當值清潔工須定點（如上午

---

* 本章內容曾刊於《法學家茶座》2012 年第 4 期，第 37 輯。

10點整）打掃，完了在工作手冊上簽章以示履行職責。從法律的角度來看，「定點打掃簽章」可謂「明確職責」，從而可以避免如承包制下由於職責不明而帶來的「懶惰」、「拖延」等情形。而「監督制度」則是由管理層來對「定點打掃」情況予以相應的檢查。這可以說是後勤管理制度的一種「內部監督」制度。由於清潔被「定點」了，監督起來自然也方便易行。當然，如果剛定點打掃完，出現少數「素質低」者亂丟紙屑等情形，而被隨後履行檢查職責的監督員發現了，該怎麼辦呢？顯然，此時已經不是法律而是道德層面的問題了。不過據「阿康」君介紹，「對於這種情形，監督員一般都會在檢查過程中主動撿起這些紙屑」，且將此貼切地形容為「檢查制度中的人性化管理」。這在一定程度上讓我們看到了法律秩序中的道德圖景。

當然，作為一名法律人，完全可能會擔憂出現這樣一種可能，即後勤管理制度內部腐化、監督管理員和清潔工互相偷懶、包庇甚至一致對外。如此，雖然後勤管理可能在形式上符合法治要件，但實質效果卻可能是洗手間的「髒、臭、亂」。追溯至此，就已涉及到了制度的關鍵環節——投訴處理機制。可以說，這當屬法治中的「外部監督」環節，即任何一位包括學生在內的洗手間使用者，如果發現洗手間裏有讓其不滿的「髒、臭、亂」情形，均可以通過投訴處理機制直接向校方投訴。當校方接到投訴，定會認真積極地處理並回應。由此追查下來，其中的來龍去脈便會浮出水面。當然，也許我們會問：為何校方一定會認真對待投訴並追查落實呢？難道不會敷衍嗎？其實，在一個真正「學生至上」的大學，這種質問本身也許是不存在的。否則，校方估計要被扣上「極權」或「專制」的帽子了，甚而帶來「學生」走向街頭、誓與「專權」抗爭到底的圖景。「學生」如果真的憤然出場，那校長的日子估計就難過了。現在也越來越明白，在香港這個保障人權的法治社會，為何校長、院長、政府領導、公司經理等最怕學生、百姓、消費者投訴，因為他們是社會的主人！

由此聯想到目前中國的法治建設，也許「職責明確」、具有制衡效果的「內部監督」及奉「人民至上」並有效運轉的民主監督制度，仍然是未來法治建設的着力點。

時常聽國人以「國情論」或「中國特色論」來為法治尋找退路。然而香港的法治經驗在很大程度上也許可以啟示我們，法治在很多方面並沒有國界。也許，法治並不是一首時常見諸報端、頌揚「民主」、「人權」等華麗辭藻的頌歌，而是一曲能真正造福百姓的民歌小調。其實，法治本身並非虛幻縹緲，而是融入在生活的每個細節當中！

# 第二十章

# 人大監督與輿論監督應該互動起來*

監督權是人大的核心職權之一，但囿於制度層面和實踐層面的種種問題，人大監督一直並未發揮應有的功效。故而，如何激活人大監督，發揮其在中國監督體系中的核心作用是堅持和完善人民代表大會制度不可或缺的內容。在制度層面，我們應該創造出適宜的形式和方法，將人大監督落到實處。近些年來，借助於網絡發展起來的輿論監督為人大監督的實現提供了一個很好的載體。人大監督應當實現與輿論監督的互動，通過及時吸納民意和反饋民意實現人大對一府兩院的監督。

根據中國憲法規定，人民代表大會是中國的根本政治制度，人民行使國家權力的機關是全國人民代表大會和地方各級人民代表大會。人大監督主要是人大及其常委會通過審議政府工作報告、決定等重大事項，開展執法檢查，組織述職評議，受理人民群眾的申訴和控告等形式和手段，監督國家行政機關、審判機關和檢察機關，這是憲法和法律賦予人大的重要職權。

不過，人大行使權力的方式主要是靠開會來行使。由於人大的會期非常有限，會議所要討論的事項又不只監督一項，所以靠開會來行使監督的廣度和深度就可想而知了。那麼在閉會期間如何行使人大的監督權呢？各級人民代表大會均由人民選舉的人民代表組成，因此，只能依靠代表人民利益的人大代表來發揮人大的監督權。而在中國的現實環境下，人大代表主要集中於各行各業已經成績突出的個體。這便無形陷入了一個悖論：一般只有在某領域、行

---

* 本章內容曾以〈論人大監督與輿論監督的互動〉為題，《人大研究》2007 年第 1 期。

業成績卓然的人方有可能被選為人大代表。而被選為人大代表後，由於其本職工作的繁忙，時間、精力等都非常有限，一般無暇顧及其所享有的監督職責。而那些時間充裕的人，一般工作成績平平，又很少有可能被選為人大代表。因此，通過人大代表的途徑來行使人大的監督職責在中國的現實中很難暢通。

另一方面，即使那些少部分人大代表精力非常充沛，可以行使其所享有的監督職責，但由於人大監督很多時候都缺少監督的方式，從而其監督職責依然不能得到有效的發揮，因為，中國人大監督的方式主要有審議政府工作報告、決定重大事項、開展執法檢查、組織述職評議等，而這些監督方式由於只具有宏觀性，而缺少具體的規範性、操作性、程序性，且某些時候具有較強的政治性等因素，一般人大監督很難在社會中及時地運作。可以說，目前的人大監督已陷入了非常艱難的困境，其在現實生活中所起的監督作用很低。

一直以來，輿論監督也是中國整個監督機制中不可缺少的監督形式。所謂輿論監督，簡言之就是利用新聞媒介等大眾傳播手段，揭露和批評國家生活、社會生活中出現的違反公共道德或法律、法規的行為，引起人民的關注，形成社會普遍性的看法，借助輿論的壓力使上述不良、不法行為得以及時糾正和救濟，從而確保權力的良性運作，維護社會的公平及正義。輿論監督曾被馬克思形象地稱為「另一個法庭——社會輿論的法庭」。不同於權力對權力的監督，輿論監督是自下而上的監督模式，它所具有的公開性、民主性、獨立性等特徵，有時候比權力之間的監督更為見效。

隨着互聯網的勃興，輿論監督的聲勢日益見長。輿論對立法、行政、司法的影響也日益明顯。但在現實中，輿論監督同樣存在着運作的困境。目前的輿論監督一般都被理解為黨和政府的喉舌，是宣傳黨和政府的方針、政策的工具，很大程度上只具有政治性，且不少新聞工作者在工作實踐中把某些領導人的個別講話或某個決定片面地等同於堅持黨性原則，導致目前的輿論監督很大程度上喪失其所應具有的獨立性。此外，輿論的組織機制具有較強的「依附性」

的缺陷。輿論媒體在組織機構、人事管理、財政經費等方面都很依賴於政府，這也是目前輿論監督未能充分發揮的一個重要原因。以自媒體為代表的新媒體雖然並不存在過度依附的缺陷，但有時卻因缺乏有效的引導和制度性吸納渠道而激化官民矛盾，影響政府機關的合法合理的決策和行動。

既然人大監督與輿論監督在社會生活中的運作中都存在着困境，那麼，人大監督與輿論監督的內在契合為人大監督與輿論監督的互動提供了可能性。首先，人大監督與輿論監督都具有人民性。人大監督的主體某種程度上是人民群眾，主要是人民群眾的代表和積極的政治參與者。而輿論監督在主體上具有廣泛的群眾性、民主性。正確的輿論應以人民的聲音為主導。李瑞環同志在新聞工作研討班上曾明確指出：「輿論監督在我國已成為人民群眾行使其社會主義民主權利的一種有效形式。人民的利益和願望，人民的意志和情緒，人民的意見和建議，都要通過新聞報道把這些反映出來，形成輿論，也就是輿論監督。」其次，人大監督和輿論監督的範圍都具有廣泛性。由於人大是最高國家權力機關，由其權力的最高性所決定，其監督範圍實際上覆蓋了整個社會，涉及各個領域。而輿論監督由其本身的社會性所決定，也可對任何違紀違法特別是腐敗行為進行揭露和批評。而其他監督如司法監督、黨的監督一般只涉及某個範圍，或某個特定的領域，不具有監督範圍上的全面性。最後，人大監督與輿論監督都具有公開性，相對於內部監督而言都是一種外在監督。人大監督一般從人民利益的角度出發，為了維護人民的利益，因而對於人民大眾具有公開性，是一種外在的監督。而輿論監督的主要功能是為民眾提供接近國家、接近立法、執法和司法活動的通道。其面向的對象主要是社會大眾，同樣具有整個社會範圍內的公開性。

可見，人大監督和輿論監督在很多方面都具有相通性，具有進行兩者互動的現實基礎。近來，溫州市人大在監督上進行了創新，設置了《代表在線》、《事實面對面》兩個輿論欄目，充分利用輿論監督的方式進行監督，取得了很好的成效，以事實證明了人大監督與輿論監督的互動是完全具有現實可能性的。

既然人大監督與輿論監督在理論上具有互動的基礎，而且有些地方已經有了較為成功的實踐探索，我們應該積極尋求兩者的互動的形式，促進人大監督和輿論監督兩者職能的發揮。

　　第一，人大監督雖然具有最高權威性，但其現有的監督方式一般在社會生活中難以運作或取得監督的效果，而輿論監督的互動則可以彌補這一缺陷。多年來的人大監督一般只限於兩種模式，一種是聽取報告，聽取行政機關的報告，聽取法院和檢察院的工作報告；一種是對執法機關的檢查。從人大監督的實踐看，由於其宏觀性、或程序的繁瑣、或較強的政治性等原因，一般人大監督在實踐中欠缺力度。如果引進輿論監督的方式，則可以改變人大監督的現狀。由於輿論監督具有時效快捷性，其信息內容很快便可以讓社會了解、知悉。這樣，很快便可切實有效地使人大的監督落到實處，從而樹立人大的權威。

　　第二，輿論監督可以借助人大監督的制度化表達渠道，傳導民意，監督一府兩院。如果實現人大監督與輿論監督的互動，由於人大地位的至上性，輿論監督職能毫無疑問可以充分的展示，從而有利於保證輿論監督的及時傳導民意，查出引發輿論熱議的權力貪腐事件。

　　第三，互動可以使人大監督中被監督者的責任得以落實，強化監督的效果。任何監督都必須有責任的落實才能使被監督者對其產生威懾。當前人大監督僅有的幾種監督方式，很多時候都讓被監督者逃之夭夭。而兩者的互動則不同。英國密爾曾說：「如果組成政府監督的人員濫用權力，或者履行責任方式同國民的輿論明顯相衝突，就將他們撤職，並明白地或事實上任命其後繼人。」由此可見具有社會性的輿論監督的威力。雖然輿論監督本身不具有強制性和直接處置權，但它可使被監督者產生巨大的心理壓力和政治壓力，而對其行為予以合理、合法的規範。因此，兩者的互動可以有效地落實人大監督中被監督者違法違紀的責任。雖然此種責任是無形的，但其效果往往勝過有形的責任。

人大監督與輿論監督的互動，只是一種互動，並不是說人大機制完全吸納輿論機制。而且互動只是一種在監督上以現實為基礎的優勢互補，只是人大監督利用輿論監督這種獨特的形式，這與黨所具有的特定的輿論權、政府所具有的特定的輿論權並不衝突。黨和政府依然可以利用媒體輿論進行政策、法規等方面的宣傳等活動。雖然現實中，新聞媒體很多時候是黨和政府的宣傳重陣，但這僅僅是其中的一種功能而已，它並不與人大監督利用輿論監督的形式產生衝突。因此，我們在處理人大監督與輿論監督互動的過程中，應處理好輿論監督權與輿論體制所具有的其他功能之間的相互關係。人大監督利用輿論監督的方式與現行的輿論體制並不產生必然的衝突。